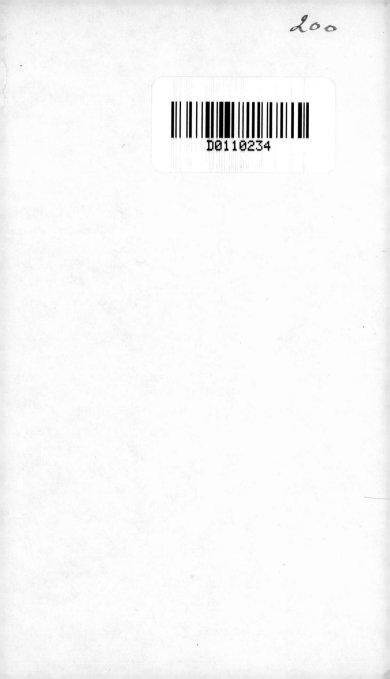

Diez siglos de poesía castellana

Diez siglos de poesía castellana

Selección e introducción
de Vicente Gaos

El Libro de Bolsillo
Alianza Editorial
Madrid

© De la selección e introducción: Vicente Gaos
© Alianza Editorial, S. A., Madrid, 1975
   Calle Milán, 38; ☎ 200 00 45
   ISBN: 84-206-1581-1
   Depósito legal: M. 23.248 - 1975
   Papel fabricado por Torras Hostench, S. A.
   Impreso en Ediciones Castilla. Maestro Alonso, 21. Madrid
   Printed in Spain

El título de esta antología, *Diez siglos de poesía castellana,* justificable en sí mismo, se debe también al deseo de paralelizarlo con el de *Ocho siglos de poesía catalana,* publicado anteriormente por Alianza Editorial (núm. 216).

Por *poesía castellana* entiendo aquí la exclusiva o predominante *lírica,* no la épica, y sólo la escrita por españoles. Queda, pues, excluida, aunque esté en castellano, la poesía hispanoamericana, lo que explica ausencias como las de Gertrudis Gómez de Avellaneda, Rubén Darío, Pablo Neruda, César Vallejo y otros autores hispanoamericanos, aunque escribieran parte mayor o menor de su obra en España. Por no recoger la épica, se explica igualmente la exclusión de muestras del *Poema del Cid,* aun reconociendo que tiene algunas de alto valor lírico y relativamente fáciles de desgajar del contexto total de la obra. Por lo demás, he evitado también el ofrecer fragmentos, procurando dar siempre textos completos.

Es empresa casi imposible ofrecer un panorama adecuado de casi diez densos siglos de lírica caste-

llana en el espacio de un solo volumen. Y, obligado
por tal comprensión, he preferido excluir autores,
para poder presentar a los incluidos con un número
de poemas que de idea suficiente de su obra. El nú-
mero de composiciones de un poeta dado no indica
absolutamente su importancia. Hay que tener en
cuenta la fecundidad o escasez de la producción de
un autor. Los hay que se han hecho famosos con
sólo un poema: el *Cosante* de Diego Hurtado de
Mendoza, las *Coplas* de Jorge Manrique, el *Madrigal*
de Gutierre de Cetina, el anónimo *Soneto a Cristo
crucificado*, *La ramilletera ciega* de Maury, etc. Fue-
ra de casos como éstos, el intento de incluir a más
nombres hubiera convertido esta antología en todo
lo contrario de un panorama antológico: en una
mera nómina sin significado.

De cualquier modo, es probable que muchos lec-
tores extrañen por igual algunas de mis inclusiones
y exclusiones. Por ejemplo, la ausencia de un Ba-
rahona de Soto, un Francisco de Figueroa o un Bal-
tasar de Alcázar, y la presencia, en cambio, de un
Martín de la Plaza o un Teodoro Llorente. Con rela-
ción a Baltasar de Alcázar, deseo señalar que he
prescindido de la poesía cómica o festiva, por juz-
garla de mérito secundario, al menos de tratarse de
piezas tan magistrales como el soneto de Cervantes
al túmulo de Felipe II en Sevilla, a propósito del
cual, sin embargo, escribe con toda justicia Gerardo
Diego: *Es evidente que la poesía más auténtica, cen-
tral, espiritual, esencial, no es, no puede ser, la hu-
morística, la de la burlesca caricatura... No, el «Voto
a Dios que me espanta esta grandeza», como la «Cena
jocosa» o como la «Gatomaquia», no pueden ser
puestos en línea con la «Noche serena», con el «Cán-
tico espiritual» o con las coplas de Jorge Manrique.*
En cuanto a otras inclusiones y exclusiones no hay
más explicación que el inevitable gusto y preferen-
cias del antólogo, que, por mi parte, he conciliado
con todo lo objetivamente antológico, con aquello
que todos coincidimos en que lo es.

Me he esforzado por ser equilibrado en la presen-
tación de muestras de todas las épocas, sin incurrir,
por ejemplo, en la arbitrariedad de suprimir siglo
y medio de poesía española, como ha hecho cierto

antólogo (ver la *Introducción* que sigue a esta *Advertencia*), o en la de dedicar, como María Luz Morales, de los dos tomos de su *Libro de oro de la poesía en lengua castellana*, Barcelona, Juventud, 1970, todo el segundo al siglo xx, mientras el primero (que además no es tan copioso) abarca del xii al xix.

Aunque he colocado al comienzo en bloque las jarchas y el cancionero y romancero anónimos, he seguido en general un orden estrictamente cronológico. Es, creo, el menos discutible y más apropiado en una antología como la presente. Y en parte por razones de espacio, pero, sobre todo, por ser aún prematuro antologizar a poetas vivos que aún están muy cerca de nosotros y lejos, felizmente, de haber terminado su obra, he terminado con la generación de 1927, ya «clásica», y con su inmediato sucesor, el malogrado y también «clásico» ya Miguel Hernández.

La poesía lírica, por su calidad, continuidad, riqueza de muestras y abundancia de autores, es un género descollante de la literatura española. Un compacto cuerpo de fuerza y de belleza no igualado por ningún otro país, excepto Inglaterra, también lugar de elección del lirismo europeo.

El descubrimiento, hace unos veinticinco años, de las jarchas mozárabes, que se remontan a la primera mitad del siglo XI, hizo de nuestra lírica la primera cronológicamente conocida de las europeas. Las jarchas son cancioncillas que los poetas árabes y hebreos ponían como estribillo al final de sus muwassahas. De entonces acá, la lírica castellana ha brillado, no siempre a la misma altura, cosa imposible, pero sin solución de continuidad. Hasta en las épocas menos propensas al quehacer poético, como por ejemplo máximo el siglo XVIII en que toda obra de creación, no sólo la poética, queda postergada a otros afanes intelectuales y predominan la labor crítica y el racionalismo prosaico, el lirismo español no se apaga del todo y surgen autores y obras dignos de tenerse en cuenta.

No resulta, así, comprensible que un antólogo [1] haya podido saltar tranquilamente de Bocángel a Bécquer, prescindiendo, no ya de la poesía neoclásica, sino también de la prerromántica nacida en el setecientos, y de toda la romántica del siglo XIX anterior a Bécquer. Es cierto que durante esos ciento cincuenta años, y después de siglos de hegemonía, España ya no ostenta el cetro del lirismo europeo, y que su neoclasicismo e incluso su romanticismo son, en conjunto, inferiores a los de los otros grandes países continentales. El racionalismo dieciochesco —de suyo poco poético en la misma Francia— no caló profundamente entre nosotros. En cuanto al romanticismo, a pesar de ser romántica *avant la lettre*, y de haber suscitado por ello el entusiasmo europeo en este período, España, cada vez más alejada de la cultura y el pensamiento centrales de Europa, no logra impregnarse del nuevo espíritu filosófico y de la nueva actitud vital que trae consigo el romanticismo, superficialmente aprendido por unos cuantos escritores liberales que han vivido algunos años desterrados en diversos países extranjeros.

Pero todo lo anterior no basta para justificar un corte en la historia de nuestra lírica. Al margen de su calidad intrínseca, la poesía española posee una cohesión, una trabazón y eslabonamiento tales que su continuidad —no mera continuación— o, dicho de otro modo, su tradicionalismo es uno de los rasgos que mejor la singulariza en el concierto internacional. En España apenas hay cortes bruscos. Casi todo es pervivencia y filiación. Lo de menos es que, por ejemplo, un Cristóbal de Castillejo se oponga a la introducción de metros foráneos por Garcilaso. O que, en pleno neoclasicismo, uno de sus promotores, Nicolás Fernández de Moratín, plasme su mejor acierto en las castizas quintillas de la *Fiesta de toros en Madrid*. Lo decisivo es que en el propio Garcilaso, lo nuevo y tomado de fuera —de Italia— se combina y funde con lo tradicional español. Lo mismo podríamos decir de los más conspicuos y afrancesados neoclásicos. El cancionero y romancero anóni-

---

[1] J. M. Cohen, *The Penguin Book of Spanish Verse*, Penguin Books, 1956.

mos, sin haber conocido eclipse desde sus orígenes, palpitan aún en Antonio Machado, Juan Ramón Jiménez, Alberti y García Lorca, después de haber informado gran parte de lo más feliz de la lírica del Siglo de Oro —Gil Vicente, San Juan, Cervantes, Lope, Góngora— y de la del período romántico: leyendas de Rivas y de Zorrilla, etc. Así, pues, pasar por alto un período histórico de nuestra lírica, aunque no sea el más floreciente, equivale a cercenar una evolución y un proceso coherentes, haciéndolos ininteligibles.

Es evidente que las épocas áureas de la lírica española son las que se conocen como «Siglo de Oro» —y que, en realidad abarca más de cien años, por lo que mejor sería llamarla «Edad de Oro»— y el siglo xx. A mi juicio, habría que retrotraer el «Siglo de Oro» hasta Jorge Manrique, el primer gran poeta cuya lengua no es ya el balbuciente castellano del medioevo, sino el español llegado a su mayoría de edad y apto para la plena expresión de lo universal. De Jorge Manrique a Quevedo, más de siglo y medio, España alcanza un esplendor lírico insuperable. El segundo «siglo de oro» —así se le viene designando, y si ello es un poco exagerado, habría que llamarlo al menos «siglo de plata»— es el xx, desde el Modernismo y la generación del 98 a la fecha.

Lo curioso de la lírica castellana es que no es un género demasiado original y autóctono. El punto de partida es casi siempre la imitación de modelos extranjeros, la asimilación de las fuentes más diversas. Dejando aparte las jarchas, en España la lírica empieza adquiriendo prestigio en gallego, no en castellano, y en lengua galaica escribe, por ejemplo, Alfonso X el Sabio sus cantigas marianas, aunque ya a principios del siglo xiii tenemos la *Razón de amor*. Y, como es sabido desde Menéndez Pidal, Castilla poseyó desde bien antiguo una lírica popular independiente de la galaico-portuguesa[2]. Una lírica admirable, y no sólo una épica, como aún sigue cre-

---

[2] Ver «La primitiva poesía lírica española» (1919), en *Estudios literarios*, «Colección Austral», núm. 28, y «Sobre primitiva lírica española» (1943), en *De primitiva lírica española y antigua épica*, «Colección Austral», núm. 1.051.

yéndose conforme a una idea unilateral y falsa del
espíritu castellano. De todos modos, no habría exis-
tido lirismo español en la Edad Media —tal como
existe— sin el estímulo y el influjo de la poesía pro-
venzal, francesa, árabe (el zéjel), italiana y, más
tarde, francesa y de otras procedencias: inglesa y
alemana en el romanticismo, etc.

Lo esencial, con todo, es la genial asimilación de
materiales extraños y su fusión con los propios.
Nada más hondamente español que las *Coplas a la
muerte de su padre* de Jorge Manrique, aunque glo-
sen el tan trillado tema europeo del *Ubi sunt?* Ni
puede dejarse de lado la españolidad y universalidad
a la vez, conjugadas genialmente por Garcilaso, «el
primer poeta moderno europeo» [3], que partiendo del
petrarquismo italiano lo supera por completo, deján-
dolo atrás y llegando con su estremecida voz perso-
nalísima hasta la sensibilidad del hombre contem-
poráneo.

A partir de Garcilaso, y en una línea de intensifi-
cación de elementos renacentistas que culminan en
el barroco de Góngora y Quevedo, pasando por Fer-
nando de Herrera, España produce un verdadero
torrente de poesía, pasmoso no sólo cuantitativa-
mente, sino también por la extraordinaria diversidad
y riqueza de facetas, de la que no da idea ninguna
de las clasificaciones que podamos establecer: es-
cuela sevillana y escuela salmantina, culteranismo y
conceptismo, poesía mística, didáctico-moral, etc. Un
solo poeta, Lope de Vega, concentra en su ingente
obra todas las facetas poéticas imaginables siendo a
la vez, como encarnación de lo español, popular y
culto, tradicional y revolucionario, renacentista y ba-
rroco, religioso y profano, humano siempre, huma-
nísimo y, por ello, de una originalidad que es ya algo
más que mera literatura o poesía: la expresión di-
recta de las más varias vivencias del hombre, la
conversión en belleza de la vida misma, y de todo
cuanto en la existencia solicita su pluma. Lejos de
todo necio patriotismo, puede afirmarse, sin exage-

---

[3] Dámaso Alonso, «En el pórtico de una antología de la
poesía española», *Antología de la poesía española. Poesía de
tipo tradicional*, Madrid, Gredos, 1956, pág. XIV.

rar, que una constelación de nombres como la de Garcilaso, Fray Luis de León, San Juan de la Cruz, Lope de Vega, Góngora y Quevedo, por citar sólo las máximas cumbres, no la ofrece en los siglos XVI y XVII más país que España.

Pero, ¿y antes de Garcilaso y de Jorge Manrique? Suscribo por completo el siguiente juicio de Dámaso Alonso: «Para mí, el conjunto del Romancero y el Cancionero de tipo tradicional representa tanta belleza, tanta emoción humana como todo el conjunto de la gran poesía del Siglo de Oro» [4]. Otra época áurea, pues, en la que también hay que contar con el admirable *Poema del Cid*, con los dos clérigos ajuglarados, el sobrio Gonzalo de Berceo —tan admirado por Antonio Machado, en quien influye a tantos siglos de distancia— y el exuberante Juan Ruiz, el autor del maravilloso y enigmático *Libro de buen amor*. Sí, toda la Edad Media, la poesía popular y la culta, siempre entremezcladas, como la épica y la lírica, también en continuo maridaje, es una verdadera época dorada. Y queda aún el siglo XX. Y aparece una nueva constelación —Unamuno, Antonio Machado, Juan Ramón Jiménez, Federico García Lorca...— [5] que brilla con luz propia de intensidad no menor que la que pueda hallarse en la poesía contemporánea mejor de Europa.

[4] Obra cit., pág. XXII. Los románticos alemanes, al ensalzar nuestro romancero —«Ilíada sin Homero»— quizá no sabían del todo lo que se decían, pero su entusiasmo estaba justificado. España es «el país del romancero» (Menéndez Pidal) y del cancionero. También en el campo de la poesía lírica y épica de tipo tradicional ocupa España lugar preeminente.

[5] No cito a Rubén Darío, en primer lugar, por ser hispanoamericano. Si por *lírica castellana* entendiéramos aquí la escrita en esa lengua también en Hispanoamérica, el panorama se enriquecería y aumentaría notablemente. Piénsese sólo en la adición de Rubén Darío, César Vallejo y Pablo Neruda. También en esto cabe comparar a España con Inglaterra, cuya poesía se prolonga y complementa con la norteamericana. Por otro lado, y para precisar, debo decir que, a mi juicio, se ha exagerado mucho la importancia de la contribución modernista en el nacimiento y evolución de la poesía española contemporánea. Pero, como no es de este lugar la aclaración de este punto, remito al lector curioso a mi ensayo «La españolización de Rubén Darío», en *Claves de literatura española*, Madrid, Guadarrama, 1971, t. II, págs. 13-34.

Del XI al XX, casi diez siglos de poesía en ininte-
rrumpida oleada de fuerza y de belleza, manantial
que todavía hoy fluye sin cesar. Cierto que los siglos
XVIII y XIX marcan un declive. No menos cierto que
lo marcan también en otras naciones. Y que habría
que leer mejor a los poetas neoclásicos, a los que
acaso no juzgamos como se debe por estar el gusto
actual, salvo excepciones, muy alejado de todo neo-
clasicismo. En cuanto al romanticismo, Espronceda
no es, sin duda, equiparable a Byron, Hölderlin o
Leopardi, pero no está tan lejos de Lamartine, o del
propio Víctor Hugo. Y en cuanto a Bécquer —una
especie de Garcilaso romántico—, su breve obra es
sencillamente milagrosa, y dentro de sus límites, in-
superable. Hasta en la segunda mitad del XIX, en la
época realista (como la dieciochesca, de signo gene-
ral antipoético), hay en España bastante más poesía
interesante de lo que podamos seguir creyendo en
función de un prejuicio antirrealista no abandonado
aún por el lector de nuestro tiempo [6]. Y, sin más,
dejo al de la presente antología en el umbral de un
panorama de insuperable hermosura: un milenio de
lírica española, una de las máximas aportaciones de
nuestra patria a la cultura universal.

[6] En otro lugar he intentado desterrar este prejuicio, hasta
donde lo es, revisando la obra del poeta más famoso —y an-
taño muy leído y admirado. Ver «Apéndice: La poesía de
Campoamor», en mi libro *La Poética de Campoamor*, 2.ª ed.,
Madrid, Gredos, 1969, págs. 189-216.

JARCHAS MOZARABES

«COMO SI FILIOLO ALIENO...»

Como si filiolo alieno,
non más adormes a meu seno.

[Como si (fueses) hijito ajeno,
ya no te duermes más en mi seno.]

«TANT' AMARE, TANT' AMARE...»

Tant' amáre, tant' amáre,
habib, tant' amáre,
enfermaron uelios gaios
e dolen tan male.

[Tanto amar, tanto amar,
amigo, tanto amar,
enfermaron unos ojos antes alegres
y que ahora duelen tanto.]

17

«QUE FARE, MAMMA?...»

¿Qué faré, mamma?
Meu-l-habib est' ad yana.

[¿Qué haré, madre?
Mi amigo está a la puerta.]

CANCIONERO ANONIMO

ENDECHAS A LA MUERTE DE GUILLEN PERAZA

Llorad las damas, sí Dios os vala.
Guillén Peraza quedó en la Palma,
la flor marchita de la su cara.
    No eres palma, eres retama,
eres ciprés de triste rama,
eres desdicha, desdicha mala.
    Tus campos rompan tristes volcanes,
no vean placeres, sino pesares,
cubran tus flores los arenales.
    Guillén Peraza, Guillén Peraza,
¿dó está tu escudo, dó está tu lanza?
Todo lo acaba la maladanza.

«AL ALBA VENID, BUEN AMIGO...»

Al alba venid, buen amigo,
al alba venid.

Amigo el que yo más quería,
venid al alba del día.

Amigo el que yo más amaba,
venid a la luz del alba.

Venid a la luz del día,
non trayáis compañía.

Venid a la luz del alba,
non traigáis gran compaña.

«TRES MORILLAS ME ENAMORAN...»

Tres morillas me enamoran
en Jaén,
Axa y Fátima y Marién.

Tres morillas tan garridas
iban a coger olivas,
y hallábanlas cogidas
en Jaén,
Axa y Fátima y Marién.

Y hallábanlas cogidas,
y tornaban desmaídas
y las colores perdidas
en Jaén,
Axa y Fátima y Marién.

Tres moricas tan lozanas,
tres moricas tan lozanas,
iban a coger manzanas
a Jaén,
Axa y Fátima y Marién.

«EN AVILA, MIS OJOS...»

En Avila, mis ojos,
dentro en Avila.

En Avila del Río
mataron a mi amigo,
dentro en Avila.

«DE LOS ALAMOS VENGO, MADRE...»

De los álamos vengo, madre,
de ver cómo los menea el aire.

De los álamos de Sevilla
de ver a mi linda amiga.

De los álamos vengo, madre,
de ver cómo los menea el aire.

«QUIERO DORMIR Y NO PUEDO...»

Quiero dormir y no puedo,
qu'el amor me quita el sueño.

Manda pregonar el rey
por Granada y por Sevilla
que todo hombre enamorado
que se case con su amiga:
qu'el amor me quita el sueño.

Que se case con su amiga.
¿Qué haré, triste, cuitado,
que era casada la mía?
Qu'el amor me quita el sueño.

Quiero dormir y no puedo,
qu'el amor me quita el sueño.

«GRITOS DABA LA MORENICA...»

Gritos daba la morenica
so el olivar,
que las ramas hace temblar.

La niña, cuerpo garrido,
morenica, cuerpo garrido,
lloraba su muerto amigo
so el olivar:
que las ramas hace temblar.

«ESTOS MIS CABELLOS, MADRE...»

Estos mis cabellos, madre,
dos a dos me los lleva el aire.

No sé qué pendencia es ésta
del aire con mis cabellos,
o si enamorado dellos
les hace regalo y fiesta;
de tal suerte los molesta
que cogidos al desgaire
dos a dos me los lleva el aire.

Y si acaso los descojo
luego el aire los maltrata,
también me los desbarata
cuando los entrezo y cojo;
ora sienta desto enojo,
ora lo lleve en donaire,
dos a dos me los lleva el aire.

«POR EL MONTECICO SOLA...»

Por el montecico sola,
¿cómo iré, cómo iré?
¡Ay, Dios!, ¿si me perderé?

Soledad me guía,
llévanme desdenes
tras perdidos bienes
que gozar solía.
Con tan triste compañía,
¿cómo iré, cómo iré?
¡Ay, Dios!, ¿si me perderé?

Deslúmbranme antojos,
que apenas diviso
la tierra que piso
qu'es mar de mis ojos,
a buscar voy los despojos
de mi fe.
¡Ay, Dios!, ¿si me perderé?

«DENTRO EN EL VERGEL...»

Dentro en el vergel
moriré.
Dentro en el rosal
matarm' han.

Yo m'iba, mi madre,
las rosas coger;
hallé mis amores
dentro en el vergel.
Dentro del rosal
matarm' han.

«MALFERIDA IBA LA GARZA...»

Malferida iba la garza
enamorada:
sola va y gritos daba.

Donde la garza hace su nido,
ribericas de aquel río,
sola va y gritos daba.

«AQUEL PASTORCICO, MADRE...»

Aquel pastorcico, madre,
que no viene,
algo tiene en el campo
que le pene.

Recordé, que no dormía,
esperando a quien solía,
y no ha llegado.
Pues el gallo no ha cantado,
y no viene,
algo tenía en el campo
que le pene.

«ARROJOME LAS NARANJICAS...»

Arrojóme las naranjicas,
con los ramos del blanco azahar;
arrojómelas y arrojéselas
y volviómelas a arrojar.

De sus manos hizo un día
la niña tiro de amores
y de naranjas y flores
balas de su artillería.
Comenzó su batería
contra mí que la miraba;
yo las balas le tiraba
por doble mosquetería.

«QUE NO COGERÉ YO VERBENA...»

Que no cogeré yo verbena
la mañana de San Juan,
pues mis amores se van.

Que no cogeré yo claveles,
madreselvas ni mirabeles,
sino penas tan crueles,
cual jamás se cogerán,
pues mis amores se van.

ROMANCERO ANONIMO

LA PENITENCIA DEL REY RODRIGO

Después de que el rey don Rodrigo
a España perdido había
íbase desesperado
huyendo de su desdicha;
solo va el desventurado,
no quiere otra compañía
que la del mal de la Muerte
que en su seguimiento iba.
Métese por las montañas,
las más espesas que veía.
Topado ha con un pastor
que su ganado traía;
díjole: «Dime, buen hombre,
lo que preguntar quería:
si hay por aquí monasterio
o gente de clerecía.»
El pastor respondió luego
que en balde lo buscaría,
porque en todo aquel desierto
sola una ermita había
donde estaba un ermitaño
que hacía muy santa vida.
El rey fué alegre desto
por allí acabar su vida;
pidió al hombre que le diese

de comer si algo tenía,
que las fuerzas de su cuerpo
del todo desfallecían.
El pastor sacó un zurrón
en donde su pan traía;
dióle de él y de un tasajo
que acaso allí echado había;
el pan era muy moreno,
al rey muy mal le sabía;
las lágrimas se le salen,
detener no las podía,
acordándose en su tiempo
los manjares que comía.
Después que hobo descansado
por la ermita le pedía;
el pastor le enseñó luego
por donde no erraría;
el rey le dió una cadena
y un anillo que traía;
joyas son de gran valor
que el rey en mucho tenía.
Comenzando a caminar
ya cerca el sol se ponía,
a la ermita hubo llegado
en muy alta serranía.
Encontróse al ermitaño,
más de cien años tenía.
«El desdichado Rodrigo
yo soy, que rey ser solía,
el que por yerros de amor
tiene su alma perdida,
por cuyos negros pecados
toda España es destruída.
Por Dios te ruego, ermitaño,
Por Dios y Santa María,
que me oigas en confesión
porque finar me quería.»
El ermitaño se espanta
y con lágrimas decía:
«Confesar, confesaréte,
absolverte no podía.»
Estando en estas razones
voz de los cielos se oía:
«Absuélvelo, confesor,

absuélvelo por tu vida
y dale la penitencia
en su sepultura misma.»
Según le fué revelado
por obra el rey lo ponía.
Metióse en la sepultura
que a par de la ermita había;
dentro duerme una culebra,
mirarla espanto ponía:
tres roscas daba a la tumba,
siete cabezas tenía.
«Ruega por mí el ermitaño
por que acabe bien mi vida.»
El ermitaño lo esfuerza,
con la losa lo cubría,
rogaba a Dios a su lado
todas las horas del día.
«¿Cómo te va, penitente,
con tu fuerte compañía?»
«Ya me come, ya me come,
por do más pecado había,
en derecho al corazón,
fuente de mi gran desdicha.»
Las campanicas del cielo
sones hacen de alegría;
las campanas de la tierra
ellas solas se tañían;
el alma del penitente
para los cielos subía.

ROMANCE DE UNA FATAL OCASION

    Por aquellos prados verdes
¡qué galana va la niña!
con su andar siega la yerba,
con los zapatos la trilla,
con el vuelo de la falda
a ambos lados la tendía.
El rocío de los campos
le daba por la rodilla;
arregazó su brial
descubrió blanca camisa;
maldiciendo del rocío
y su gran descortesía,

miraba a un lado y a otro
por ver si alguien la veía.
Bien la vía el caballero
que tanto la pretendía;
mucho andaba el de a caballo,
mucho más que anda la niña;
allá se la fué a alcanzar
al pie de una verde oliva,
¡amargo que lleva el fruto,
amargo para la linda!
—¿Adónde por estos prados
camina sola mi vida?
—No me puedo detener,
que voy a la santa ermita.
—Tiempo es de hablarte, la blanca,
escúchesme aquí la linda.
Abrazóla por sentarla
al pie de la verde oliva;
dieron vuelta sobre vuelta,
derribarla no podía;
entre las vueltas que daban
la niña el puñal le quita,
metiéraselo en el pecho,
a la espalda le salía.
Entre el hervor de la sangre
el caballero decía:
—Perdíme por tu hermosura;
perdóname, blanca niña.
No te alabes en tu tierra
ni te alabes en la mía
que mataste un caballero
con las armas que traía.
—No alabarme, caballero,
decirlo, bien me sería;
donde no encontrase gentes
a las aves lo diría.
Mas con mis ojos morenos,
¡Dios, cuánto te lloraría!
Puso el muerto en el caballo,
camina la sierra arriba;
encontró al santo ermitaño
a la puerta de la ermita:
—Entiérrame este cadáver
Por Dios y Santa María.

—Si lo trajeras con honra
tú enterrarlo aquí podías.
—Yo con honra sí lo traigo,
con honra y sin alegría.
Con el su puñal dorado
la sepultura le hacía;
con las sus manos tan blancas
de tierra el cuerpo cubría,
con lágrimas de sus ojos
le echaba el agua bendita.

ROMANCE DE DOÑA ALDA

En París está doña Alda,
la esposa de don Roldán,
trescientas damas con ella
para bien la acompañar:
todas visten un vestido,
todas calzan un calzar,
todas comen a una mesa,
todas comían de un pan.
Las ciento hilaban el oro,
las ciento tejen cendal,
ciento tañen instrumentos
para a doña Alda alegrar.
Al son de los instrumentos
doña Alda adormido se ha;
ensoñado había un sueño,
un sueño de gran pesar.
Despertó despavorida
con un dolor sin igual,
los gritos daba tan grandes
se oían en la ciudad.
—¿Qué es aquesto, mi señora,
qué es lo que os hizo mal?
—Un sueño soñé, doncellas,
que me ha dado gran pesar:
que me veía en un monte,
en un desierto lugar,
y de so los montes altos
un azor vide volar;
tras dél viene una aguililla
que lo ahincaba muy mal.

El azor con grande cuita
metióse so mi brial;
el águila con gran ira
de allí lo iba a sacar;
con las uñas lo despluma,
con el pico lo deshace.
Allí habló su camarera,
bien oiréis lo que dirá:
—Aquese sueño, señora,
bien os lo entiendo soltar:
el azor es vuestro esposo,
que de España viene ya;
el águila sodes vos,
con la cual ha de casar,
y aquel monte era la iglesia
donde os han de velar.
—Si es así, mi camarera,
bien te lo entiendo pagar.
Otro día de mañana
cartas de lejos le traen;
tintas venían de fuera,
de dentro escritas con sangre,
que su Roldán era muerto
en la caza de Roncesvalles.
Cuando tal oyó doña Alda
muerta en el suelo se cae.

ROMANCE DEL GRAN LLANTO QUE DON GONZALO
GUSTIOS HIZO ALLA EN CORDOBA

Pártese el moro Alicante
víspera de San Cebrián;
ocho cabezas llevaba,
todas de hombres de alta sangre.
Sábelo el rey Almanzor,
a recibírselo sale;
aunque perdió muchos moros
piensa en esto bien ganar.
Mandara hacer un tablado
para mejor los mirar;
mandó traer un cristiano
que estaba en captividad.

como ante sí lo trujeron
empezóle de hablar:
díjole: —Gonzalo Gustios,
mira quien conocerás;
que lidiaron mis poderes
en el campo de Almenar,
sacaron ocho cabezas,
todas son de gran linaje.
Respondió Gonzalo Gustios:
—Presto os diré la verdad.
Y limpiándoles la sangre
asaz de fuera a turbar;
dijo llorando agramente:
—¡Conózcolas por mi mal!
La una es de mi carillo;
las otras me duelen más,
de los Infantes de Lara
son, mis hijos naturales.

Así razona con ellas
como si vivos hablasen:
—¡Sálveos Dios, Nuño Salido,
el mi compadre leal!,
¿adónde son los mis hijos
que yo os quise encomendar?
Mas perdonadme, compadre,
no he por qué os demandar,
muertos sois como buen ayo,
como hombre muy de fiar.

Tomara otra cabeza,
del hijo mayor de edad:
—¡Oh, hijo Diego González,
hombre de muy gran bondad,
del conde Garci Fernández
alférez el principal,
a vos amaba yo mucho,
que me habíades de heredar!
Alimpiándola con lágrimas
volviérala a su lugar.

Y toma la del segundo,
don Martín que se llamaba:
—¡Dios os perdone, el mi hijo,
hijo que mucho preciaba;
jugador de tablas erais
el mejor de toda España;

mesurado caballero,
muy bien hablabais en plaza!
　Y dejándola llorando
la del tercero tomaba:
—¡Hijo don Suero González,
todo el mundo os estimaba;
un rey os tuviera en mucho
sólo para la su caza!
Ruy Velázquez, vuestro tío,
malas bodas os depara;
a vos os llevó a la muerte,
a mí en cautivo dejaba!
　Y tomando la del cuarto
lasamente la miraba:
—¡Oh, hijo Fernán González
(nombre del mejor de España,
del buen conde de Castilla,
aquel que vos baptizara),
matador de oso y de puerco,
amigo de gran compaña;
nunca con gente de poco
os vieran en alianza!
　Tomó la de Ruy González,
al corazón la abrazaba:
—¡Hijo mío, hijo mío,
quién como vos se hallara;
gran caballero esforzado,
muy buen bracero a ventaja;
vuestro tío Ruy Velázquez
tristes bodas ordenara!
Y tomando otra cabeza,
los cabellos se mesaba:
—¡Oh, hijo Gustios González,
habíades buenas mañas,
no dijérades mentira
ni por oro ni por plata,
animoso, buen guerrero,
muy gran heridor de espada,
que a quien dábades de lleno,
tullido o muerto quedaba!
Tomando la del menor
el dolor se le doblaba:
—¡Hijo Gonzalo González,
los ojos de doña Sancha!

¡Qué nuevas irán a ella,
que a vos más que a todos ama!
¡Tan apuesto de persona,
decidor bueno entre damas,
repartidor de su haber,
aventajado en la lanza!
¡Mejor fuera la mi muerte
que ver tan triste jornada!
    Al duelo que el viejo hace,
toda Córdoba lloraba.
Al rey Almanzor, cuidoso,
consigo se lo llevaba
y mandaba a una morica
lo sirviese muy de gana.
Esta le torna en prisiones
y con amor le curaba;
hermana era del rey,
doncella moza y lozana;
con ésta Gonzalo Gustios
vino a perder la su saña,
que de ella le nació un hijo
que a los hermanos vengara.

LA AMIGA DE BERNAL FRANCES

    —Sola me estoy en mi cama
namorando mi cojín;
¿quién será ese caballero
que a mi puerta dice: «Abrid»?
—Soy Bernal Francés, señora,
el que te suele servir
de noche para la cama,
de día para el jardín.
Alzó sábanas de Holanda,
cubrióse un mantellín;
tomó candil de oro en mano
y la puerta bajó a abrir.
Al entreabrir de la puerta
él dió un soplo en el candil.
—¡Válgame Nuestra Señora,
válgame el señor San Gil!
Quien apagó mi candela
puede apagar mi vivir.

—No te espantes, Catalina,
ni me quieras descubrir,
que a un hombre he muerto en la calle,
la justicia va tras mí.
Le ha cogido de la mano
y le ha entrado al camarín;
sentóle en silla de plata
con respaldo de marfil;
bañóle todo su cuerpo
con agua de toronjil;
hízole cama de rosa,
cabecera de alhelí.
—¿Qué tienes, Bernal Francés,
que estás triste a par de mí?
¿Tienes miedo a la justicia?
No entrará aquí el alguacil.
¿Tienes miedo a mis criados?
Están al mejor dormir.
—No temo yo a la justicia,
que la busco para mí,
ni menos temo criados
que duermen su buen dormir.
—¿Qué tienes, Bernal Francés?
¡No solías ser así!
Otro amor dejaste en Francia
o te han dicho mal de mí.
—No dejo amores en Francia,
que otro amor nunca serví.
—Si temes a mi marido,
muy lejos está de aquí.
—Lo muy lejos se hace cerca
para quien quiere venir,
y tu marido, señora,
lo tienes a par de ti.
Por regalo de mi vuelta
te he de dar rico vestir,
vestido de fina grana
forrado de carmesí,
y gargantilla encarnada
como en damas nunca vi;
gargantilla de mi espada,
que tu cuello va a ceñir.
Nuevas irán al Francés
que arrastre luto por ti.

EL INFANTE ARNALDOS

¡Quién hubiera tal ventura
sobre las aguas del mar
como hubo el infante Arnaldos
la mañana de San Juan!
Andando a buscar la caza
para su falcón cebar,
vió venir una galera
que a tierra quiere llegar;
las velas trae de sedas,
la ejarcia de oro torzal,
áncoras tiene de plata,
tablas de fino coral.
Marinero que la guía,
diciendo viene un cantar,
que la mar ponía en calma,
los vientos hace amainar;
los peces que andan al hondo,
arriba los hace andar;
las aves que van volando,
al mástil vienen posar.
Allí habló el infante Arnaldos,
bien oiréis lo que dirá:
—Por tu vida, el marinero,
dígasme ora ese cantar.
Respondióle el marinero,
tal respuesta le fue a dar:
—Yo no digo mi canción
sino a quien conmigo va.

LA MISA DEL AMOR

Mañanita de San Juan,
mañanita de primor,
cuando damas y galanes
van a oír misa mayor.
Allá va la mi señora,
entre todas la mejor;
viste saya sobre saya,
mantellín de tornasol,
camisa con oro y perlas
bordada en el cabezón.

En la su boca muy linda
lleva un poco de dulzor;
en la su cara tan blanca,
un poquito de arrebol,
y en los sus ojuelos garzos
lleva un poco de alcohol;
así entraba por la iglesia
relumbrando como el sol.
Las damas mueren de envidia,
y los galanes de amor.
El que cantaba en el coro,
en el credo se perdió;
el abad que dice misa,
ha trocado la lición;
monacillos que le ayudan,
no aciertan responder, non,
por decir amén, amén,
decían amor, amor.

ROMANCE DEL PRISIONERO

   Que por mayo era por mayo,
cuando hace la calor,
cuando los trigos encañan
y están los campos en flor,
cuando canta la calandria
y responde el ruiseñor,
cuando los enamorados
van a servir al amor;
sino yo, triste, cuitado,
que vivo en esta prisión;
que ni sé cuándo es de día
ni cuándo las noches son,
sino por una avecilla
que me cantaba al albor.
Matómela un ballestero;
déle Dios mal galardón.

ROMANCE DE ABENAMAR
Y EL REY DON JUAN

   —¡Abenámar, Abenámar,
moro de la morería,

el día que tú naciste
grandes señales había!
Estaba la mar en calma,
la luna estaba crecida;
moro que en tal signo nace
no debe decir mentira.
—No te la diré, señor,
aunque me cueste la vida.
—Yo te agradezco, Abenámar,
aquesta tu cortesía.
¿Qué castillos son aquéllos?
¡Altos son y relucían!
—El Alhambra era, señor,
y la otra la mezquita;
los otros los Alixares,
labrados a maravilla.
El moro que los labraba
cien doblas ganaba al día,
y el día que no los labra
otras tantas se perdía;
desque los tuvo labrados
el rey le quitó la vida
porque no labre otros tales
al rey de Andalucía.
El otro es Torres Bermejas,
castillo de gran valía;
el otro Generalife,
huerta que par no tenía.
    Allí hablara el rey Don Juan,
bien oiréis lo que decía:
—Si tú quisieras, Granada,
contigo me casaría;
dárete en arras y dote
a Córdoba y a Sevilla.
—Casada soy, rey don Juan,
casada soy, que no viuda;
el moro que a mí me tiene
muy grande bien me quería.
    Hablara allí el rey don Juan,
estas palabras decía:
—Echenme acá mis lombardas
doña Sancha y doña Elvira;

tiraremos a lo alto
lo bajo ello se daría.
   El combate era tan fuerte
que grande temor ponía.

ROMANCE DE LA CONQUISTA DE ALHAMA,
CON LA CUAL SE COMENZO LA ULTIMA
GUERRA DE GRANADA

   Paseábase el rey moro
por la ciudad de Granada,
desde la puerta de Elvira
hasta la de Vivarrambla.
Cartas le fueron venidas
cómo Alhama era ganada.
   ¡Ay de mi Alhama!
Las cartas echó en el fuego,
y al mensajero matara;
echó mano a sus cabellos
y las sus barbas mesaba.
Apeóse de la mula
y en un caballo cabalga;
por el Zacatín arriba
subido había a la Alhambra;
mandó tocar sus trompetas,
sus añafiles de plata,
porque lo oyesen los moros
que andaban por el arada.
   ¡Ay de mi Alhama!
Cuatro a cuatro, cinco a cinco,
juntado se ha gran campaña.
Allí habló un viejo alfaquí,
la barba bellida y cana:
—¿Para qué nos llamas, rey,
a qué fué vuestra llamada?
—Para que sepáis, amigos,
la gran pérdida de Alhama.
   ¡Ay de mi Alhama!
—Bien se te emplea, buen rey,
buen rey, bien se te empleara;
mataste los bencerrajes,
que eran la flor de Granada;

cogiste los tornadizos
de Córdoba la nombrada.
Por eso mereces, rey,
una pena muy doblada,
que te pierdas tú y el reino
y que se acabe Granada.
    ¡Ay de mi Alhama!

ROMANCE DE LA GUIRNALDA

    —Esa guirnalda de rosas,
hija, ¿quién te la endonara?
—Donómela un caballero
que por mi puerta pasara;
tomárame por la mano,
a su casa me llevara,
en un portalico oscuro
conmigo se deleitara,
echóme en cama de rosas
en la cual nunca fui echada,
hízome —no sé que hizo—
que d'el vengo enamorada;
traigo, madre, la camisa
de sangre toda manchada.
—¡Oh sobresalto rabioso,
que mi ánima es turbada!
Si dices verdad, mi hija,
tu honra no vale nada:
que la gente es maldiciente,
luego serás deshonrada.
—Calledes, madre, calledes,
calléis, madre muy amada,
que más vale un buen amigo
que no ser mal maridada.
Dame el buen amigo, madre,
buen mantillo y buena saya;
la que cobra mal marido
vive mal aventurada.
—Hija, pues queréis así,
tú contenta, yo pagada.

GONZALO DE BERCEO

CANTICA

¡Eya, velar! ¡Eya, velar! ¡Eya, velar!

Velat, aljama de los judíos,
    ¡eya, velar!,
que non vos furten al Fijo de Díos.
    ¡Eya, velar!
Ca furtárvoslo querrán,
    ¡eya, velar!,
Andrés e Peidro et Johan.
    ¡Eya, velar!
Non sabedes tanto descanto,
    ¡eya, velar!,
que salgades de so encanto.
    ¡Eya, velar!
Todos son ladronciellos,
    ¡eya, velar!,
que asechan por los pestiellos.
    ¡Eya, velar!
Vuestra lengua tan palabrera,
    ¡eya, velar!,
havos dado mala carrera.
    ¡Eya, velar!
Todos son omnes plegadizos,
    ¡eya, velar!,
rioaduchos mescladizos.
    ¡Eya, velar!
Vuestra lengua sin recabdo,
    ¡eya, velar!,
por mal cabo vos ha echado.
    ¡Eya, velar!
Non sabedes tant de engaño,
    ¡eya, velar!,
que salgades ende este año.
    ¡Eya, velar!
Non sabedes tanta razón,
    ¡eya, velar!,
que salgades de la prisión.
    ¡Eya, velar!

Tomaseio e Matheo,
¡eya, velar!,
de furtarlo han gran deseo.
¡Eya, velar!
El discípulo lo vendió,
¡eya, velar!,
el Maestro non lo entendió.
¡Eya, velar!
Don Philipo, Simón e Judas,
¡eya, velar!,
por furtar buscan ayudas.
¡Eya, velar!
Si lo quieren acometer,
¡eya, velar!,
¡oy es día de parescer!
¡Eya, velar!
¡Eya, velar! ¡Eya, velar! ¡Eya, velar!

MILAGROS DE NUESTRA SEÑORA

Introducción

Amigos e vasallos de Dios omnipotent,
si vos me escuchássedes por vuestro consiment,
querríavos contar un buen aveniment;
terredóslo en cabo por bueno verament.

Yo, maestro Gonçalvo de Berceo nomnado,
yendo en romería caecí en un prado
verde e bien sencido, de flores bien poblado,
lugar cobdiciaduero para omne cansado.

Daban olor sobejo las flores bien olientes,
refrescavan en omne las caras e las mientes,
manavan cada canto fuentes claras corrientes,
en verano bien frías, en ivierno calientes.

Avié í gran abondo de buenas arboledas,
milgranos e figueras, peros e manzanedas,
e muchas otras fructas de diversas monedas;
mas no avié ningunas podridas nin acedas.

La verdura del prado, la olor de las flores,
las sombras de los árbores de temprados sabores
refrescáronme todo e perdí los sudores:
porié vevir el omne con aquellos olores.

Nunca trobé en sieglo logar tan deleitoso,
nin sombra tan temprada, nin olor tan sabroso,
descargué mi ropiella por yacer más vicioso,
poséme a la sombra de un árbor fermoso.

Yaciendo a la sombra perdí todos cuidados,
odí sonos de aves dulces e modulados:
nuncua udieron omnes órganos más temprados,
nin que formar pudiessen sones más acordados.

Unas tenién la quinta e las otras doblavan,
otras tenién el punto, errar no las dexavan;
al posar, al mover todas se esperavan,
aves torpes nin roncas í non se acostavan.

Non serié organista, nin serié violero,
nin giga, nin salterio, nin mano de rotero,
nin estrument, nin lengua, nin tan claro vocero
cuyo canto valiesse con esto un dinero.

Peroque vos dissiemos todas estas bondades,
non contamos las diezmas, esto bien lo creades:
que avié de noblezas tantas diversidades,
que no las contarién priores ni abbades.

El prado que vos digo avié otra bondat:
por calor nin por frío non perdié su beltat;
siempre estava verde en su entegredat,
non perdié la verdura por nulla tempesat.

Man a mano que fuí en tierra acostado,
de todo el lazerio fui luego folgado;
oblidé toda cuita, el lazerio passado:
qui allí se morasse serié bien venturado!...

JUAN RUIZ (ARCIPRESTE DE HITA)

CANTICA DE SERRANA

Cerca la Tablada,
la sierra pasada,
falléme con Aldara
a la madrugada.
    Encima del puerto
coidé ser muerto
de nieve e de frío

e dese rocío
e de grand helada.
　　Ya a la decida
di una corrida;
fallé una serrana
fermosa, loçana
e bien colorada.
　　Dixe yo a ella:
—«Homíllome, bella».
Diz: —«Tú que bien corres,
aquí non te engorres,
anda tu jornada».
　　Yol' dixe: —«Frío tengo,
e por eso vengo
a vos, fermosura;
quered por mesura
hoy darme posada».
　　Díxome la moça:
—«Pariente, mi choça,
el que en ella posa
conmigo desposa
o dame soldada».
　　Yol' dixe: —«De grado,
mas yo soy cassado
aquí en Ferreros:
mas de mis dineros
dar vos he, amada».
　　Diz': —«Trota conmigo».
Levóme consigo
e dióm' buena lumbre,
como es costumbre
de sierra nevada.
　　Dióm' pan de centeno,
tiznado, moreno;
e dióm' vino malo,
agrillo e ralo,
e carne salada.
　　Dióm' queso de cabras.
—«Fidalgo —diz—, abras
ese blaço e toma
un canto de soma
que tengo guardada».
　　Diz': —«Huésped, almuerça,
e bebe e effuerça,

caliéntate e paga;
de mal nos'te faga
fasta la tornada».
    «Quien dones me diere,
cuales yo pediere,
habrá bien de cena
e lechiga buena,
que nol'coste nada.»
    —«Vos, que eso dezides,
¿por qué non pedides
la cosa certera?».
Ella diz: —«Maguera,
¿e sim' será dada?».
    «Pues dam' una cinta
bermeja, bien tinta,
e buena camisa,
fecha a mi guisa,
con su collarada.»
    «E dam' buenas sartas
de estaño e fartas,
e dame halía
de buena valía,
pelleja delgada.»
    «E dam' buena toca,
listada de cota;
e dame çapatas
de cuello bien altas,
de pieça labrada.»
    «Con aquestas joyas,
quiero que lo oyas,
serás bien venido,
serás mi marido
e yo tu velada.»
    —«Serrana señora,
tanto algo agora
non trax' por ventura,
mas faré fiadura
para la tornada.»
    Díxome la heda:
—«Do non hay moneda
non hay merchandía,
nin hay tan buen día,
nin cara pagada».

«Non hay mercadero
bueno sin dinero,
e yo non me pago
del que non da algo
nin le do posada.»
«Nunca de homenage
pagan hostalaje.
Por dinero faze
omne cuanto plaze:
cosa es provada.»

DE LAS PROPIEDADES QUE LAS DUEÑAS CHICAS HAN

Quiero vos abreviar la predicación,
Que siempre me pagué de pequeño sermón,
E de dueña pequeña e de breve razón,
· Ca poco e bien dicho afíncase el corazón.
Del que mucho fabla ríen; quien mucho ríe es loco;
Es en la dueña chica amor e non poco;
Dueñas hay muy grandes, que por chicas non troco,
Mas las chicas e las grandes se repienten del troco.
De las chicas, que bien diga el amor me fizo ruego,
Que diga de sus noblezas, yo quiérolas decir luego,
Decirvos hé de dueñas chicas, que lo habredes por
                                                    [juego:
Son frías como la nieve, e arden como el fuego.
Son frías de fuera, con el amor ardientes,
En la cama solaz, trebejo, placenteras, rientes,
En casa cuerdas, donosas, sosegadas, bien facientes,
Mucho ál y fallaredes a do bien paredes mientes.
En pequeña girgonza yace grand resplandor,
En azúcar muy poco yace mucho dulzor,
En la dueña pequeña yace muy grand amor,
Pocas palabras cumplen al buen entendedor.
Es pequeño el grano de la buena pemienta,
Pero más que la nuez conorta e calienta,
Así dueña pequeña, si todo amor consienta,
Non ha placer del mundo que en ella non sienta.
Como en chica rosa está mucha color,
En oro muy poco grand precio e grand valor;
Como en poco blasmo yace grand buen olor,
Así en dueña chica yace muy grand sabor.

Como robí pequeño tiene mucha bondat,
Color, virtud e precio, e noble claridad,
Ansí dueña pequeña tiene mucha beldat,
Fermosura, donaire, amor e lealtad.
Chica es la calandria, e chico el ruiseñor,
Pero más dulce canta que otra ave mayor;
La mujer que es chica, por eso es mejor,
Con doñeo es más dulce que azúcar nin flor.
Son aves pequeñas papagayo e orior,
Pero cualquier dellas es dulce gritador,
Adonada, fermosa, preciada cantador:
Bien atal es la dueña pequeña con amor.
De la mujer pequeña non hay comparación.
Terrenal paraíso es, e grand consolación,
Solaz e alegría, placer e bendición,
Mejor es en la prueba que en la salutación.
Siempre quís mujer chica más que grande nin mayor
Non es desaguisado del grand mal ser foidor;
Del mal tomar lo menos, dícelo el sabidor,
Por ende de las mujeres la mejor es la menor.

DE COMMO LOS SCOLARES DEMANDAN POR DIOS

Señores, dat al escolar
que vos vien' demandar.

Dat limosna o ración;
faré por vos oración
que Dios vos dé salvación;
quered por Dios a mí dar.
El bien que por Dios fecierdes,
la limosna que por El dierdes,
cuando deste mundo salierdes
esto vos habrá de ayudar.
Cuando a Dios dierdes cuenta
de los algos e de la renta,
escusar vos ha de afruenta
la limosna por El far.
Por una ración que dedes,
vos ciento de Dios tomedes
e en Paraíso entredes.
¡Ansí lo quiera El mandar!

Catad que el bien fazer
nunca se ha de perder;
poder vos ha estorcer
del infierno, mal lugar.
Señores, dat al escolar
que vos vien' demandar.

CANTICA DE LOORES DE SANTA MARIA

Quiero seguir a ti, flor de las flores,
siempre decir cantar de tus loores;
  non me partir de te servir,
    mejor de las mejores.
Grand fianza he yo en ti, Señora,
la mi esperanza en ti es toda hora;
  de tribulación sin tardanza,
    venme librar agora.
Virgen muy santa, yo paso atribulado,
pena tanta, con dolor atormentado,
  en tu esperanza coita atanta
    que veo, mal pecado.
Estrella de la mar, puerto de folgura,
de dolor complido e de tristura,
  venme librar e conortar,
    Señora del altura.
Nunca fallesce la tu merced complida,
siempre guareces de coitas e das vida;
  nunca parece nin entristece
    quien a ti non olvida.
Sufro grand mal sin merecer, a tuerto,
esquivo tal, porque pienso ser muerto;
  más tú me val, que non veo ál,
    que me saque a puerto.

SEM TOB

PROVERBIOS MORALES

Cuando es seca la rosa,
que ya su sazón sale,
queda el agua olorosa,
rosada, que más vale.

Por nacer en espino
la rosa, yo no siento
que pierde, nin el buen vino
por salir del sarmiento.

Nin vale el azor menos
porque en vil nido siga,
nin los ejemplos buenos
porque judío los diga.

Cuando yo paro mientes,
muy alegre sería
con lo que otras gentes
son tristes cada día.

La paz non se alcanza
sino con guerrear,
nin se gana holganza
sino con bien lazrar.

Fizo para laceria
Dios al hombre nacer,
y ir de feria en feria
buscar de guarecer.

Rúas e ferias ande
a buscar su ventura,
ca es soberbia grande
querer pro con folgura.

Quien de la pro quiere mucha,
ha de perder el brío:
quien quiere tomar trucha,
aventúrese al río.

Non hay si noche día,
nin segar sin sembrar,
nin sin caliente fría,
nin reír sin llorar.

Nin hay sin después luego,
nin tarde sin aína,
nin hay fumo sin fuego,
nin sin somas farina.

La alma altiva viene
a perderse con celo,
si su vecino tiene
de más que él un pelo.

Tiene miedo muy fuerte
que le aventajará.
Non se miembra que la muerte
a ambos igualará.

Nin hay tan fuerte cosa
como es la verdad,
nin otra más medrosa
que la deslealtad.

El sabio, con corona,
como león semeja;
la verdad es leona,
la mentira es gulpeja.

¿Qué venganza quisiste
haber del envidioso,
mayor que estar él triste
cuando tú estás gozoso?

Como el pez en el río,
vicioso y riendo,
non piensa el sandío
la red quel' van tendiendo.

Esfuerzo en dos cosas
non puede hombre tomar,
a tanto son dudosas
el mundo y la mar.

Non hay mejor riqueza
que la buena hermandad,
nin tan mala pobreza
como es la soledad.

Si fuese el fablar
de plata figurado,
debe ser el callar
de oro afinado.

De lo que a Dios aplace
nos pesar non tomemos;
bien en cuanto El face
aunque non lo entendemos.

DIEGO DE MENDOZA

COSANTE

A aquel árbol que mueve la hoja
algo se le antoja.

Aquel árbol del bel mirar
hace de manera flores quiere dar:
algo se le antoja.

Aquel árbol del bel veyer
hace de manera quiere florecer:
algo se le antoja.

Hace de manera flores quiere dar;
ya se demuestra salidlas mirar:
algo se le antoja.

Ya se demuestra; salidlas mirar;
vengan las damas las frutas cortar:
algo se le antoja.

Ya se demuestra; salidlas a ver;
vengan las damas la fruta coger:
algo se le antoja.

ALFONSO ALVAREZ DE VILLASANDINO

A LOS AMORES DE UNA MORA

Quien de linda se enamora,
atender deve perdón
en casso que sea mora.
    El amor e la ventura
me ficieron ir mirar

muy graciosa criatura
de linaje de Aguar;
quien fablare verdat pura,
bien puede decir que non
tiene talle de pastora.

Linda rosa muy suave
vi plantada en un vergel,
puesta so secreta llave
de la línea de Ismael:
maguer esa cossa grave,
con todo mi corazón
la rescibo por señora.

Mahomad el atrevido
ordenó que fuese tal,
de asseo noble, cumplido,
alvos pechos de cristal:
de alabastro muy bruñido
debié ser con gran razón
lo que cubre su alcandora.

Dióle tanta fermosura
que non lo puedo decir;
cuantos miran su figura
todos la aman servir.
Con lindeza e apostura
vence a todas cuantas son
de alcuña donde mora.

No sé hombre tan guardado
que viese su resplandor
que non fuese conquistado
en un punto de su amor.
Por haber tal gasajado
yo pornía en condición
la mi alma pecadora.

MICER FRANCISCO IMPERIAL

«NON FUE POR CIERTO MI CARRERA VANA...»

Non fué por cierto mi carrera vana,
pasando la puente del Guadalquivir,
a tan buen encuentro que yo vi venir
ribera del río, en medio Triana,

a la muy fermosa Estrella Diana,
cual sale por mayo al alba del día,
por los santos pasos de la romería:
muchos loores haya Santa Ana.

E por galardón demostrar me quiso
la muy delicada flor de jazmín,
rosa novela de oliente jardín
e de verde prado gentil flor de lyso,
el su gracioso y honesto rysso,
semblante amoroso e viso suave
propio me paresce al que dixo—*Ave*,
cuando avisado fué del Paraíso.

Callen poetas e callen autores,
Homero, Horacio, Virgilio e Dante,
e con ellos calle Ovidio d' amante
e cuanto escribieron loando señores,
que tal es aqueste entre las mejores,
como el lucero entre las estrellas,
llama muy clara a par de centellas
e como la rosa entre las flores.

Non se desdeñe la muy delicada
Eufregymio griega, de las griegas flor,
nin de las troyanas la noble señor
por ser aquesta a tanto loada:
que en tierra llana e non muy labrada,
nasce a las veces muy oliente rosa,
así es aquesta gentil e fermosa,
que tan alto meresce de ser comparada.

IÑIGO LOPEZ DE MENDOZA
(MARQUES DE SANTILLANA)

SERRANILLA

Moça tan fermosa
non vi en la frontera
como una vaquera
de la Finojosa.

Faciendo la vía
del Calatraveño

a Santa María,
vençido del sueño,
por tierra fragosa
perdi la carrera,
do vi la vaquera
de la Finojosa.
    En un verde prado
de rosas e flores,
guardando ganado
con otros pastores,
la vi tan graciosa,
que apenas creyera
que fuese vaquera
de la Finojosa.
    Non creo las rosas
de la primavera
sean tan fermosas
nin de tal manera,
fablando sin glosa,
si antes supiera
de aquella vaquera
de la Finojosa.
    Non tanto mirara
su mucha beldad,
porque me dejara
en mi libertad.
Mas dije: «Donosa
(por saber quién era),
¿aquélla vaquera
de la Finojosa?...»
    Bien como riendo,
dijo: «Bien vengades,
que ya bien entiendo
lo que demandades:
non es desseosa
de amar, nin lo espera,
aquessa vaquera
de la Finojosa.»

SERRANILLA

    Después que naçí,
no vi tal serrana
como esta mañana.

Allá en la vegüela
a Mata l'Espino,
en ese camino
que va a Loçoyuela,
de guissa la vi
que me fizo gana
la fruta temprana.
   Garnacha traía
de oro presada
con brocha dorada,
que bien parecía.
A ella volví
diciendo: «Loçana,
¿e sois vos villana?»
   «Sí soy, caballero;
sí por mí lo avedes,
decid, ¿qué queredes?
fablad verdadero».
Yo le dije así:
«Juro por Santana
que no sois villana.»

«CUANDO YO SO DELANTE AQUELLA DONNA...»

En este catorçessimo soneto el actor muestra quél, cuando es delan-
te aquella su señora, le paresçe que es en el monte Tabor, en el cual
Nuestro Señor aparesçió a los tres discípulos suyos, e por cuanto
la historia es muy vulgar, non cura de la escribir.

   Cuando yo so delante aquella donna,
a cuyo mando me sojuzgó Amor,
cuido ser uno de los que en Tabor
vieron la grand claror que se razona,
o aquella sea fija de Latona,
segund su aspecto e grande resplandor:
asi que punto yo non he vigor
de mirar fijo su deal persona.
   El su grato favor dulce, amoroso,
es una maravilla çiertamente,
en modo nuevo de humanidad:
el andar suyo es con tal reposo,
honesto e manso, e su continente,
que libre, vivo en cautividad.

«¡BENDITOS AQUELLOS QUE CON EL AZADA...!»

¡Benditos aquellos que con el azada
sustentan su vida e viven contentos,
e de cuando en cuando conocen morada
e sufren pacientes las lluvias e vientos!
Ca éstos no temen los sus movimientos,
nin saben las cosas del tiempo pasado,
nin de las presentes se facen cuidado,
nin las venideras do han nacimientos.

¡Benditos aquellos que siguen las fieras
con las gruesas redes e canes ardidos,
e saben las trochas e las delanteras
e fieren del arco en tiempos debidos!
Ca éstos por saña non son conmovidos
nin vana codicia los tiene sujetos;
nin quieren tesoros, nin sienten defetos,
nin turban temores sus libres sentidos.

¡Benditos aquellos que cuando las flores
se muestran al mundo, desciben las aves,
e fuyen las pompas e vanos honores,
e ledos escuchan sus cantos suaves!
¡Benditos aquellos que en pequeñas naves
siguen los pescados con pobres traínas!
Ca éstos bin temen las lides marinas,
nin cierra sobre ellos Fortuna sus llaves.

PROVERBIOS
DE AMOR E TEMOR

Fijo mío mucho amado,
    para mientes,
e non contrastes las gentes,
    mal su grado:
ama e serás amado,
    e podrás
façer lo que non farás
desamado.

¿Quién reservará al temido
    de temer

su discreçión e saber
   non ha perdido?...
Si querrás, serás querido,
   ca temor
es una mortal dolor
   al sentido.

   Çésar, segund es leído,
   padesçió,
e de todos se falló
   desçebido.
Quién se piensa tan ardido,
   pueda ser
que solo baste a façer
   grand sonido.

   ¡Cuántos vi ser aumentados
   por amor;
e muchos más por temor
   abajados!...
Ca los buenos, sojubgados,
   non tardaron
de buscar como libraron
   sus estados.

   O fijo! sey amoroso,
   e non esquivo;
ca Dios desama al altivo
   desdeñoso.
Del inicuo e maliçioso
   non aprendas;
ca sus obras son contiendas
   sin reposo.

   E sea la tu respuesta
   muy graçiosa:
non terca nin soberbiosa,
   mas honesta.
O fijo!... cuán poco cuesta
   bien fablar!...
e sobrado amenaçar
   poco presta.

DE PRUDENÇIA E SABIDURIA

Inquiere con gran cuidado
    la sçiençia,
con estudio e diligençia
    reposado:
non cobdiçies ser letrado
    por loor;
mas sçiente reprehensor
    de pecado.

Ca por ello fallarás
    cuanto Dios
ha fecho e face por nos;
    e demás,
por qué modo lo amarás,
    olvidado
el sueño que açelerado
    dejarás.

A los libres pertenesçe
    aprehender
donde se muestra el saber
    e floresçe;
çiertamente bien meresçe
    preheminençia
quien de doctrina e prudençia
    se guarnesçe.

JUAN DE MENA

CONTRA LA FORTUNA

¿Pues cómo, Fortuna, regir todas cosas
con ley absoluta sin orden te plaze?
¿Tú non farías lo qu'el cielo faze,
e fazen los tempos, las plantas e rosas?
O muestra tus hobras ser siempre dañosas,
o prósperas, buenas, durables, eternas;
non nos fatigues con vezes alternas,
alegres agora e agora enojosas.

Mas bien acatada tu varia mudança,
por ley te goviernas, maguer discrepante,
ca tu firmeza es non ser constante,
tu temperamento es distemperança,
tu más cierta orden es desordenança,
es la tu regla ser muy enorme,
tu conformidat es non ser conforme,
tú desesperas a toda sperança.
Como las nautas que van en poniente
fallan en Calis la mar sin repunta,
Europa por pocas con Libia que junta,
quando Boreas se muestra valiente;
pero si el Austro comueve al tridente,
corren en contra de como vinieron
las aguas, que nunca ternán nin tuvieron
allí donde digo reposo patente;
assí, fluctuosa Fortuna aborrida,
tus casos inçiertos semejan atales,
que corren por ondas de bienes e males,
faziendo non çierta ninguna corrida.
Pues ya porque vea la tu sinmedida,
la casa se muestra do anda tu rueda,
porque de vista dezir çierto pueda
el modo en que tractas allá nuestra vida.

MACIAS

Tanto anduvimos el cerco mirando,
que nos hallamos con nuestro Maçías,
y vimos que estaba llorando los días
con que su vida tomó fin amando;
lleguéme más cerca turbado yo, cuando
vi ser un tal hombre de nuestra nación,
y vi que decía tal triste canción,
en elegíaco verso cantando:
«Amores me dieron corona de amores,
porque mi nombre por más bocas ande:
entonces non era mi mal menos grande,
cuando me daban plaçer sus dolores;
vençen el seso sus dulces errores,
mas no duran siempre, según luego plaçen;
pues me fiçieron del mal que vos facen,
sabed al amor desamar, amadores.

»Fuid un peligro tan apasionado,
sabed ser alegres, dejad de ser tristes,
sabed deservir a quien tanto servistes,
a otro que amores dad vuestro cuidado;
los cuales si diessen por un igual grado
sus pocos placeres, segund su dolor,
non se quejaría ningún amador,
nin desesperara ningún desamado.
»E bien como cuando algún malfechor,
al tiempo que façen de otro justicia,
temor de la pena le pone cobdicia,
de allí en adelante vivir ya mejor;
mas desque pasado por aquel temor,
vuelve a sus viçios como de primero,
assí me volvieron a do desespero
amores que quieren que muera amador».

GOMEZ MANRIQUE

LAMENTACION DE LA VIRGEN

¡Ay dolor, dolor
por mi fijo y mi Señor!
Yo soy aquella María
del linaje de David;
oíd, señores, oíd,
la gran desventura mía.
        ¡Ay dolor!
A mí dixo Gabriel
que el Señor era conmigo,
y dexóme sin abrigo
amarga más que la hiel.
Díxome qu'era bendita
entre todas las nacidas,
y soy de las aflixidas
la más triste y más aflicta.
        ¡Ay dolor!
¡O vos, hombres que transistes
por la vía mundanal,

decidme si jamás vistes
igual dolor de mi mal!
Y vosotras, que tenéis
padre, fijos y maridos,
acorredme con gemidos
si con llantos no podéis.
                    ¡Ay dolor!
Llorad conmigo, casadas,
llorad conmigo, doncellas,
pues que vedes las estrellas
escuras y demudadas,
vedes el templo rompido,
la luna sin claridad;
¡llorad conmigo, llorad
un dolor tan dolorido!
                    ¡Ay dolor!
Llore conmigo la gente
de todos los tres estados,
por lavar cuyos pecados
mataron al ynocente,
a mi fijo y mi Señor,
¡mi redentor verdadero!
¡Cuitada!, ¿cómo no muero
con tan estremo dolor?
                    ¡Ay dolor!

JORGE MANRIQUE

COPLAS A LA MUERTE DE SU PADRE

   Recuerde el alma dormida,
avive el seso y despierte
            contemplando
cómo se pasa la vida,
cómo se viene la muerte
            tan callando;
cuán presto se va el placer,
cómo después de acordado
da dolor;

cómo a nuestro parescer
cualquiera tiempo pasado
　　　fué mejor.
　Y pues vemos lo presente
cómo en un punto se es ido
　　　y acabado,
si juzgamos sabiamente,
daremos lo no venido
　　　por pasado.
No se engañe nadie, no,
pensando que ha de durar
　　　lo que espera
más que duró lo que vió,
porque todo ha de pasar
　　　por tal manera.
　Nuestras vidas son los ríos
que van a dar en la mar,
　　　que es el morir;
allí van los señoríos
derechos a se acabar
　　　y consumir;
allí los ríos caudales,
allí los otros medianos
　　　y más chicos;
allegados son iguales
los que viven por sus manos
　　　y los ricos.

Invocación

　Dejo las invocaciones
de los famosos poetas
　　　y oradores;
no curo de sus ficciones,
que traen yerbas secretas
　　　sus sabores.
A aquél sólo me encomiendo,
aquél sólo invoco yo
　　　de verdad,
que en este mundo viviendo,
el mundo no conoció
　　　su deidad.

Este mundo es el camino
para el otro, qu'es morada
     sin pesar;
mas cumple tener buen tino
para andar esta jornada
     sin errar.
Partimos cuando nacemos,
andamos mientras vivimos,
     y llegamos
al tiempo que fenecemos;
así que, cuando morimos,
     descansamos.
   Este mundo bueno fué
si bien usásemos dél
     como debemos,
porque, según nuestra fe,
es para ganar aquel
     que atendemos.
Y aun el Hijo de Dios,
para subirnos al cielo,
     descendió
a nacer acá entre nos,
y vivir en este suelo
     do murió.
   Ved de cuán poco valor
son las cosas tras que andamos
     y corremos;
que en este mundo traidor
aun primero que muramos
     las perdemos.
D'ellas deshace la edad,
d'ellas casos desastrados
     que acaescen,
d'ellas por su calidad,
en los más altos estados
     desfallescen.
Decidme: la fermosura,
la gentil frescura y tez
     de la cara,
la color y la blancura,
cuando viene la vejez,
     ¿cuál se para?

Las mañas y ligereza
y la fuerza corporal
  de juventud,
todo se torna graveza
cuando llega al arrabal
  de senectud.
 Pues la sangre de los godos,
el linaje y la nobleza
  tan crecida,
¡por cuántas vías e modos
se pierde su gran alteza
  en esta vida!
Unos por poco valer,
¡por cuán bajos y abatidos
  que los tienen!
Otros que por no tener,
con oficios no debidos
  se mantienen.
 Los estados y riqueza
que nos dejan a deshora,
  ¿quién lo duda?,
no les pidamos firmeza,
pues que son de una señora
  que se muda;
que bienes son de fortuna
que revuelve con su rueda
  presurosa,
la cual no puede ser una,
ni ser estable ni queda
  en una cosa.
 Pero digo que acompañen
y lleguen hasta la huesa
  con su dueño;
por eso no nos engañen,
pues se va la vida apriesa
  como sueño;
y los deleites de acá
son en que nos deleitamos
  temporales,
y los tormentos de allá
que por ellos esperamos,
  eternales.

Los placeres y dulzores
d'esta vida trabajada
        que tenemos,
¿qué son sino corredores,
y la muerte es la celada
        en que caemos?
No mirando a nuestro daño,
corremos a rienda suelta
        sin parar;
desque vemos el engaño
y queremos dar la vuelta,
        no hay lugar.
Si fuese en nuestro poder
tornar la cara fermosa
        corporal,
como podemos hacer
el alma tan gloriosa
        angelical,
¿qué diligencia tan viva
tuviéramos cada hora,
        y tan presta,
en componer la cativa,
dejándonos la señora
        descompuesta?
Estos reyes poderosos
que vemos por escripturas
        ya pasadas,
con casos tristes, llorosos,
fueron sus buenas venturas
        trastornadas;
así que no hay cosa fuerte;
que a Papas y Emperadores
        y Perlados,
así los trata la muerte
como a los pobres pastores
        de ganados.
Dejemos a los Troyanos,
que sus males no los vimos
        ni sus glorias;
dejemos a los Romanos,
aunque oímos y leímos
        sus historias.

No curemos de saber
lo de aquel siglo pasado
     qué fué d'ello;
vengamos a lo de ayer,
que también es olvidado
     como aquello.
  ¿Qué se hizo el Rey Don Juan?
Los Infantes de Aragón,
     ¿qué se hicieron?
¿Qué fué de tanto galán,
qué fué de tanta invención
     como trujeron?
  Las justas e los torneos,
paramentos, bordaduras
     e cimeras.
¿Fueron sino devaneos?
¿Qué fueron sino verduras
     de las eras?
  ¿Qué se hicieron las damas,
sus tocados, sus vestidos,
     sus olores?
¿Qué se hicieron las llamas
de los fuegos encendidos
     de amadores?
¿Qué se hizo aquel trovar,
las músicas acordadas
     que tañían?
¿Qué se hizo aquel danzar
y aquellas ropas chapadas
     que traían?
  Pues el otro su heredero,
Don Enrique, ¡qué poderes
     alcanzaba!
¡Cuán blando, cuán halagüero
el mundo con sus placeres
     se le daba!
Mas verás cuán enemigo,
cuán contrario, cuán cruel
     se le mostró,
habiéndole sido amigo.
¡Cuán poco duró con él
     lo que le dió!

Las dadivas desmedidas,
los edificios reales
      llenos de oro,
las vajillas tan fabridas,
los enriques y reales
      del tesoro;
los jaeces y caballos
de su gente y atavíos
      tan sobrados,
¿dónde iremos a buscallos?
¿Qué fueron sino rocíos
      de los prados?

Pues su hermano el inocente,
que en su vida sucesor
      se llamó,
¡qué corte tan excelente
tuvo y cuánto gran señor
      que le siguió!
Mas como fuese mortal,
metióle la muerte luego
      en su fragua.
¡Oh jüicio divinal!
Cuando más ardía el fuego
      echaste agua.

Pues aquel gran Condestable
maestre que conocimos
      tan privado,
no cumple que dél se hable,
sino sólo que le vimos
      degollado.
Sus infinitos tesoros,
sus villas y sus lugares,
      sin mandar,
¿qué le fueron sino lloros?
¿Qué fueron sino pesares
      al dejar?

Pues los otros dos hermanos,
Maestres tan prosperados
      como reyes,
c'a los grandes y medianos
trajeron tan sojuzgados
      a sus leyes;

aquella prosperidad
que tan alta fué subida
    y ensalzada,
¿qué fué sino claridad
que cuando más encendida
    fué amatada?
  Tantos Duques excelentes,
tantos Marqueses y Condes
    y Barones
como vimos tan potentes,
di, Muerte, ¿dó los escondes
    y los pones?
Y sus muy claras hazañas
que hicieron en las guerras
    y en las paces,
cuando tú, cruel, te ensañas,
con tu fuerza los atierras
    y deshaces.
  Las huestes innumerables,
los pendones y estandartes
    y banderas,
los castillos impunables,
los muros e baluartes
    y barreras,
la cavahonda chapada,
o cualquier otro reparo,
    ¿qué aprovecha?
Cuando tú vienes airada
todo lo pasas de claro
    con tu flecha.
  Aquel de buenos abrigo,
amado por virtuoso
    de la gente,
el Maestre Don Rodrigo
Manrique, tanto famoso
    y tan valiente,
sus grandes hechos y claros
no cumple que los alabe,
    pues los vieron,
ni los quiero hacer caros,
pues el mundo todo sabe
    cuáles fueron.

¡Qué amigo de sus amigos!
¡Qué señor para criados
        y parientes!
¡Qué enemigo de enemigos!
¡Qué Maestre de esforzados
        y valientes!
¡Qué seso para discretos!
¡Qué gracia para donosos!
        ¡Qué razón!
¡Cuán benigno a los subjetos,
y a los bravos y dañosos
        un león!

En ventura, Octaviano;
Julio César en vencer
        y batallar;
en la virtud, Africano;
Aníbal en el saber
        y trabajar;
en la bondad, un Trajano;
Tito en liberalidad
        con alegría;
en su brazo, un Archidano;
Marco Tulio en la verdad
        que prometía.

Antonio Pío en clemencia;
Marco Aurelio en igualdad
        del semblante;
Adriano en elocuencia;
Teodosio en humanidad
        y buen talante.
Aurelio Alexandre fué
en disciplina y rigor
        de la guerra;
un Constantino en la fe;
Gamelio en el gran amor
        de su tierra.

No dejó grandes tesoros,
ni alcanzó muchas riquezas
        ni vajillas,
mas hizo guerra a los moros,
ganando sus fortalezas
        y sus villas;

y en las lides que venció,
caballeros y caballos
    se prendieron,
y en este oficio ganó
las rentas e los vasallos
    que le dieron.
  Pues por su honra y estado
en otros tiempos pasados,
    ¿cómo se hubo?
Quedando desamparado,
con hermanos y criados
    se sostuvo.
Después que hechos famosos
hizo en esta dicha guerra
    que hacía,
hizo tratos tan honrosos,
que le dieron muy más tierra
    que tenía.
  Estas sus viejas historias,
que con su brazo pintó
    en la juventud,
con otras nuevas victorias
agora las renovó
    en la senectud.
Por su gran habilidad,
por méritos y ancianía
    bien gastada,
alcanzó la dignidad
de la gran caballería
    del Espada.
  E sus villas e sus tierras
ocupadas de tiranos
    las halló,
mas por cercos e por guerras
y por fuerzas de sus manos
    las cobró.
Pues nuestro Rey natural,
si de las obras que obró
    fué servido,
dígalo el de Portugal,
y en Castilla quien siguió
    su partido.

Después de puesta la vida
tantas veces por su ley
        al tablero;
después de tan bien servida
la corona de su Rey
        verdadero;
después de tanta hazaña
a que no puede bastar
        cuenta cierta,
en la su villa de Ocaña
vino la muerte a llamar
        a su puerta.

Habla la Muerte

Diciendo: «Buen caballero,
dejad el mundo engañoso
        y su halago;
vuestro corazón de acero
muestre su esfuerzo famoso
        en este trago;
y pues de vida y salud
hiciste tan poca cuenta
        por la fama,
esfuércese la virtud
para sufrir esta afrenta
        que os llama.
»No se os haga tan amarga
la batalla temerosa
        que esperáis,
pues otra vida más larga
de fama tan gloriosa
        acá dejáis;
aunque esta vida de honor
tampoco es eternal
        ni verdadera,
mas con todo es muy mejor
que la otra temporal
        perecedera.
»El vivir que es perdurable
no se gana con estados
        mundanales,

ni con vida deleitable
en que moran los pecados
      infernales;
mas los buenos religiosos
gánanlo con oraciones
      y con lloros;
los caballeros famosos,
con trabajos y aflicciones
      contra moros.
  »Y pues vos, claro varón,
tanta sangre derramaste
      de paganos,
esperad el galardón
que en este mundo ganastes
      por las manos:
y con esta confianza
y con la fe tan entera
      que tenéis,
partid con buena esperanza,
que esta otra vida tercera
      ganaréis.»

Responde el Maestre

  «No gastemos tiempo ya
en esta vida mezquina
      por tal modo,
que mi voluntad está
conforme con la divina
      para todo;
y consiento en mi morir
con voluntad placentera,
      clara, pura,
que querer hombre vivir
cuando Dios quiere que muera
      es locura.»

Oración

  Tú que por nuestra maldad
tomaste forma civil
      y bajo nombre;

Tú que en divinidad
juntaste cosa tan vil
        como el hombre;
Tú que tan grandes tormentos
sufriste sin resistencia
        en tu persona,
no por mis merecimientos,
más por tu sola clemencia
        me perdona.

Cabo

    Así con tal entender
todos sentidos humanos
        conservados,
cercado de su mujer,
de hijos y de hermanos
        y criados,
dió el alma a quien se la dió
(el cual la ponga en el cielo
        y en su gloria),
y aunque la vida murió,
nos dejó harto consuelo
        su memoria.

JUAN ALVAREZ GATO

«VENIDA ES, VENIDA...»

    Venida es, venida
al mundo la vida.
    Venida es al suelo
la gracia del cielo
a darnos consuelo
y gloria complida.
    Nacido ha en Belén
el ques nuestro bien:

venido es en quien
por él fué escogida.
   En un portalejo
con pobre aparejo
servido d'un viejo
su guarda escogida.
   La piedra preciosa,
ni la fresca rosa,
non es tan hermosa
como la parida.

FRAY IÑIGO DE MENDOZA

«ERES NIÑO Y HAS AMOR...»

   Eres niño y has amor:
¿qué farás cuando mayor?

   Será tan vivo su fuego,
que con importuno ruego,
por salvar el mundo ciego,
te dará mortal dolor.
   Eres niño y has amor:
¿qué farás cuando mayor?
   Arderá tanto tu gana,
que por la natura humana
querrás pagar su mançana
con muerte de malhechor.
   Eres niño y has amor:
¿qué farás cuando mayor?
   ¡Oh amor digno de espanto!,
pues que en este niño santo
has de pregonarte tanto,
cantemos a su loor:

   Eres niño y has amor:
¿qué farás cuando mayor?

FRAY AMBROSIO MONTESINO

COPLAS AL DESTIERRO DE NUESTRO SEÑOR
PARA EGIPTO

Desterrado parte el niño
y llora.
díjole su madre así,
y llora:
—Callad, mi Señor, agora.
Oíd llantos de amargura,
pobreza, temor, tristura,
aguas, vientos, noche escura,
con que va nuestra Señora.
Y llora.
—Callad, mi Señor, agora.
El destierro que sofrís
es la llave con que abrís
al mundo que redimís
la ciudad en que Dios mora,
Y llora.
—Callad, mi Señor, agora...
¡Oh gran rey de mis entrañas,
cómo is por las montañas
huyendo a tierras extrañas
de la mano matadora!
Y llora.
—Callad, mi Señor, agora.
Este frío no os fatigue,
ni Herodes que os persigue,
por el gran bien que se sigue
desta vida penadora.
Y llora.
—Callad, mi Señor, agora...
Con su hijo va huyendo
ya cansado, ya temiendo,
ya temblando, ya corriendo
tras la fe, su guiadora.
Y llora.
—Callad, mi Señor, agora.
Llora el niño del hostigo
del agua y del desabrigo
con la madre, que es testigo,
nuestra luz alumbradora.

Y llora.
—Callad, mi Señor, agora.
¡Oh cuáles van caminando
temiendo y atrás mirando
si los iba ya alcanzando
la gente perseguidora!
Y llora.
—Callad, mi Señor, agora.
A la Virgen sin mancilla
la verde palma se humilla
en señal de maravilla,
que es del cielo emperadora.
Y llora.
—Callad, mi Señor, agora.
Estando el niño en sus brazos,
fajadillo de retazos,
se hicieron mil pedazos
los ídolos a deshora.
Y llora.
—Callad, mi Señor, agora.
¡Oh si supieses, Egito,
cuánto ya eres bendito,
por el tesoro infinito
que hoy en ti se tesora!
Y llora.
—Callad, mi Señor, agora.

GARCI SANCHEZ DE BADAJOZ

VILLANCICO

Secáronme los pesares
los ojos y el corazón,
que no pueden llorar, non.

Los pesares me secaron
el corazón y los ojos;
y a mis lágrimas y enojos
y a mi salud acabaron:
muerto en vida me dejaron,

traspasado de pasión,
que no puedo llorar, non.
Y d'estar mortificado
mi corazón de pesar,
ya no está para llorar,
sino para ser llorado:
esta es la causa, cuitado,
esta es la triste ocasión,
que no puedo llorar, non.
Al principio de mi mal
lloraba mi perdimiento,
mas agora ya estó tal,
que de muerto no lo siento;
para tener sentimiento
tanta tengo de razón,
que no puedo llorar, non.

COPLA

En dos prisiones estó
que me atormentan aquí;
la una me tiene a mí,
y la otra tengo yo.
E aunque de la una pueda,
que me tiene, libertarme,
de la otra que me queda
jamás espero soltarme.
Yo no espero, triste, no,
verme libre cual nací,
que aunque me suelten a mí
no puedo soltarme yo.

EL COMENDADOR ESCRIVA

CANCION

Ven, muerte, tan escondida,
que no te sienta conmigo
porqu'el gozo de ir contigo
no me torne a dar la vida.

Ven como rayo que hiere,
que hasta después que ha herido
no se siente su ruydo,
por mejor herir do quiere:
assí sea tu venida:
si no, desde aquí me obligo
que el gozo que auré contigo
me dará de nuevo vida.

JUAN DEL ENCINA

«NO TE TARDES QUE ME MUERO...»

No te tardes que me muero,
carcelero,
no te tardes que me muero.
  Apresura tu venida
porque no pierda la vida,
que la fe no está perdida,
carcelero,
no te tardes que me muero.
  Bien sabes que la tardança
trae gran desconfiança;
ven y cumple mi esperança,
carcelero,
no te tardes que me muero.
  Sácame desta cadena,
que recibo muy gran pena,
pues tu tardar me condena.
Carcelero,
no te tardes que me muero.
  La primer vez que me viste
sin te vencer me venciste;
suéltame, pues me prendiste.
Carcelero,
no te tardes que me muero.
  La llave para soltarme
ha de ser galardonarme,
proponiendo no olvidarme.
Carcelero,
no te tardes que me muero.

«MONTESINA ERA LA GARZA...»

Montesina era la garza,
y de muy alto volar,
no hay quien la pueda tomar.

Mi cuidoso pensamiento
ha seguido su guarida,
mas cuanto más es seguida
tiene más defendimiento;
de seguirla soy contento
por de su vista gozar,
no hay quien la pueda tomar.
Otros muchos la han seguido
pensando poder tomalla,
y a quien más cerca se halla
tiene más puesto en olvido;
harto paga lo servido
en sólo querer mirar:
no hay quien la pueda tomar.
Nunca vi tanta lindeza
ni ave de tal crianza,
mas a quien tiene esperanza
muéstrale mucha esquiveza;
puede bien con su belleza
todo el mundo cativar:
no hay quien la pueda tomar.
Tiene tan gran hermosura
y es tan noble y virtuosa,
que en presencia nadie osa
descubrirle su tristura;
es de dichosa ventura
el que sirve en tan lugar:
no hay quien la pueda tomar.
El que más sigue su vuelo,
le parece muy más bella,
por sólo gozar de vella
el trabajo le es consuelo;
su mirar pone recelo
porque calle el desear:
no hay quien la pueda tomar.
Si la sigo por halago,
no me cree mi deseo,
y por mal perdidos veo

los servicios que le hago;
quiérole pedir en pago
me dexe suyo llamar:
no hay quien la pueda tomar.

Y pues de tan alta suerte
la hizo Dios en extremo,
de ningún peligro temo
si es contenta con mi muerte;
puede con su fuerza fuerte
ligeramente matar:
no hay quien la pueda tomar.

No quiero sino fatiga,
soy contento ser penado,
pues que quiere mi cuidado
que sin descanso la siga;
y que pene y no la diga,
pues es vitoria penar,
no hay quien la pueda tomar.

Así que por muy dichoso
me siento por la servir,
trabajo muy trabajoso;
quiero vida sin reposo,
por huir de la enojar.
¡No hay quien la pueda tomar!

ROMANCE Y VILLANCICO

Por unos puertos arriba
de montaña muy escura
caminaba un caballero
lastimado de tristura:
el caballo deja muerto,
y él a pie por su ventura,
andando de sierra en sierra
de camino no se cura.
Huyendo de las florestas,
métese de mata en mata
huyendo de la frescura,
por la mayor espesura.
Las manos lleva añudadas,
de luto la vestidura,
los ojos puestos en tierra
suspirando sin mesura;

más que mortal su figura;
en sus lágrimas bañado,
su beber y su comer
es de lloro y amargura,
que de noche ni de día
nunca duerme ni asegura,
despedido de su amiga
por su más que desventura.
A haberle de consolar
no basta seso y cordura:
viviendo penada vida,
más penada la procura,
que los corazones tristes
quieren más menos holgura.

—¿Quién te trajo, caballero,
por esta montaña escura?
—¡Ay, pastor, que mi ventura!

LUCAS FERNANDEZ

VILLANCICO

  En esta montaña
de gran hermosura
tomemos holgura.

  Haremos cabaña
de rosas y flores
en esta montaña
cercada de amores,
y nuestros dolores
y nuestra tristura
tornarse ha en holgura.
  Gran gozo y placer
aquí tomaremos,
y amor y querer
aquí nos ternemos,
y aquí viviremos
en grande frescura
en esta verdura.

PASTORCICO LASTIMADO

—Pastorcico lastimado,
descordoja tus dolores.
—¡Ay, Dios, que muero de amores!
—¿Cómo pudo tal dolencia
lastimarte, di, zagal?
¿Cómo enamorado mal
inficiona tu inocencia?
De amor huye y su presencia:
no te engañen sus primores.
—¡Ay, Dios, que muero de amores!
—Dime, dime, di, pastor,
¿cómo acá entre estos boscajes
y entre estas bestias salvajes
os cautiva el dios de amor?
Sus halagos, su furor,
¿sienten también labradores?
—¡Ay, Dios, que muero de amores!

GIL VICENTE

«DICEN QUE ME CASE YO...»

Dicen que me case yo:
no quiero marido, no.

Más quiero vivir segura
n'esta tierra a mi soltura,
que no estar en ventura
si casaré bien o no.
Dicen que me case yo:
no quiero marido, no.
Madre, no seré casada
por no ver vida cansada,
o quizá mal empleada
la gracia que Dios me dió.
Dicen que me case yo:
no quiero marido, no.

No será ni es nacido
tal para ser mi marido;
y pues que tengo sabido
que la flor yo me la só.
Dicen que me case yo:
no quiero marido, no.

«MUY GRACIOSA ES LA DONCELLA...»

Muy graciosa es la doncella,
¡cómo es bella y hermosa!
Digas tú, el marinero
que en las naves vivías,
si la nave o la vela o la estrella
        es tan bella.
Digas tú, el caballero
que las armas vestías,
si el caballo o las armas o la guerra
        es tan bella.
Digas tú, el pastorcico
que el ganadico guardas,
si el ganado o los valles o la sierra
        es tan bella.

«EN LA HUERTA NASCE LA ROSA...»

En la huerta nasce la rosa:
quiérome ir allá
por mirar al ruiseñor
        como cantabá.
Por las riberas del río
limones coge la virgo:
quiérome ir allá
por mirar al ruiseñor
        como cantabá.
Limones cogía la virgo
para dar al su amigo:
quiérome ir allá
por mirar al ruiseñor
        como cantabá.

Para dar al su amigo
en un sombrero de sirgo:
quiérome ir allá
por ver al ruiseñor
        como cantabá.

«HALCON QUE SE ATREVE...»

Halcón que se atreve
con garza guerrera,
peligros espera.

Halcón que se vuela
con garza a porfía,
cazarla quería
y no la recela.
Mas quien no se vela
de garza guerrera,
peligros espera.
La caza de amor
es de altanería:
trabajos de día,
de noche dolor.
Halcón cazador
con garza tan fiera,
peligros espera.

«DEL ROSAL VENGO, MI MADRE...»

Del rosal vengo, mi madre,
vengo del rosale.

A riberas de aquel vado
viera estar rosal granado:
vengo del rosale.
A riberas de aquel río
viera estar rosal florido:
vengo del rosale.
Viera estar rosal florido,
cogí rosas con sospiro:
vengo del rosale.

[Viera estar rosal granado,
cogí rosas con cuidado:
vengo del rosale.]
Del rosal vengo, mi madre,
vengo del rosale.

«¿CUAL ES LA NIÑA...?»

¿Cuál es la niña
que coge las flores
si no tiene amores?

Cogía la niña
la rosa florida.
El hortelanico
prendas le pedía,
si no tiene amores.

JUAN BOSCAN

A LA TRISTEZA

Tristeza, pues yo soy tuyo,
tú no dejes de ser mía;
mira bien que me destruyo
sólo en ver que el alegría
presume de hacerme suyo.
    ¡Oh, tristeza!
que apartarme de contigo
es la más alta crueza
que puedes usar conmigo.
No huyas ni seas tal
que me apartes de tu pena;
soy tu tierra natural,
no me dejes por la ajena
do quizá te querrán mal.
    Pero, di:
ya que estó en tu compañía,
¿cómo gozaré de ti,
que no goce de alegría?

Que el placer de verte en mí,
no hay remedio para echallo,
¿quién jamás estuvo así?
que de ver que en ti me hallo,
me hallo que estoy sin ti.
    ¡Oh ventura!
¡Oh amor, que tú hiciste
que el placer de mi tristura
me quitase de ser triste!
Pues me das por mi dolor
el placer que en ti no tienes,
porque te sienta mayor,
no vengas, que si no vienes,
entonces vernás mejor.
Pues me places,
vete ya, que en tu ausencia
sentiré yo lo que haces,
mucho más que en tu presencia.

«DULCE REPOSO DE MI ENTENDIMIENTO...»

Dulce reposo de mi entendimiento;
dulce placer fundado sobre bueno;
dulce saber, que de saber soy lleno,
pues tengo de mi bien conocimiento.

Dulce gozar de un dulce sentimiento,
viendo mi cielo estar claro y sereno,
y dulce revolver sobre mi seno,
con firme concluir, que estoy contento.

Dulce gustar de un no sé qué sin nombre,
que amor dentro en mi alma poner quiso,
cuando mi mal sanó con gran renombre.

Dulce pensar que estoy en paraíso,
sino que en fin me acuerdo que soy hombre
y en las cosas del mundo tomo aviso.

GARCILASO DE LA VEGA

EGLOGA PRIMERA

El dulce lamentar de dos pastores,
Salicio juntamente y Nemoroso,

he de contar, sus quejas imitando;
cuyas ovejas al cantar sabroso
estaban muy atentas, los amores,
de pacer olvidadas, escuchando.
Tú, que ganaste obrando
un nombre en todo el mundo,
y un grado sin segundo,
agora estés atento, solo y dado
al ínclito gobierno del Estado,
Albano; agora vuelto a la otra parte,
resplandeciente, armado,
representando en tierra al fiero Marte;
agora de cuidados enojosos
y de negocios libre, por ventura
andes a caza, el monte fatigado
en ardiente jinete, que apresura
el curso tras los ciervos temerosos,
que en vano su morir van dilatando;
espera, que en tornando
a ser restituído
al ocio ya perdido,
luego verás ejercitar mi pluma
por la infinita innumerable suma
de tus virtudes y famosas obras;
antes que me consuma,
faltando a ti, que a todo el mundo sobras.
　　En tanto que este tiempo que adivino
viene a sacarme de la deuda un día,
que se debe a tu fama y a tu gloria,
que es deuda general, no sólo mía,
mas de cualquier ingenio peregrino
que celebra lo dino de memoria;
el árbol de vitoria
que ciñe estrechamente
tu gloriosa frente
dé lugar a la hiedra que se planta
debajo de tu sombra, y se levanta
poco a poco, arrimada a tus loores.
Y en cuanto esto se canta,
escucha tú el cantar de mis pastores.
　　Saliendo de las ondas encendido,
rayaba de los montes el altura
el sol, cuando Salicio, recostado
al pie de un alta haya, en la verdura,

por donde el agua clara con sonido
atravesaba el fresco y verde prado,
él, con canto acordado
al rumor que sonaba
del agua que pasaba,
se quejaba tan dulce y blandamente,
como si no estuviera de allí ausente
la que de su dolor culpa tenía;
y así, como presente,
razonando con ella, le decía:

Salicio

¡Oh más dura que mármol a mis quejas,
y al encendido fuego en que me quemo
más helada que nieve, Galatea!
Estoy muriendo, y aún la vida temo;
témola con razón, pues tú me dejas;
que no hay, sin ti, el vivir para qué sea.
Vergüenza he que me vea
ninguno en tal estado:
de ti desamparado,
y de mí mismo yo me corro agora.
¿De un alma te desdeñas ser señora,
donde siempre moraste, no pudiendo
della salir un hora?
Salid sin duelo, lágrimas, corriendo.

El sol tiende los rayos de su lumbre
por montes y por valles, despertando
las aves y animales y la gente;
cuál por el aire claro va volando,
cuál por el verde valle o alta cumbre
paciendo va segura y libremente,
cuál con el sol presente
va de nuevo al oficio,
y al usado ejercicio
de su natura o menester se inclina;
siempre está en llanto esta ánima mezquina,
cuando la sombra el mundo va cubriendo
o la luz se avecina.
Salid sin duelo, lágrimas, corriendo.

¿Y tú, desta mi vida ya olvidada,
sin mostrar un pequeño sentimiento
de que por ti Salicio triste muera,
dejas llevar, desconocida, al viento
el amor y la fe que ser guardada
eternamente sólo a mí debiera?
¡Oh Dios!, ¿por qué siquiera,
pues ves desde tu altura
esta falsa perjura
causar la muerte de un estrecho amigo,
no recibe del cielo algún castigo?
Si en pago del amor yo estoy muriendo,
¿qué hará el enemigo?
Salid sin duelo, lágrimas, corriendo.

    Por ti el silencio de la selva umbrosa,
por ti la esquividad y apartamiento
del solitario monte me agradaba;
por ti la verde hierba, el fresco viento,
el blanco lirio, y colorada rosa,
y dulce primavera deseaba.
¡Ay, cuánto me engañaba!
¡Ay, cuán diferente era
y cuán de otra manera
lo que en tu falso pecho se escondía!
Bien claro con su voz me lo decía
la siniestra corneja, repitiendo
la desventura mía.
Salid sin duelo, lágrimas, corriendo.

    ¡Cuántas veces, durmiendo en la floresta,
reputándolo yo por desvarío,
vi mi mal entre sueños, desdichado!
Soñaba que en el tiempo del estío
llevaba, por pasar allí la siesta,
a beber en el Tajo mi ganado;
y después de llegado,
sin saber de cuál arte,
por desusada parte
y por nuevo camino el agua se iba;
ardiendo yo con la calor estiva,
el curso enajenado iba siguiendo
del agua fugitiva.
Salid sin duelo, lágrimas, corriendo.

    Tu dulce habla, ¿en cúya oreja suena?
Tus claros ojos, ¿a quién los volviste?

¿Por quién tan sin respeto me trocaste?
Tu quebrantada fe, ¿dó la pusiste?
¿Cuál es el cuello que, como en cadena,
de tus hermosos brazos anudaste?
No hay corazón que baste,
aunque fuese de piedra,
viendo mi amada hiedra
de mí arrancada, en otro muro asida,
y mi parra en otro olmo entretejida,
que no se esté con llanto deshaciendo
hasta acabar la vida.
Salid sin duelo, lágrimas, corriendo.

  ¿Qué no se esperará de aquí adelante,
por difícil que sea y por incierto?
O, ¿qué discordia no será juntada,
y juntamente, qué tendrá por cierto,
o qué de hoy más no temerá el amante,
siendo a todo materia por ti dada?
Cuando tú enajenada
de mi cuidado fuiste,
notable causa diste
y ejemplo a todos cuantos cubre el cielo:
que el más seguro tema con recelo
perder lo que estuviere poseyendo.
Salid fuera sin duelo,
salid sin duelo, lágrimas, corriendo.

  Materia diste al mundo de esperanza
de alcanzar lo imposible y no pensado,
y de hacer juntar lo diferente,
dando a quien diste el corazón malvado,
quitándolo de mí con tal mudanza,
que siempre sonará de gente en gente.
La cordera paciente
con el lobo hambriento
hará su ayuntamiento,
y con las simples aves sin ruido
harán las bravas sierpes ya su nido;
que mayor diferencia comprehendo
de ti al que has escogido.
Salid sin duelo, lágrimas, corriendo.

  Siempre de nueva leche en el verano
y en el invierno abundo; en mi majada
la manteca y el queso está sobrado;
de mi cantar, pues yo te vi agradada,

tanto que no pudiera el mantuano
Títiro ser de ti más alabado.
No soy, pues, bien mirado,
tan disforme ni feo;
que aun agora me veo
en esta agua que corre clara y pura,
y cierto no trocara mi figura
con ese que de mí se está riendo;
¡trocara mi ventura!
Salid sin duelo, lágrimas, corriendo.
      ¿Cómo te vine en tanto menosprecio?
¿Cómo te fuí tan presto aborrecible?
¿Cómo te faltó en mí el conocimiento?
Si no tuvieras condición terrible,
siempre fuera tenido de ti en precio,
y no viera de ti este apartamiento.
¿No sabes que sin cuento
buscan en el estío
mis ovejas el frío
de la sierra de Cuenca, y el gobierno
del abrigado Extremo en el invierno?
Mas, ¡qué vale el tener, si derritiendo
me estoy en llanto eterno!
Salid sin duelo, lágrimas, corriendo.
      Con mi llorar las piedras enternecen
su natural dureza y la quebrantan;
los árboles parece que se inclinan;
las aves que me escuchan, cuando cantan,
con diferente voz se condolecen,
y mi morir cantando me adivinan.
Las fieras que reclinan
su cuerpo fatigado,
dejan el sosegado
sueño escuchar mi llanto triste.
Tú sola contra mí te endureciste,
los ojos aun siquiera no volviendo
a lo que tú hiciste.
Salid sin duelo, lágrimas, corriendo.
      Mas ya que a socorrer aquí no vienes,
no dejes el lugar que tanto amaste,
que bien podrás venir de mí segura.
Yo dejaré el lugar do me dejaste;
ven, si por sólo esto te detienes.

Ves aquí un prado lleno de verdura,
ves aquí una espesura,
ves aquí una agua clara,
en otro tiempo cara,
a quien de ti con lágrimas me quejo.
Quizá aquí hallarás, pues yo me alejo,
al que todo mi bien quitarme puede:
que pues el bien le dejo,
no es mucho que el lugar también le quede.

   Aquí dió fin a su cantar Salicio.
y sospirando en el postrero acento,
soltó de llanto una profunda vena.
Queriendo el monte al grave sentimiento
de aquel dolor en algo ser propicio,
con la pesada voz retumba y suena.
La blanca filomena,
casi como dolida
y a compasión movida,
dulcemente responde al son lloroso.
Lo que cantó tras esto Nemoroso
decidlo vos, Piérides; que tanto
no puedo yo ni oso,
que siento enflaquecer mi débil canto.

Nemoroso

   Corrientes aguas, puras, cristalinas,
árboles que os estáis mirando en ellas,
verde prado de fresca sombra lleno,
aves que aquí sembráis vuestras querellas,
hiedra que por los árboles caminas,
torciendo el paso por su verde seno,
yo me vi tan ajeno
del grave mal que siento,
que, de puro contento,
con vuestra soledad me recreaba,
donde con dulce sueño reposaba,
o con el pensamiento discurría
por donde no hallaba
sino memorias llenas de alegría.

   Y en este mismo valle, donde agora
me estristezco y me canso, en el reposo
estuve ya contento y descansado.

¡Oh bien caduco, vano y presuroso!
Acuérdome durmiendo aquí algún hora
que, despertando, a Elisa vi a mi lado.
¡Oh miserable hado!
¡Oh tela delicada,
antes de tiempo dada
a los agudos filos de la muerte!
Más convenible fuera aquesta suerte
a los cansados años de mi vida,
que es más que el hierro fuerte,
pues no la ha quebrantado tu partida.
    ¿Dó están agora aquellos claros ojos
que llevaban tras sí, como colgada,
mi alma doquier que ellos se volvían?
¿Dó está la blanca mano delicada,
llena de vencimientos y despojos
que de mí mis sentidos le ofrecían?
Los cabellos que vían
con gran desprecio el oro,
como a menor tesoro,
¿adónde están? ¿Adónde el blando pecho?
Dó la coluna que el dorado techo
con presunción graciosa sostenía?
Aquesto todo agora ya se encierra,
por desventura mía,
en la fría, desierta y dura tierra.
¿Quién me dijera, Elisa, vida mía,
cuando en aqueste valle, al fresco viento,
andábamos cogiendo tiernas flores,
que había de ver con largo apartamiento
venir el triste y solitario día
que diese amargo fin a mis amores?
El cielo en mis dolores
cargó la mano tanto,
que a sempiterno llanto
y a triste soledad me ha condenado;
y lo que siento más es verme atado
a la pesada vida y enojosa,
solo, desamparado,
ciego, sin lumbre, en cárcel tenebrosa.
    Después que nos dejaste, nunca pace
en hartura el ganado ya, ni acude
el campo al labrador con mano llena.
No hay bien que en mal no se convierta y mude:

la mala hierba al trigo ahoga, y nace
en lugar suyo la infelice avena;
la tierra, que de buena
gana nos producía
flores con que solía
quitar en sólo vellas mil enojos,
produce agora en cambio estos abrojos,
ya de rigor de espinos intratable;
yo hago con mis ojos
crecer, lloviendo, el fruto miserable.

Como al partir el sol la sombra crece,
y en cayendo su rayo se levanta
la negra escuridad que el mundo cubre,
de do viene el temor que nos espanta,
y la medrosa forma en que se ofrece
aquella que la noche nos encubre,
hasta que el sol descubre
su luz pura y hermosa:
tal es la tenebrosa
noche de tu partir, en que he quedado
de sombra y de temor atormentado,
hasta que muerte el tiempo determine
que a ver el deseado
sol de tu cara vista me encamine.

Cual suele el ruiseñor con triste canto
quejarse, entre las hojas escondido,
del duro labrador, que cautamente
le despojó su caro y dulce nido
de los tiernos hijuelos, entre tanto
que del amado ramo estaba ausente,
y aquel dolor que siente
con diferencia tanta
por la dulce garganta
despide, y a su canto el aire suena,
y la callada noche no refrena
su lamentable oficio y sus querellas,
trayendo de su pena
al cielo por testigo y las estrellas;
desta manera suelto yo la rienda
a mi dolor, y así me quejo en vano
de la dureza de la muerte airada.
Ella en mi corazón metió la mano,
y de allí me llevó mi dulce prenda;
que aquél era su nido y su morada.

¡Ay, muerte arrebatada!
Por ti me estoy quejando
al cielo y enojando
con importuno llanto al mundo todo:
el desigual dolor no sufre modo.
No me podrán quitar el dolorido
sentir, si ya del todo
primero no me quitan el sentido.

   Tengo una parte aquí de tus cabellos,
Elisa, envueltos en un blanco paño,
que nunca de mi seno se me apartan;
descójolos, y de un dolor tamaño
enternecerme siento, que sobre ellos
nunca mis ojos de llorar se hartan.
Sin que de allí se partan,
con sospiros calientes,
más que la llama ardientes,
los enjugo del llanto, y de consuno
casi los paso y cuento uno a uno;
juntándolos, con un cordón los ato.
Tras esto el importuno
dolor me deja descansar un rato.

   Mas luego a la memoria se me ofrece
aquella noche tenebrosa, escura,
que tanto aflige esta ánima mezquina
con la memoria de mi desventura.
Verte presente agora me parece
en aquel duro trance de Lucina,
y aquella voz divina
con cuyo son y acentos
a los airados vientos
pudieras amansar, que agora es muda,
me parece que oigo que a la cruda,
inexorable diosa demandabas
en aquel paso ayuda;
y tú, rústica diosa, ¿dónde estabas?
¿Ibate tanto en perseguir las fieras?
¿Ibate tanto en un pastor dormido?
¿Cosa pudo bastar a tal crueza,
que, conmovida a compasión, oído
a los votos y lágrimas no dieras
por no ver hecha tierra tal belleza,
o no ver la tristeza

en que tu Nemoroso
queda, que su reposo
era seguir tu oficio, persiguiendo
las fieras por los montes, y ofreciendo
a tus sagradas aras los depojos?
Y tú, ingrata, riendo,
¿dejas morir mi bien ante los ojos?
  Divina Elisa, pues agora el cielo
con inmortales pies pisas y mides,
y su mudanza ves, estando queda,
¿por qué de mí te olvidas y no pides
que se apresure el tiempo en que este velo
rompa del cuerpo, y libre verme pueda,
y en la tercera rueda,
contigo mano a mano,
busquemos otro llano,
busquemos otros montes y otros ríos,
otros valles floridos y sombríos,
donde descanse y siempre pueda verte
ante los ojos míos
sin miedo y sobresalto de perderte?
  Nunca pusieran fin al triste lloro
los pastores, ni fueran acabadas
las canciones que sólo el monte oía,
si mirando las nubes coloradas,
al tramontar del sol bordadas de oro,
no vieran que era ya pasado el día.
La sombra se veía
venir corriendo apriesa
ya por la falda espesa
del altísimo monte, y recordando
ambos como el sueño, y acabando
el fugitivo sol, de luz escaso
su ganado llevando,
se fueron recogiendo paso a paso.

«¡O H DULCES PRENDAS, POR MI MAL HALLADAS...!»

  ¡Oh dulces prendas, por mi mal halladas,
dulces y alegres cuando Dios quería!
Juntas estáis en la memoria mía,
y con ello en mi muerte conjuradas.

¿Quién me dijera, cuando en las pasadas
horas en tanto bien por vos me vía,
que me habíades de ser en algún día
con tan grave dolor representadas?
    Pues en un hora junto me llevastes
todo el bien que por términos no distes,
llevadme junto al mal que me dejastes.
    Si no, sospecharé que me pusistes
en tantos bienes, porque deseastes
verme morir entre memorias tristes.

«EN TANTO QUE DE ROSA Y AZUCENA...»

En tanto que de rosa y azucena
se muestra la color en vuestro gesto,
y que vuestro mirar ardiente, honesto,
enciende el corazón y lo refrena,
    y en tanto que el cabello, que en la vena
del oro se encogió, con vuelo presto
por el hermoso cuello blanco, enhiesto,
el viento mueve, esparce y desordena;
    coged de vuestra alegre primavera
el dulce fruto, antes que el tiempo airado
cubra de nieve la hermosa cumbre.
    Marchitará la rosa el viento helado;
todo lo mudará la edad ligera,
por no hacer mudanza en su costumbre.

«ESTOY CONTINO EN LAGRIMAS BAÑADO...»

Estoy contino en lágrimas bañado,
rompiendo el aire siempre con sospiros;
y más me duele nunca osar deciros
que he llegado por vos a tal estado;
    que viéndome do estoy, y lo que he andado
por el camino estrecho de seguiros,
si me quiero tornar para huiros,
desmayo viendo atrás lo que he dejado;
    si a subir pruebo en la difícil cumbre,
a cada paso espántanme en la vía
ejemplos tristes de los que han caído.

Y sobre todo fáltame la lumbre
de la esperanza, con que andar solía
por la escura región de vuestro olvido.

GUTIERRE DE CETINA

MADRIGAL

Ojos claros, serenos,
si de un dulce mirar sois alabados,
¿por qué, si me miráis, miráis airados?
Si cuando más piadosos
más bellos parecéis a aquel que os mira,
no me miréis con ira,
porque no parezcáis menos hermosos.
¡Ay, tormentos rabiosos!
Ojos claros, serenos,
ya que así me miráis, miradme al menos.

SANTA TERESA DE JESUS

«VIVO SIN VIVIR EN MI...»

Versos nacidos del fuego del amor de Dios que en sí tenía.

Vivo, sin vivir en mí,
y tan alta vida espero,
que muero porque no muero.

Glosa

Aquesta divina unión,
del amor con que yo vivo,
hace a Dios ser mi cautivo,
y libre mi corazón;

mas causa en mí tal pasión
ver a Dios mi prisionero,
que muero porque no muero.

¡Ay! ¡Qué larga es esta vida!
¡Qué duros estos destierros,
esta cárcel y estos hierros
en que el alma está metida!
Sólo esperar la salida
me causa un dolor tan fiero,
que muero porque no muero.

¡Ay! ¡Qué vida tan amarga
do no se goza el Señor!
Y si es dulce el amor,
no lo es la esperanza larga;
quíteme Dios esta carga,
más pesada que el acero,
que muero porque no muero.

Sólo con la confianza
vivo de que he de morir;
porque muriendo, el vivir
me asegura mi esperanza;
muerte do el vivir se alcanza
no te tardes que te espero,
que muero porque no muero.

Mira que el amor es fuerte;
vida, no seas molesta;
mira que sólo te resta,
para ganarte, perderte;
venga ya la dulce muerte,
venga el morir muy ligero,
que muero porque no muero.

Aquella vida de arriba
es la vida verdadera:
hasta que esta vida muera,
no se goza estando viva;
muerte no seas esquiva;
vivo muriendo primero,
que muero porque no muero.

Vida, ¿qué puedo yo darle
a mi Dios, que vive en mí,
si no es perderte a ti,
para mejor a El gozarle?
Quiero muriendo alcanzarle,

pues a El solo es el que quiero,
que muero porque no muero.

   Estando ausente de ti,
¿qué vida puedo tener,
sino muerte padecer
la mayor que nunca vi?
Lástima tengo de mí,
por ser mi mal tan entero,
que muero porque no muero.

«¡O H HERMOSURA QUE EXCEDEIS...!»

   ¡Oh Hermosura que excedéis
a todas las hermosuras!
Sin herir, dolor hacéis,
y sin dolor deshacéis
el amor de las criaturas.
¡Oh ñudo que así juntáis
dos cosas tan desiguales!
No sé por qué os desatáis,
pues atado fuerza dais
a tener por bien los males.
Juntáis quien no tiene ser
con el Ser que no se acaba.
Sin acabar, acabáis;
sin tener que amar, amáis;
engrandecéis nuestra nada.

FRAY LUIS DE LEON

VIDA RETIRADA

   ¡Qué descansada vida
la del que huye del mundanal rüido
y sigue la escondida
senda por donde han ido
los pocos sabios que en el mundo han sido!
   Que no le enturbia el pecho
de los soberbios grandes el estado
ni del dorado techo

se admira fabricado
del sabio moro, en jaspes sustentado.
  No cura si la fama
canta con voz su nombre pregonera,
ni cura si encarama
la lengua lisonjera
lo que condena la verdad sincera.
  ¿Qué presta a mi contento
si soy del vano dedo señalado,
si en busca de este viento
ando desalentado
con ansias vivas y mortal cuidado?
¡Oh campo, oh monte, oh río!
¡Oh secreto seguro deleitoso!
Roto casi el navío
a vuestro almo reposo,
huyo de aqueste mar tempestuoso.
  Un no rompido sueño,
un día puro, alegre, libre quiero;
no quiero ver el ceño
vanamente severo
de quien la sangre ensalza o el dinero.
  Despiértenme las aves
con su cantar suave no aprendido,
no los cuidados graves
de que es siempre seguido
quien al ajeno arbitro está atenido.
  Vivir quiero conmigo,
gozar quiero del bien que debo al cielo,
a solas, sin testigo,
libre de amor, de celo,
de odio, de esperanza, de recelo.
  Del monte en la ladera
por mi mano plantado tengo un huerto,
que con la primavera
de bella flor cubierto
ya muestra en esperanza el fruto cierto.
  Y como codiciosa
de ver y acrecentar su hermosura,
desde la cumbre airosa
una fontana pura
hasta llegar corriendo se apresura.
  Y luego sosegada,
el paso entre los árboles torciendo,

el suelo de pasada
de verdura vistiendo,
y con diversas flores va esparciendo.
    El aire el huerto orea,
y ofrece mil olores al sentido,
los árboles menea
con un manso ruido
que del oro y del cetro pone olvido.
    Ténganse su tesoro
los que de un flaco leño se confían;
no es mío ver el lloro
de los que desconfían
cuando el cierzo y el ábrego porfían.
    La combatida antena
cruje, y en ciega noche el claro día
se torna, al cielo suena
confusa vocería,
y la mar enriquecen a porfía.
    A mí, una pobrecilla
mesa, de amable paz bien abastada,
me baste, y la vajilla
de fino oro labrada
sea de quien la mar no teme airada.
    Y mientras miserable-
mente se están los otros abrasando
en sed insaciable
del no durable mando,
tendido yo a la sombra esté cantando.
    A la sombra tendido,
de yedra y lauro eterno coronado,
puesto el atento oído
al son dulce acordado
del plectro sabiamente meneado.

A FRANCISCO SALINAS

    El aire se serena
y viste de hermosura y luz no usada,
Salinas, cuando suena
la música extremada
por vuestra sabia mano gobernada.
    A cuyo son divino
mi alma, que en olvido está sumida,

torna a cobrar el tino
y memoria perdida
de su origen primera esclarecida.
   Y como se conoce,
en suerte y pensamientos se mejora;
el oro desconoce
que el vulgo ciego adora,
la belleza caduca engañadora.
   Traspasa el aire todo
hasta llegar a la más alta esfera,
y oye allí otro modo
de no perecedera
música, que es de todas la primera.
   Ve cómo el gran maestro
a aquesta inmensa cítara aplicado,
con movimiento diestro
produce el son sagrado
con que este eterno templo es sustentado.
   Y como está compuesta
de números concordes, luego envía
consonante respuesta,
y entrambas a porfía
mezclan una dulcísima armonía.
   Aquí el alma navega
por un mar de dulzura, y finalmente
en él así se anega,
que ningún accidente
extraño o peregrino oye o siente.
   ¡Oh desmayo dichoso!
¡Oh muerte que das vida! ¡Oh dulce olvido!
¡Durase en tu reposo
sin ser restituido
jamas a aqueste baxo y vil sentido!
   A este bien os llamo,
gloria del apolíneo sacro coro,
amigos, a quien amo
sobre todo tesoro;
que todo lo demás es triste lloro.
   ¡Oh! Suene de contino,
Salinas, vuestro son en mis oídos,
por quien al bien divino
despiertan los sentidos,
quedando a lo demás adormecidos.

A FELIPE RUIZ

¿Cuándo será que pueda
libre de esta prisión volar al cielo,
Felipe, y en la rueda
que huye más del suelo,
contemplar la verdad pura sin velo?

Allí a mi vida junto
en luz resplandeciente convertido,
veré distinto y junto
lo que es y lo que ha sido,
y su principio propio y escondido.

Entonces veré cómo
el divino poder echó el cimiento
tan a nivel y plomo,
do estable eterno asiento
posee el pesadísimo elemento.

Veré las inmortales
columnas do la tierra está fundada,
las lindes y señales
con que a la mar airada
la Providencia tiene aprisionada.

Por qué tiembla la tierra,
por qué las hondas mares se embravecen,
dó sale a mover guerra
el cierzo, y por qué crecen
las aguas del Océano y decrecen.

De dó manan las fuentes;
quién ceba y quién bastece de los ríos
las perpetuas corrientes
de los helados fríos
veré las causas, y de los estíos.

Las soberanas aguas
del aire en la región quién las sostiene;
de los rayos las fraguas;
dó los tesoros tiene
de nieve Dios, y el trueno dónde viene.

¿No ves cuando acontece
turbarse el aire todo en el verano?
El día se ennegrece,
sopla el gallego insano
y sube hasta el cielo el polvo vano;

y entre las nubes mueve
su carro Dios ligero y reluciente

horrible son conmueve,
relumbra fuego ardiente,
treme la tierra, humíllase la gente.
   La lluvia baña el techo,
envían largos ríos los collados;
su trabajo deshecho,
los campos anegados
miran los labradores espantados.
   Y de allí levantado
veré los movimientos celestiales,
así el arrebatado
como los naturales,
las causas de los hados, las señales.
   Quien rige las estrellas
veré, y quién las enciende con hermosas
y eficaces centellas;
por qué están las dos osas,
de bañarse en el mar, siempre medrosas.
   Veré este fuego eterno
fuente de vida y luz do se mantiene;
y por qué en el invierno
tan presuroso viene,
por qué en las noches largas se detiene.
   Veré sin movimiento
en la más alta esfera las moradas
del gozo y del contento,
de oro y luz labradas,
de espíritus dichosos habitadas.

NOCHE SERENA

   Cuando contemplo el cielo
de innumerables luces adornado,
y miro hacia el süelo
de noche rodeado,
en sueño y en olvido sepultado:
   El amor y la pena
despiertan en mi pecho una ansia ardiente:
despiden larga vena
los ojos hechos fuente;
la lengua dice al fin con voz doliente:
   Morada de grandeza,
templo de caridad y hermosura,

mi alma, que a tu alteza
nació, ¿qué desventura
la tiene en esta cárcel, baja, escura?

　　¿Qué mortal desatino
de la verdad aleja así el sentido,
que de tu bien divino
olvidado, perdido
sigue la vana sombra, el bien fingido?

　　El hombre está entregado
al sueño, de su suerte no cuidando,
y con paso callado
el cielo vueltas dando
las horas del vivir le va hurtando.

　　¡Ah! Despertad, mortales;
mirad con atención en vuestro daño;
¿las almas inmortales
hechas a bien tamaño,
podrán vivir de sombra y sólo engaño?

　　¡Ay! Levantad los ojos
a aquesta celestial eterna esfera,
burlaréis los antojos
de aquesta lisonjera
vida, con cuanto teme y cuanto espera.

　　¿Es más que un breve punto
el bajo y torpe suelo comparado
a aqueste gran trasunpto,
do vive mejorado
lo que es, lo que será, lo que ha pasado?

　　Quien mira el gran concierto
de aquestos resplandores eternales,
su movimiento cierto,
sus pasos desiguales,
y en proporción concorde tan iguales;

　　la luna cómo mueve
la plateada rueda, y va en pos de ella
la luz do el saber llueve,
y la graciosa estrella
de amor la sigue reluciente y bella;

　　y cómo otro camino
prosigue el sanguinoso Marte airado,
y el Júpiter benino
de bienes mil cercado
serena el cielo con su rayo amado;

    rodéase en la cumbre
Saturno, padre de los siglos de oro;
tras él la muchedumbre
del reluciente coro
su luz va repartiendo y su tesoro.

    ¿Quién es el que esto mira,
y precia la bajeza de la tierra
y no gime y suspira
por romper lo que encierra
el alma, y de estos bienes la destierra?

    Aquí vive el contento,
aquí reina la paz; aquí asentado
en rico y alto asiento
está el amor sagrado
de honra y de deleites rodeado.

    Inmensa hermosura
aquí se muestra toda; y resplandece
clarísima luz pura,
que jamás anochece;
eterna primavera aquí florece.

    ¡Oh campos verdaderos!
¡Oh prados con verdad frescos y amenos!
¡Riquísimos mineros!
¡Oh deleitosos senos!
¡Repuestos valles de mil bienes llenos!

SAN JUAN DE LA CRUZ

SUBIDA DEL MONTE CARMELO

*Canciones en que canta el alma la dichosa ventura que tuvo en pasar
por la oscura noche de la fe, en desnudez y purgación suya, a la unión
del Amado.*

NOCHE OSCURA DEL ALMA

    En una noche oscura,
con ansias en amores inflamada,
    ¡oh dichosa ventura!,
    salí sin ser notada,
estando ya mi casa sosegada.

A escuras y segura,
por la secreta escala, disfrazada,
　　¡oh dichosa ventura!,
　　a escuras y en celada,
estando ya mi casa sosegada.

　　En la noche dichosa,
en secreto, que nadie me veía,
　　ni yo miraba cosa,
　　sin otra luz ni guía,
sino la que en el corazón ardía.

　　Aquésta me guiaba
más cierto que la luz del mediodía,
　　a donde me esperaba
　　quien yo bien me sabía,
en parte donde nadie parecía.

　　¡Oh noche que guiaste,
oh noche, amable más que el alborada,
　　oh noche que juntaste
　　amado con amada,
amada en el amado transformada!

　　En mi pecho florido,
que entero para él solo se guardaba,
　　allí quedó dormido,
　　y yo le regalaba,
y el ventalle de cedros aire daba.

　　El aire del almena,
cuando yo sus cabellos esparcía,
　　con su mano serena
　　en mi cuello hería,
y todos mis sentidos suspendía.

　　Quedéme, y olvidéme,
el rostro recliné sobre el Amado,
　　cesó todo y dejéme,
　　dejando mi cuidado
entre las azucenas olvidado.

CANTICO ESPIRITUAL. CANCIONES
ENTRE EL ALMA Y EL ESPOSO

Esposa

　　¿Adónde te escondiste,
Amado, y me dejaste con gemido?

Como el ciervo huíste,
    habiéndome herido,
salí tras ti clamando, y ya eras ido.
    Pastores los que fuerdes
allá por las majadas al otero:
    si por ventura vierdes
    aquel que yo más quiero,
decidle que adolezco, peno y muero.
    Buscando mis amores,
iré por esos montes y riberas;
    ni cogeré las flores,
    ni temeré las fieras
y pasaré los fuertes y fronteras.

Pregunta a las criaturas

    ¡Oh bosques y espesuras,
plantadas por la mano del Amado,
    oh prado de verduras,
    de flores esmaltado,
decid si por vosotros ha pasado!

Respuesta de las criaturas

    Mil gracias derramando,
pasó por estos sotos con presura,
    y, yéndolos mirando,
    con sola su figura,
vestidos los dejó de su hermosura.

Esposa

    ¡Ay, quién podrá sanarme!
Acaba de entregarte ya de vero,
    no quieras enviarme
    de hoy más ya mensajero,
que no saben decirme lo que quiero.
    Y todos cuantos vagan,
de ti me van mil gracias refiriendo,
    y todos más me llagan,
    y déjame muriendo
un no sé qué que quedan balbuciendo.
    Mas ¿cómo perseveras,
¡oh vida!, no viviendo donde vives,

y haciendo por que mueras
las flechas que recibes
de lo que del Amado en ti concibes?
¿Por qué, pues has llegado
a aqueste corazón, no le sanaste?
Y, pues me lo has robado,
¿por qué así lo dejaste
y no tomas el robo que robaste?
Apaga mis enojos,
pues que ninguno basta a deshacellos,
y véante mis ojos,
pues eres lumbre de ellos,
y sólo para ti quiero tenellos.
Descubre tu presencia
y máteme tu vista y hermosura:
mira que la dolencia
de amor, que no se cura
sino con la presencia y la figura.
¡Oh cristalina fuente,
si en esos tus semblantes plateados
formases de repente
los ojos deseados
que tengo en mis entrañas dibujados!
Apártalos, Amado,
que voy de vuelo.

Esposo

Vuélvete, paloma,
que el ciervo vulnerado
por el otero asoma
al aire de tu vuelo, y fresco toma.

Esposa

Mi Amado, las montañas,
los valles solitarios nemorosos,
las ínsulas extrañas,
los ríos sonorosos,
el silbo de los aires amorosos.
La noche sosegada,
en par de los levantes de la aurora,
la música callada,
la soledad sonora,
la cena que recrea y enamora.

    Nuestro lecho florido,
de cuevas de leones enlazado.
    en púrpura teñido,
    de paz edificado,
de mil escudos de oro coronado.
    A zaga de tu huella,
las jóvenes discurren el camino
    al toque de centella,
    al adobado vino,
emisiones de bálsamo divino.
    En la interior bodega
de mi Amado bebí, y cuando salía
    por toda aquesta vega,
    ya cosa no sabía,
y el ganado perdí que antes seguía.
    Allí me dió su pecho,
allí me enseñó ciencia muy sabrosa,
    y yo le di de hecho
    a mí, sin dejar cosa,
allí le prometí de ser su esposa.
    Mi alma se ha empleado
y todo mi caudal en su servicio:
    ya no guardo ganado
    ni tengo ya otro oficio,
que ya sólo en amar es mi ejercicio.
    Pues ya si en el ejido,
de hoy más no fuere vista ni hallada,
    diréis que me he perdido,
    que andando enamorada,
me hice perdidiza y fuí ganada.
    De flores y esmeraldas,
en las frescas mañanas escogidas,
    haremos las guirnaldas,
    en tu amor florecidas,
y en un cabello mío entretejidas.
    En solo aquel cabello,
que en mi cuello volar consideraste,
    mirástele en mi cuello,
    y en él preso quedaste,
y en uno de mis ojos te llegaste.
    Cuando tú me mirabas
su gracia en mí tus ojos imprimían:
    por eso me adamabas

y en eso merecían
los míos adorar lo que en ti vían.
    No quieras despreciarme,
que si color moreno en mí hallaste,
    ya bien puedes mirarme,
    después que me miraste,
que gracia y hermosura en mí dejaste.
    Cogednos las raposas,
que está ya florecida nuestra viña,
    en tanto que de rosas
    hacemos una piña,
y no parezca nadie en la montiña.
    Deténte, cierzo muerto,
ven, austro, que recuerdas los amores,
    aspira por mi huerto,
    y corran sus olores,
y pacerá el Amado entre las flores.

Esposo

    Entrádose ha la Esposa
en el ameno huerto deseado,
    y a su sabor reposa,
    el cuello reclinado
sobre los dulces brazos del Amado.
    Debajo del manzano,
allí conmigo fuiste desposada,
    allí te di la mano,
    y fuiste reparada
donde tu madre fuera violada.
    A las aves ligeras,
leones, ciervos, gamos saltadores,
    montes, valles, riberas,
    aguas, nieves, ardores
y miedos de las noches veladores:
    por las amenas liras
y canto de serenas os conjuro
    que cesen vuestras iras,
    y no toquéis el muro,
porque la Esposa duerma más seguro.

Esposa

    ¡Oh ninfas de Judea,
en tanto que en las flores y rosales

el ámbar perfumea,
morá en los arrabales
y no queráis tocar nuestros umbrales!
Escóndete, Carillo,
y mira con tu haz a las montañas,
y no quieras decillo,
mas mira las compañas
de los que van por ínsulas extrañas.

Esposo

La blanca palomica
el arca con el ramo se ha tornado,
y ya la tortolica
al socio deseado
en las riberas verdes ha hallado.
En soledad vivía,
y en soledad ha puesto ya su nido,
y en soledad la guía
a solas su querido,
también en soledad de amor herido.

Esposa

Gocémenos, Amado,
y vámonos a ver en tu hermosura
al monte o al collado
do mana el agua pura,
entremos más adentro en la espesura.
Y luego a las subidas
cavernas de la piedra nos iremos,
que están bien escondidas,
y allí nos entraremos
y el mosto de granadas gustaremos.
Allí me mostrarías
aquello que mi alma pretendía,
y luego me darías
allí tú, vida mía,
aquello que me diste el otro día.
El aspirar del aire,
el canto de la dulce filomena,
el soto y su donaire,
en la noche serena,
con llama que consume y no da pena.

Que nadie lo miraba,
A inadab tampoco parecía,
   y el cerco sosegaba,
   y la caballería
a vista de las aguas descendía.

«TRAS DE UN AMOROSO LANCE...»

Tras de un amoroso lance,
y no de esperanza falto,
volé tan alto, tan alto,
que le di a la caza alcance.

Para que yo alcance diese
a aqueste lance divino,
tanto volar me convino,
que de vista me perdiese,
y con todo, en este trance,
en el vuelo quedé falto,
mas el amor fue tan alto,
que le di a la caza alcance.

Cuando más alto subía,
deslumbróseme la vista,
y la más fuerte conquista
en oscuro se hacía,
mas por ser de amor el lance,
di un ciego y oscuro salto,
y fuí tan alto, tan alto,
que le di a la caza alcance.

Cuanto más alto llegaba
de este lance tan subido,
tanto más bajo y rendido
y abatido me hallaba.
Dije: «No habrá quien lo alcance»,
y abatíme tanto, tanto,
que fuí tan alto, tan alto,
que le di a la caza alcance.

Por una extraña manera,
mil vuelos pasé de un vuelo,
porque esperanza del cielo
tanto alcanza cuanto espera,
esperé sólo este lance,
y en esperar no fuí falto,
pues fuí tan alto, tan alto,
que le di a la caza alcance.

CANCION DE CRISTO Y EL ALMA

Un pastorcico solo está penado,
ajeno de placer y de contento,
y en su pastora firme el pensamiento,
y el pecho del amor muy lastimado.

No llora por haberle amor llegado,
que no le pena en verse así afligido,
aunque en el corazón está herido,
mas llora por pensar que está olvidado.

Que sólo de pensar que está olvidado
de su bella pastora, con gran pena
se deja maltratar en tierra ajena,
el pecho del amor muy lastimado.

Y dice el pastorcico: «¡Ay desdichado
de aquel que de mi amor ha hecho ausencia,
y no quiere gozar de mi presencia,
y el pecho por su amor muy lastimado!»

Y al cabo de un gran rato se ha encumbrado
sobre un árbol do abrió sus brazos bellos,
y muerto se ha quedado, asido de ellos,
el pecho del amor muy lastimado.

CANTAR DEL ALMA QUE SE GOZA
DE CONOCER A DIOS POR FE

Que bien sé yo la fonte
que mana y corre,
        aunque es de noche.
Aquella eterna fonte está ascondida,
que bien sé yo dó tiene su manida,
        aunque es de noche.
Su origen no lo sé, pues no lo tiene,
mas sé que todo origen de ella viene,
        aunque es de noche.
Sé que no puede ser cosa tan bella,
y que cielos y tierra beben de ella,
        aunque es de noche.
Bien sé que suelo en ella no se halla,
y que ninguno puede vadealla,
        aunque es de noche.
Su claridad nunca es escurecida,
y sé que toda luz de ella es venida,
        aunque es de noche.

Sé ser tan caudalosas sus corrientes,
que infiernos, cielos riegan, y las gentes,
    aunque es de noche.
El corriente que nace de esta fuente,
bien sé que es tan capaz y omnipotente,
    aunque es de noche.
El corriente que de estas dos procede
sé que ninguna de ellas le precede
    aunque es de noche.
Aquesta eterna fuente está ascondida
en este vivo pan por darnos vida,
    aunque es de noche.
Aquí se está llamando a las criaturas,
porque de esta agua se harten, aunque a escuras,
    aunque es de noche.
Aquesta viva fuente que deseo,
en este pan de vida yo la veo,
    aunque es de noche.

ANONIMO

SONETO A CRISTO CRUCIFICADO

No me mueve, mi Dios, para quererte
el cielo que me tienes prometido,
ni me mueve el infierno tan temido
para dejar por eso de ofenderte.

Tú me mueves, Señor, muéveme el verte
clavado en una cruz y escarnecido,
muéveme ver tu cuerpo tan herido,
muévenme tus afrentas y tu muerte.

Muéveme, en fin, tu amor, y en tal manera,
que aunque no hubiera cielo, yo te amara,
y aunque no hubiera infierno, te temiera.

No me tienes que dar porque te quiera,
pues aunque lo que espero no esperara,
lo mismo que te quiero te quisiera.

FERNANDO DE HERRERA

POR LA PERDIDA DEL REY DON SEBASTIAN

Voz de dolor y canto de gemido
y espíritu de miedo, envuelto en ira,
hagan principio acerbo a la memoria
de aquel día fatal, aborrecido,
que Lusitania mísera suspira,
desnuda de valor, falta de gloria;
y la llorosa historia
asombre con horror funesto y triste
dende el áfrico Atlante y seno ardiente
hasta do el mar de otro color se viste,
y do el límite rojo del Oriente
y todas sus vencidas gentes fieras
ven tremolar de Cristo las banderas.

¡Ay de los que pasaron confiados
en sus caballos y en la muchedumbre
de sus carros, en ti, Libia desierta,
y en su vigor y fuerzas engañados,
no alzaron su esperanza a aquella cumbre
de eterna luz, mas con soberbia cierta
se ofrecieron la incierta
victoria, y sin volver a Dios sus ojos,
con yerto cuello y corazón ufano
sólo atendieron siempre a los despojos!
Y el Santo de Israel abrió su mano,
y los dejó, y cayó en despeñadero
el carro, y el caballo y caballero.

Vino el día cruel, el día lleno
de indinación, de ira, y furor, que puso
en soledad y en un profundo llanto,
de gente y de placer el reino ajeno.
El cielo no alumbró, quedó contuso
el nuevo sol, presagio de mal tanto,
y con terrible espanto
el Señor visitó sobre sus males
para humillar los fuertes arrogantes,
y levantó los bárbaros no iguales,
que con osados pechos y constantes
no busquen oro, mas con hierro airado
la ofensa venguen y el error culpado.

Los impíos y robustos, indinados,
las ardientes espadas desnudaron
sobre la claridad y hermosura
de tu gloria y valor, y no cansados
en tu muerte, tu honor todo afearon,
mezquina Lusitania sin ventura;
y con frente segura
rompieron sin temor con fiero estrago
tus armadas escuadras y braveza.
La arena se tornó sangriento lago,
la llanura con muertos, aspereza;
cayó en unos vigor, cayó denuedo;
mas en otros desmayo y torpe miedo.

¿Son éstos, por ventura, los famosos,
los fuertes, los belígeros varones
que conturbaron con furor la tierra,
que sacudieron reinos poderosos,
que domaron las hórridas naciones,
que pusieron desierto en cruda guerra
cuanto el mar Indo encierra,
y soberbias ciudades destruyeron?
¿Dó el corazón seguro y la osadía?
¿Cómo así se acabaron, y perdieron
tanto heroico valor en sólo un día,
y lejos de su patria derribados,
no fueron justamente sepultados?

Tales ya fueron éstos cual hermoso
cedro del alto Líbano, vestido
de ramos, hojas, con excelsa alteza;
las aguas lo criaron poderoso
sobre empinados árboles crecido,
y se multiplicaron en grandeza
sus ramas con belleza;
y extendiendo su sombra se anidaron
las aves que sustenta el grande cielo
y en sus hojas las fieras engendraron,
y hizo a mucha gente umbroso velo;
no igualó en celsitud y en hermosura
jamás árbol alguno a su figura.

Pero elevóse con su verde cima
y sublimó la presunción su pecho,
desvanecido todo y confiado,
haciendo de su alteza sólo estima.
Por eso Dios lo derribó deshecho,

a los impíos y ajenos entregado,
por la raíz cortado,
que opreso de los montes arrojados,
sin ramos y sin hojas y desnudo,
huyeron dél los hombres, espantados,
que su sombra tuvieron por escudo;
en su ruina y ramas cuantas fueron
las aves y las fieras se pusieron.
   Tú, infanda Libia, en cuya seca arena
murió el vencido reino lusitano,
y se acabó su generosa gloria,
no estés alegre y de ufanía llena,
porque tu temerosa y flaca mano
hubo sin esperanza tal victoria,
indina de memoria;
que si el justo dolor mueve a venganza
alguna vez el español coraje,
despedazada con aguda lanza,
compensarás muriendo el hecho ultraje;
y Luco amedrentado, al mar inmenso
pagará de africana sangre el censo.

«ROJO SOL, QUE CON HACHA LUMINOSA...»

   Rojo sol, que con hacha luminosa
coloras el purpúreo y alto cielo,
¿hallaste tal belleza en todo el suelo
que iguale a mi serena luz dichosa?
   Aura suave, blanda y amorosa,
que nos halagas con tu fresco vuelo,
cuando el oro descubre y rico velo
mi luz, ¿trenza tocaste más hermosa?
   Luna, honor de la noche, ilustre coro
de los errantes astros y fijados,
¿consideraste tales dos estrellas?
   Sol puro, aura, luna, luces de oro,
¿oísteis mis dolores nunca usados?
¿Visteis luz más ingrata a mis querellas?

«PENSE, MAS FUE ENGAÑOSO PENSAMIENTO...»

   Pensé, mas fue engañoso pensamiento,
armar de puro hielo el pecho mío,

porque el fuego de amor al grave frío
no desatase en nuevo encendimiento.
　　Procuré no rendirme al mal que siento,
y fue todo mi esfuerzo desvarío;
perdí mi libertad, perdí mi brío,
cobré un perpetuo mal, cobré un tormento.
　　El fuego al hielo destempló, en tal suerte
que, gastando su humor, quedó ardor hecho;
y es llama, es fuego, todo cuanto espiro.
　　Este incendio no puede darme muerte,
que, cuanto de su fuerza más deshecho,
tanto más de su eterno afán respiro.

FRANCISCO DE ALDANA

«¡CLARA FUENTE DE LUZ! ¡OH NUEVO, HERMOSO...!»

　　¡Clara fuente de luz! ¡Oh nuevo, hermoso,
rico de luminarias, patrio cielo!
¡Casa de la verdad, sin sombra o velo,
de inteligencias ledo, albo reposo!
　　¡Oh, cómo allá te estás, cuerpo glorioso,
tan lejos del mortal, caduco anhelo,
casi un argos divino alzado a vuelo
de nuestro humano error libre y piadoso!
　　¡Oh patria amada! A ti suspira y llora
esta, en su cárcel, alma peregrina,
llevada, errando, de uno en otro instante.
　　Esa cierta beldad que me enamora,
suerte y razón me otorgue tan benina
que do sube el amor llegue el amante.

JUAN DE TIMONEDA

«VEO LAS OVEJAS...»

　　Veo las ovejas
orillas del mar,

no veo el pastor
que me hace penar.

Las ovejas veo
orillas del río,
no ve mi deseo
el dulce amor mío.
Miro en derredor
del fresco pinar,
no veo el pastor
que me hace penar.

Los perros y el manso
veo, y su bardina;
mi gloria y descanso
no veo, mezquina.
Por bien que el amor
me esfuerza a mirar,
no veo el pastor
que me hace penar.

Veo muy esenta
su choza sombría,
sin ver quien sustenta
aquesta alma mía.
Veo mi dolor
crescer y menguar,
no veo el pastor
que me hace penar.

GASPAR GIL POLO

CANCION PASTORIL

En el campo venturoso,
donde con clara corriente
Guadalaviar hermoso,
dejando el suelo abundoso,
da tributo al mar potente.

Galatea, desdeñosa
del dolor que a Licio daña,
iba alegre y bulliciosa
por la ribera arenosa
que el mar con sus ondas baña
entre la arena cogiendo
conchas y piedras pintadas,
muchos cantares diciendo
con el son del ronco estruendo
de las ondas alteradas.

Junto al agua se ponía,
y las ondas aguardaba,
y en verlas llegar huía;
pero a veces no podía
y el blanco pie se mojaba.

Licio, al cual en sufrimiento
amador ninguno iguala,
suspendió allí su tormento
mientras miraba el contento
de su pulida zagala.

Mas cotejando su mal
con el gozo que ella había
el fatigado zagal
con voz amarga y mortal
de esta manera decía:

—Ninfa hermosa, no te vea
jugar con el mar horrendo
y aunque más placer te sea,
huye del mar, Galatea,
como estás de Licio huyendo.

Deja ahora de jugar,
que me es dolor importuno;
no me hagas más penar,
que en verte cerca del mar
tengo celos de Neptuno.

Causa mi triste cuidado
que a mi pensamiento crea;
porque ya está averiguando
que si no es tu enamorado
lo será cuando te vea.

Y está cierto, porque amor
sabe desde que me hirió,
que para pena mayor

me falta un competidor
más poderoso que yo.
   Deja la seca ribera
do está el agua infructuosa;
guarda que no salga afuera
alguna marina fiera
enroscada y escamosa.

   Huye ya, y mira que siento
por ti dolores sobrados;
porque con doble tormento
celos me da tu contento
y tu peligro cuidados.

   En verte regocijada
celos me hacen acordar
de Europa, ninfa preciada,
del toro blanco engañada
en la ribera del mar.

   Y el ordinario cuidado
hace que piense contino
que aquel desdeñoso alnado,
orilla el mar arrastrado
visto aquel monstruo marino.

   Mas no veo en ti temor
de congoja y pena tanta;
que bien sé por mi dolor
que a quien no teme el amor
ningún peligro le espanta.

   Guarte, pues, de un gran cuidado;
que el vengativo Cupido,
viéndose menospreciado,
lo que no hace de grado,
suele hacerlo de ofendido.

   Ven conmigo al bosque ameno.
y al apacible sombrío
de olorosas flores lleno,
do en el día más sereno,
no es enojoso el Estío.

   Si el agua te es placentera.
hay allí fuente tan bella,
que para ser la primera
entre todas, sólo espera
que tú te laves en ella.

En aqueste raso suelo
a aguardar tu hermosa cara
no baste sombrero o velo:
que estando al abierto cielo
el sol, morena te para.

No escuches dulces concentos,
sino el espantoso estruendo
con que los bravosos vientos
con soberbios movimientos
van las aguas revolviendo.

Y tras la fortuna fiera
son las vistas más suaves
ver llegar a la ribera
la destrozada madera
de las anegadas naves.

Ven a la dulce floresta,
do natura no fué escasa;
donde haciendo alegre fiesta
la más calurosa siesta
con más deleite se pasa.

Huye los soberbios mares;
ven, verás como cantamos
tan deliciosos cantares
que los más duros pesares
suspendemos y engañamos.

Y aunque quien pasa dolores
amor le fuerza a cantarlos,
yo haré que los pastores
no digan cantos de amores,
porque huelgues de escucharlos.

Allí, por bosques y prados,
podrás leer a todas horas,
en mil robles señalados,
los nombres más celebrados
de las ninfas y pastoras.

Más seráte cosa triste
ver tu nombre allí pintado,
en saber que escrita fuiste
por el que siempre tuviste
de tu memoria borrado.

Y aunque mucho estés airada
no creo yo que te asombre
tanto el verte allí pintada,

como el ver que eres amada
del que allí escribió tu nombre.
    No ser querida y amar:
fuera triste desplacer;
mas ¿qué tormento o pesar
te puede, Ninfa, causar
ser querida y no querer?
    Mas desprecia cuanto quieras
a tu pastor, Galatea;
sólo que en estas riberas
cerca de las ondas fieras
con mis ojos no te vea.
    ¿Qué pensamiento mejor
orilla el mar puede hallarse
que escuchar el ruiseñor,
coger la olorosa flor
y en clara fuente lavarse?
    Pluguiera a Dios, que gozaras
de nuestro campo y ribera,
y porque más lo preciaras,
ojalá tú lo probaras
antes que yo lo dijera.
    Porque cuanto alabo aquí
de su crédito lo quito;
pues el contentarme a mí
bastará para que a ti
no te venga en apetito.—
    Licio mucho más le hablara
y tenía más que hablalle,
si ella no se lo estorbara,
que con desdeñosa cara
al triste dice que calle.
    Volvió a sus juegos la fiera
y a sus llantos el pastor,
y de la misma manera
ella queda en la ribera
y él en su mismo dolor.

«NO ES CIEGO AMOR, MAS YO LO SOY, QUE GUIO...»

    No es ciego Amor, mas yo lo soy, que guío
mi voluntad camino del tormento;

no es niño Amor, mas yo que en un momento
espero y tengo miedo, lloro y río.
    Nombrar llamas de Amor es desvarío,
su fuego es el ardiente y vivo intento,
sus alas son mi altivo pensamiento,
y la esperanza vana en que me fío.
    No tiene Amor cadenas ni saetas
para aprender y herir libres y sanos,
que en él no hay más poder del que le damos.
Porque es Amor mentira de poetas,
sueño de locos, ídolo de vanos:
mirad qué negro Dios el que adoramos.

ANONIMO

EPISTOLA MORAL A FABIO

    Fabio, las esperanzas cortesanas
prisiones son do el embicioso muere
y donde al más astuto nacen canas.
    El que no las limare o las rompiere,
ni el nombre de varón ha merecido,
ni subir al honor que pretendiere.
    El ánimo plebeyo y abatido
elija, en sus intentos temeroso,
primero estar suspenso que caído.
    Que el corazón entero y generoso
al caso adverso inclinará la frente
antes que la rodilla al poderoso.
    Más triunfos, más coronas dió al prudente
que supo retirarse, la fortuna,
que al que esperó obstinada y locamente.
    Esta invasión terrible e importuna
de contrarios sucesos nos espera
desde el primer sollozo de la cuna.
    Dejémosla pasar como a la fiera
corriente del gran Betis cuando airado
dilata hasta los montes su ribera.
    Aquél, entre los héroes es contado,
que el premio mereció, no quien le alcanza
por vanas consecuencias del estado.

Peculio propio es ya de la privanza
cuando de Astrea fué cuanto regía
con su temida espada y su balanza.
 El oro, la maldad, la tiranía
del inícuo procede y pasa al bueno.
¿Qué espera la virtud o qué confía?
 Ven y reposa en el materno seno
de la antigua Romúlea, cuyo clima
te será más humano y más sereno.
 Adonde por lo menos, cuando oprima
nuestro cuerpo la tierra, dirá alguno:
«Blanda le sea», al derramarle encima
 donde no dejarás la mesa ayunar
cuando te falte en ella el pece raro
o cuando su pavón nos niegue Juno.
 Busca, pues, el sosiego dulce y caro,
como en la oscura noche del Egeo
busca el piloto el eminente faro;
 que si acortas y ciñes tu deseo
dirás: «Lo que desprecio he conseguido,
que la opinión vulgar es devaneo».
 Más precia el ruiseñor su pobre nido
de pluma y leves pajas, más sus quejas
en el bosque repuesto y escondido,
 que halagar lisonjero las orejas
de algún príncipe insigne, aprisionado
en el metal de las doradas rejas.
 Triste de aquel que vive destinado
a esa antigua colonia de los vicios,
augur de los semblantes del privado.
 Cese el ansia y la sed de los oficios,
que acepta el don y burla del intento
el ídolo a quien haces sacrificios.
 Iguala con la vida el pensamiento,
y no le pasarás de hoy a mañana,
ni quizá de un momento a otro momento.
 Casi no tienes ni una sombra vana
de nuestra antigua Itálica, ¿y esperas?
¡Oh error perpetuo de la suerte humana!
 Las enseñas grecianas, las banderas
del senado y romana monarquía
murieron y pasaron sus carreras.

    ¿Qué es nuestra vida más que breve día
do apenas sale el sol cuando se pierde
en las tinieblas de la noche fría?
    ¿Qué más que el heno, a la mañana verde,
seco a la tarde? ¡Oh ciego desvarío!
¿Será que de este sueño me recuerde?
    ¿Será que pueda ver que me desvío
de la vida viviendo, y que está unida
la cauta muerte al simple vivir mío?
    Como los ríos, que en veloz corrida
se llevan a la mar, tal soy llevado
al último suspiro de mi vida.
    De la pasada edad, ¿qué me ha quedado?
¿O que tengo yo, a dicha, en la que espero
sin niguna noticia de mi hado?
    ¡Oh, si acabase, viendo como muero,
de aprender a morir antes que llegue
aquel forzoso término postrero;
    antes que aquesta mies inútil siegue
de la severa muerte dura mano,
y a la común materia se la entregue!
    Pasáronse las flores del verano,
el otoño pasó con sus racimos,
pasó el invierno con sus nieves cano;
    las hojas que en las altas selvas vimos
cayeron, ¡y nosotros a porfía
en nuestro engaño inmóviles vivimos!
    Temamos al Señor, que nos envía
las espigas del año y la hartura
y la temprana pluvia y la tardía.
    No imitemos la tierra siempre dura
a las aguas del cielo y al arado,
ni la vid cuyo fruto no madura.
    ¿Piensas acaso tú que fué criado
el varón para rayo de la guerra,
para surcar el piélago salado,
    para medir el orbe de la tierra
y el cerco donde el sol siempre camina?
¡Oh, quien así lo entiende cuánto yerra!
    Esta nuestra porción, alta y divina,
a mayores acciones es llamada
y en más nobles objetos se termina.

Así aquella que al hombre sólo es dada,
sacra razón y pura, me despierta,
de esplendor y de rayos coronado;
   y en la fría región dura y desierta
de aqueste pecho enciende nueva llama,
y la luz vuelve a arder, que estaba muerta.
   Quiero, Fabio, seguir a quien me llama,
y callado pasar entre la gente,
que no afecto los nombres ni la fama.
   El soberbio tirano de Oriente,
que maciza las torres de cien codos
del cándido metal puro y luciente,
   apenas puede ya comprar los modos
del pecar; la virtud es más barata,
ella consigo mesma ruega a todos.
   ¡Pobre de aquel que corre y se dilata
por cuantos son los climas y los mares,
perseguidor del oro y de la plata!
   Un ángulo me basta entre mis lares,
un libro y un amigo, un sueño breve,
que no perturben deudas ni pesares.
   Esto tan solamente es cuanto debe
Naturaleza al simple y al discreto,
y algún manjar común, honesto y leve.
   No porque así te escribo, hagas conceto
que pongo la virtud en ejercicio;
que aun esto fué difícil a Epiteto.
   Basta al que empieza aborrecer el vicio
y el ánimo enseñar a ser modesto;
después le será el cielo más propicio.
   Despreciar el deleite no es supuesto
de sólida virtud, que aun el vicioso
en sí propio le nota de molesto.
   Mas no podrás negarme cuán forzoso
este camino sea el alto asiento,
morada de la paz y del reposo.
   No sazona la fruta en un momento
aquella inteligencia que mensura
la duración de todo su talento.
   Flor la vimos primera hermosa y pura,
luego materia acerba y desabrida,
y perfecta después, dulce y madura;

tal la humana prudencia es bien que mida
y dispensa y comparta las acciones
que han de ser compañeras de la vida.

No quiera Dios que imite estos varones
que moran nuestras plazas macilentos,
de la virtud infames histríones:

esos inmundos, trágicos, atentos
al aplauso común, cuyas entrañas
sin infaustos y oscuros monumentos.

¡Cuán callada que pasa las montañas
el aura, respirando mansamente!
¡Qué gárrula y sonante por las cañas!

¡Qué muda la virtud por el prudente!
¡Qué redundante y llena de ruido
por el vano, ambicioso y aparente!

Quiero imitar al pueblo en el vestido,
en las costumbres sólo a los mejores
sin presumir de roto y mal ceñido.

No resplandezca el oro y los colores
en nuestro traje, ni tampoco sea
igual al de los dóricos cantores.

Una mediana vida yo posea,
un estilo común y moderado,
que no lo note nadie que lo vea.

En el plebeyo barro mal tostado
hubo ya quien bebió tan ambicioso
como en el vaso Múrino preciado;

y alguno tan ilustre y generoso
que usó, como si fuera plata neta,
del cristal transparente y luminoso.

Sin la templanza, ¿viste tú perfeta
alguna cosa? ¡Oh muerte!, ven callada,
como sueles venir en la saeta,

no en la tonante máquina preñada
de fuego y de rumor, que no es mi puerta
de doblados metales fabricada.

Así, Fabio, me muestra descubierta
su esencia la verdad, y mi albedrío
con ella se compone y se concierta.

No te burles de ver cuánto confío,
ni al arte de decir, vana y pomposa,
el ardor atribuyas de este brío.

¿Es, por ventura, menos poderosa
que el vicio la virtud? ¿Es menos fuerte?
no la arguyas de flaca y temerosa.
La codicia en las manos de la suerte
se arroja al mar, la ira a las espadas,
y la ambición se ríe de la muerte.
¿Y no serán siquiera tan osadas
las opuestas acciones si las miro
de más ilustres genios ayudadas?
Ya, dulce amigo, huyo y me retiro
de cuanto simple amé; rompí los lazos.
Ven y verás al alto fin que aspiro
antes que el tiempo muera en nuestros brazos.

FRANCISCO DE LA TORRE

LA CIERVA

Doliente cierva, que el herido lado
de ponzoñosa y cruda yerba lleno,
buscas el agua de la fuente pura,
con el cansado aliento que en el seno
bello de la corriente sangre hinchado,
débil y decaída tu hermosura;
¡ay!, que la mano dura
que tu nevado pecho
ha puesto en tal estrecho,
gozosa va con tu desdicha cuando
cierva mortal, viviendo, estás penando
tu desangrado y dulce compañero,
el regalado y blando
pecho pasado del veloz montero.
Vuelve, cuitada, vuelve al valle donde
queda muerto tu amor, en vano dando
términos desdichados a tu suerte.
Morirás en su seno, reclinando
la beldad, que la cruda mano esconde
delante de la nube de la muerte.

Que el paso duro y fuerte,
ya forzoso y terrible,
no puede ser posible
que le excusen los cielos, permitiendo
crudos astros que muera padeciendo
las asechanzas de un montero crudo
que te vino siguiendo
por los desiertos de este campo mudo.
     Mas, ¡ay!, que no dilatas la inclemente
muerte, que en tu sangriento pecho llevas,
del crudo amor vencido y maltratado;
tú con el fatigado aliento pruebas
a rendir el espíritu doliente
en la corriente de este valle amado.
Que el ciervo desangrado,
que contigo la vida,
tuvo por bien perdida,
no fué tampoco de tu amor querido
que habiendo tan cruelmente padecido
quisieras vivir sin él, cuando pudieras
librar el pecho herido
de crudas llagas y memorias fieras.
     Cuando por la espesura deste prado
como tórtolas solas y queridas,
solos y acompañados anduvisteis;
cuando de verde mirto y de floridas
violetas, tierno acanto y lauro amado,
vuestras frentes bellísimas ceñistes;
cuando las horas tristes,
ausentes y queridos,
con mil mustios bramidos
ensordecisteis la ribera umbrosa
del claro Tajo, rica y venturosa
con vuestro bien, con vuestro mal sentida
cuya muerte penosa
no deja rastro de contenta vida.
     Agora el uno, cuerpo muerto lleno
de desdén y de espanto, quien solía
ser ornamento de la selva umbrosa;
tú, quebrantada y mustia, al agonía
de la muerte rendida, el bello seno
agonizando, el alma congojosa;

cuya muerte gloriosa,
en los ojos de aquellos
cuyos despojos bellos
son victorias del crudo amor furioso,
martirio fué de amor, triunfo glorioso
con que corona y premia dos amantes
que del siempre rabioso
trance mortal salieron muy triunfantes.

Canción, fábula un tiempo, y caso agora,
de una cierva doliente, que la dura
flecha del cazador dejó sin vida,
errad por la espesura
del monte que de gloria tan perdida
no hay sino lamentar su desventura.

MIGUEL DE CERVANTES

«AUNQUE PENSAIS QUE ME ALEGRO...»

Aunque pensáis que me alegro,
conmigo traigo el dolor.

Aunque mi rostro semeja
que de mi alma se aleja
la pena y libre la deja,
sabed que es notorio error:
conmigo traigo el dolor.

Cúmpleme disimular,
por acabar de acabar,
y porque el mal, con callar,
se hace mucho mayor:
conmigo traigo el dolor.

«BAILAN LAS GITANAS...»

Bailan las gitanas,
míralas el rey;
la reina, con celos,
mándalas prender.

Por Pascua de Reyes
hicieron al rey
un baile gitano
Belica e Inés.
Turbada Belica,
cayó junto al rey,
y el rey la levanta
de puro cortés;
mas como es Belilla
de tan linda tez,
la reyna, celosa,
mándalas prender.

ROMANCE DE LA BUENAVENTURA

Hermosita, hermosita,
la de las manos de plata,
más te quiere tu marido
que al rey de las Alpujarras.
Eres paloma sin hiel;
pero a veces eres brava
como leona de Orán,
o como tigre de Ocaña.
Pero en un tras, en un tris,
el enojo se te pasa,
y quedas como alfeñique,
o como cordera mansa.
Riñes mucho, y comes poco:
algo celosita andas;
que es juguetón el teniente,
y quiere arrimar la vara.
Cuando doncella, te quiso
uno de una buena cara;
que mal hayan los terceros,
que los gustos desbaratan.
Si a dicha tú fueras monja,
hoy tu convento mandaras,
porque tienes de abadesa
más de cuatrocientas rayas.
No te lo quiero decir;
pero poco importa; vaya:
enviudarás, y otra vez
y otras dos, serás casada.

No llores, señora mía,
que no siempre las gitanas
decimos el Evangelio;
no llores, señora; acaba.

Como te mueras primero
que el señor teniente, basta
para remediar el daño
de la viudez que amenaza.

Has de heredar, y muy presto,
hacienda en mucha abundancia;
tendrás un hijo canónigo;
la iglesia no se señala.

De Toledo no es posible.
Una hija rubia y blanca
tendrás, que si es religiosa,
también vendrá a ser perlada.

Si tu esposo no se muere
dentro de cuatro semanas,
verásle corregidor
de Burgos o Salamanca.

Un lunar tienes: ¡qué lindo!
¡Ay, Jesús, qué luna clara!
¡Qué sol, que allá en los antípodas
oscuros valles aclara!

Más de dos ciegos por verle
dieran más de cuatro blancas.
Ahora sí es la risica...
¡Ay, que bienhaya esa gracia!

Guárdate de las caídas,
principalmente de espaldas;
que suelen ser peligrosas
en las principales damas.

Cosas hay más que decirte.
Si para el viernes me aguardas,
las oirás; que son de gusto,
y algunas hay de desgracias.

SONETO A PRECIOSA

Cuando Preciosa el panderete toca
y hiere el dulce son los aires vanos,
perlas son que derrama con las manos,
flores son que despide de la boca.

Suspensa el alma, y la cordura loca,
queda a los dulces actos sobrehumanos,
que de limpios, de honestos y de sanos,
su fama al cielo levantado toca.

Colgadas del menor de sus cabellos
mil almas lleva, y a sus plantas tiene
Amor rendidas una y otra flecha.

Ciega y alumbra con sus soles bellos,
su imperio amor por ellos le mantiene,
y aun más grandezas de su ser sospecha.

«¿QUIEN DEJARA, DEL VERDE PRADO UMBROSO...?»

¿Quién dejará, del verde prado umbroso
Las frescas yerbas y las frescas fuentes?
¿Quién de seguir con pasos diligentes
La suelta liebre o jabalí cerdoso?

¿Quién con el son amigo y sonoroso
No detendrá las aves inocentes?
¿Quién, en las horas de la siesta ardientes,
No buscará en las selvas el reposo,

Por seguir los incendios, los temores,
Los celos, iras, rabias, muertes, penas
Del falso amor, que tanto aflige al mundo?

Del campo son y han sido mis amores;
Rosas son y jazmines mis cadenas;
Libre nací, y en libertad me fundo.

AL TUMULO DEL REY FELIPE II EN SEVILLA

Voto a Dios que me espanta esta grandeza
y que diera un doblón por describilla,
porque ¿a quién no sorprende y maravilla
esta máquina insigne, esta riqueza?

Por Jesucristo vivo, cada pieza
vale más de un millón, y que es mancilla
que esto no dure un siglo, ¡oh gran Sevilla!
Roma triunfante en ánimo y nobleza.

Apostaré que el ánima del muerto
por gozar este sitio hoy ha dejado
la gloria donde vive eternamente.

Esto oyó un valentón, y dijo: —Es cierto
cuanto dice voacé, seor soldado.
Y el que dijere lo contrario, miente—.
Y luego, incontinente,
caló el chapeo, requirió la espada
miró al soslayo, fuése, y no hubo nada.

LUPERCIO LEONARDO DE ARGENSOLA

AL SUEÑO

Imagen espantosa de la muerte,
sueño cruel, no turbes más mi pecho,
mostrándome cortado el nudo estrecho,
consuelo sólo de mi adversa suerte.

Busca de algún tirano el muro fuerte,
de jaspe las paredes, de oro el techo,
o el rico avaro en el angosto lecho,
haz que temblando con sudor despierte.

El uno vea el popular tumulto
romper con furia las herradas puertas,
o al sobornado siervo el hierro oculto.

El otro sus riquezas, descubiertas
con llave falsa o con violento insulto,
y déjale al amor sus glorias ciertas.

LA VIDA EN EL CAMPO

Llevó tras sí los pámpanos otubre
y con las grandes lluvias insolente,
no sufre Ibero márgenes ni puente,
mas antes los vecinos campos cubre.

Moncayo, como suele, ya descubre
coronada de nieve la alta frente;
y el sol apenas vemos en Oriente,
cuando la opaca tierra nos lo encubre.

Sienten el mar y selvas ya la saña
del Aquilón, y encierra su bramido
gente en el puerto y gente en la cabaña.

Y Fabio, en el umbral de Tais tendido,
con vergonzosas lágrimas lo baña,
debiéndolas al tiempo que ha perdido.

BARTOLOME LEONARDO DE ARGENSOLA

«DIME, PADRE COMUN, PUES ERES JUSTO...»

«Dime, Padre común, pues eres justo,
¿por qué ha de permitir tu providencia
que, arrastrando prisiones la inocencia,
suba la fraude a tribunal augusto?
»¿Quién da fuerzas al brazo que robusto
hace a tus leyes firme resistencia,
y que el celo, que más la reverencia,
gima a los pies del vencedor injusto?
»Vemos que vibran victoriosas palmas
manos inicuas, la virtud gimiendo
del triunfo en el injusto regocijo».
Esto decía yo, cuando riendo
celestial ninfa apareció, y me dijo:
«¡Ciego!, ¿es la tierra el centro de las almas?»

«YO OS QUIERO CONFESAR, DON JUAN, PRIMERO...»

Yo os quiero confesar, don Juan, primero;
que aquel blanco color de doña Elvira
no tiene de ella más, si bien se mira,
que el haberle costado su dinero.
Pero tras eso confesaros quiero
que es tanta la beldad de su mentira,
que en vano a competir con ella aspira
belleza igual de rostro verdadero.
Mas ¿qué mucho que yo perdido ande
por un engaño tal, pues que sabemos
que nos engaña así Naturaleza?

Porque ese cielo azul que todos vemos.
ni es cielo ni es azul. ¡Lástima grande
que no sea verdad tanta belleza!

JUAN DE ARGUIJO

LA TEMPESTAD Y LA CALMA

Yo vi del rojo sol la luz serena
turbarse, y que en un punto desparece
su alegre faz, y en torno se oscurece
el cielo con tiniebla de horror llena.
  El austro proceloso airado suena,
crece su furia, la tormenta crece,
y en los hombros de Atlante se estremece
el alto Olimpo y con espanto truena;
  mas luego vi romperse el negro velo
deshecho en agua, y a su luz primera
restituirse alegre el claro día,
  y de nuevo esplendor ornado el cielo
miré, y dije: ¿Quién sabe si le espera
igual mudanza a la fortuna mía?

PIRAMO

«Tú, de la noche gloria y ornamento,
errante luna, que oyes mis querellas;
y vosotras, clarísimas estrellas,
luciente honor del alto firmamento,
  pues ha subido allá de mi lamento
el son y de mi fuego las centellas,
sienta vuestra piedad, ¡oh luces bellas!,
si la merece, mi amoroso intento.»
  Esto diciendo, deja el patrio muro
el desdichado Píramo, y de Nino
parte al sepulcro, donde Tisbe espera.
  ¡Pronóstico infeliz, presagio duro
de infaustas bodas, si ordenó el destino
que un túmulo por tálamo escogiera!

JOSE DE VALDIVIELSO

«UNOS OJOS BELLOS...»

Unos ojos bellos
adoro, madre;
téngolos ausentes,
verélos tarde.

Unos ojos bellos,
que son de paloma,
donde amor se asoma
a dar vida en ellos;
no hay, madre, sin vellos,
bien que no me falte,
téngolos ausentes,
verélos tarde.

Son dignos de amar,
pues podéis creer
que no hay más que ver
ni que desear:
hícelos llorar,
y llorar me hacen,
téngolos ausentes,
verélos tarde.

No sé qué me vi
cuando los miré,
que en ellos me hallé
y en mí me perdí.
Ya no vivo en mí,
sino en ellos, madre;
téngolos ausentes,
verélos tarde.

LETRA AL SANTISIMO SACRAMENTO

Aunque más te disfraces,
galán divino,
en lo mucho que has dado
te han conocido.

Rey enamorado,
que, de amor herido,
vendiste en la sierra
el blanco pelico;
las sienes coronas
de espigas de trigo,
entre ellas mezclados
olorosos lirios.

Aunque más disfrazado,
galán divino,
en lo mucho que has dado
te han conocido.

Sacaste un gabán
en Belén al frío
de perlas y estrellas
todo guarnecido;
montera de campo,
de cabellos rizos,
con mil corazones
entre ellos asidos.

Aunque más disfrazado,
galán divino,
en lo mucho que has dado
te han conocido.

Quieres en tu mesa
los amantes limpios,
sal de tu palabra,
de dolor cuchillos.
Es tu carne el pan,
es tu sangre el vino,
y en cada bocado
se come infinito.

Aunque más disfrazado,
galán divino,
en lo mucho que has dado
te han conocido.

LOPE DE VEGA

«VELADOR QUE EL CASTILLO VELAS...»

—Velador que el castillo velas,
vélale bien, y mira por ti,
que velando en él me perdí.

—Mira las campañas llenas
de tanto enemigo armado.
—Ya estoy, amor, desvelado
de velar en las almenas.
Ya que las campanas suenas,
toma ejemplo y mira en mí,
que velando en él me perdí.

«VIENEN DE SAN LUCAR...»

Vienen de San Lúcar,
rompiendo el agua,
a la Torre del Oro,
barcos de plata.

¿Dónde te has criado,
la niña bella,
que, sin ir a las Indias,
toda eres perla?

En estas galeras
viene aquel ángel.
¡Quién remara a su lado
para liballe!

Sevilla y Triana
y el río en medio:
así es tan de mis gustos
tu ingrato dueño.

«RIO DE SEVILLA...»

Río de Sevilla,
¡cuán bien pareces,
con galeras blancas
y ramos verdes!

«YA NO COGERE VERBENA...»

Ya no cogeré verbena
la mañana de San Juan,
pues mis amores se van.

Ya no cogeré verbena,
que era la hierba amorosa,
ni con la encarnada rosa
pondré la blanca azucena.
Prados de tristeza y pena
sus espinos me darán,
pues mis amores se van.

Ya no cogeré verbena
la mañana de San Juan,
pues mis amores se van.

«ESTA SI QUE ES SIEGA DE VIDA...»

Esta sí que es siega de vida;
ésta sí que es siega de flor.

Hoy, segadores de España,
vení a ver a la Moraña
trigo blanco y sin argaña
que de verlo es bendición.
Esta sí que es siega de vida,
ésta sí que es siega de flor.
Labradores de Castilla,
vení a ver a maravilla
trigo blanco y sin neguilla,
que de verlo es bendición.
Esta sí que es siega de vida,
ésta sí que es siega de flor.

«TREBOLE, ¡AY JESUS, COMO HUELE!...»

Trébole, ¡ay Jesús, cómo huele!
Trébole, ¡ay Jesús, qué olor!

Trébole de la casada
que a su esposo quiere bien;

de la doncella también,
entre paredes guardada,
que fácilmente engañada,
sigue su primero amor.
Trébole, ¡ay Jesús, cómo huele!
Trébole, ¡ay Jesús, qué olor!

    Trébole de la soltera,
que tantos amores muda;
trébole de la vïuda
que otra vez casarse espera,
tocas blancas por defuera
y el faldellín de color.
Trébole, ¡ay Jesús, cómo huele!
Trébole, ¡ay Jesús, qué olor!

«QUE DE NOCHE LE MATARON...»

    Que de noche le mataron
al caballero,
la gala de Medina,
la flor de Olmedo.

    Sombras le avisaron
que no saliese,
y le aconsejaron
que no fuese
el caballero,
la gala de Medina,
la flor de Olmedo.

«ESTE NIÑO SE LLEVA LA FLOR...»

    Este niño se lleva la flor,
que los otros no.
    Este niño atán garrido,
se lleva la flor,
que es hermoso y bien nacido;
se lleva la flor.
La dama que le ha parido,
se lleva la flor.
Cuando llegue a estar crecido,
ha de ser un gran señor.
Este niño se lleva la flor,
que los otros no.

«DEJA LAS AVELLANICAS, MORO...»

Deja las avellanicas, moro,
que yo me las varearé.
Tres y cuatro en un pimpollo,
que yo me las varearé.

Al agua de Dinadámar,
que yo me las varearé,
allí estaba una cristiana;
que yo me las varearé,
cogiendo estaba avellanas;
que yo me las varearé.
El moro llegó a ayudarla,
que yo me las varearé.
Y respondióle enojada:
que yo me las varearé;
deja las avellanicas, moro,
que yo me las varearé.
Tres y cuatro en un pimpollo,
que yo me las varearé.
Era el árbol tan famoso,
que yo me las varearé,
que las ramas eran de oro,
que yo me las varearé,
de plata tenía el tronco,
que yo me las varearé;
hojas, que le cubren todo.
que yo me las varearé,
eran de rubíes rojos;
que yo me las varearé.
Puso el moro en él los ojos,
que yo me las varearé,
quisiera gozarle solo;
que yo me las varearé.
Mas díjole con enojo:
que yo me las varearé;
deja las avellanicas, moro,
que yo me las varearé.
Tres y cuatro en un pimpollo,
que yo me las varearé.

«BLANCA ME ERA YO...»

Blanca me era yo
cuando entré en la siega;
dióme el sol y ya soy morena.

Blanca solía yo ser
antes que a segar viniese,
mas no quiso el sol que fuese
blanco el fuego en mi poder.
Mi edad al amanecer
era lustrosa azucena;
dióme el sol y ya soy morena.

«PUES ANDAIS EN LAS PALMAS...»

Pues andáis en las palmas
        Angeles santos,
que se duerme mi niño,
        tened los ramos.

Palmas de Belén
que mueven airados
los furiosos vientos
que suenan tanto,
no le hagáis ruido,
corred más paso,
que se duerme mi niño,
        ¡tened los ramos!
El niño divino,
que está cansado
de llorar en la tierra
por su descanso,
sosegar quiere un poco
del tierno llanto,
que se duerme mi niño,
        ¡tened los ramos!
Rigurosos hielos
le están cercando,
ya veis que no tengo
con qué guardarlo:
Angeles divinos
que váis volando,
que se duerme mi niño
        ¡tened los ramos!

SOLILOQUIO

Manso cordero ofendido,
puesto en una cruz por mí,
que mil veces os vendí
después que fuisteis vendido;
dadme licencia, Señor,
para que, deshecho en llanto,
pueda en vuestro rostro santo
llorar lágrimas de amor.
¿Es posible, vida mía,
que tanto mal os causé?
¿Que os dejé, que os olvidé,
ya que vuestro amor sabía?
Tengo por dolor más fuerte
que el veros muerto por mí,
el saber que os ofendí
cuando supe vuestra muerte.
Que antes que yo la supiera,
y tanto dolor causara,
alguna disculpa hallara,
pero después no pudiera.
¡Ay de mí, que sin razón
pasé la flor de mis años
en medio de los engaños
de aquella ciega afición!
¡Qué de locos desatinos
por mis sentidos pasaron,
mientras que no me miraron,
Sol, vuestros ojos divinos!
Lejos anduve de vos,
hermosura celestial,
lejos y lleno de mal,
como quien vive sin Dios.
Mas no me haber acercado
antes de ahora, sería
ver que seguro os tenía,
porque estábades clavado.
Que a fe que si lo supiera
que os podíades huir,
que yo os viniera a seguir
primero que me perdiera.
¡Oh piedad desconocida
de mi loco desconcierto,

que donde vos estáis muerto
está segura mi vida!
Pero ¿qué fuera de mí
si me hubiéredes llamado,
habiéndome transformado
en lo primera que fui?
Bendigo vuestra piedad,
pues me llamáis a que os quiera,
como si de mí tuviera
vuestro amor necesidad.
Vida mía, vos a mí
¿en qué me habéis menester,
si a vos os debo mi ser,
cuanto soy y cuanto fui?
¿Para qué puedo importaros,
si soy lo que vos sabéis?
¿Qué necesidad tenéis?
¿Qué cielo tengo que daros?
¿Qué gloria buscáis aquí?
Que sin vos, mi bien eterno,
todo parezco un infierno;
mirad cómo entráis en mí.
Pero ¿quién puede igualar
a vuestro divino amor?
Como vos amáis, Señor,
¿qué serafín puede amar?
Yo os amo, Dios soberano,
no como vos merecéis,
pero cuanto vos sabéis
que cabe en sentido humano.
Hallo tanto que querer,
que estoy tan tierno por vos,
que si pudiera ser Dios
os diera todo mi ser.
Toda el alma, de vos llena,
me saca de mí, Señor;
dejadme llorar de amor,
como otras veces de pena.

«HORTELANO ERA BELARDO...»

Hortelano era Belardo
de las huertas de Valencia,

que los trabajos obligan
a lo que el hombre no piensa.
Pasado el hebrero loco,
flores para mayo siembra,
que quiere que su esperanza
dé fruto a la primavera.
El trébol para las niñas
pone al lado de la huerta,
porque la fruta de amor
de las tres hojas aprenda.
Albahacas amarillas,
a partes verdes y secas,
trasplanta para casadas
que pasan ya de los treinta,
y para las viudas pone
muchos lirios y verbena,
porque lo verde del alma
encubre la saya negra.
Torongil para muchachas
de aquellas que ya comienzan
a deletrear mentiras,
que hay poco verdad en ellas.
El apio a las opiladas
y a las preñadas almendras,
para melindrosas cardos
y ortigas para las viejas.
Lechugas para briosas
que cuando llueve se queman,
mastuerzo para las frías
y ajenjos para las feas.
De los vestidos que a un tiempo
trujo en la Corte, de seda,
ha hecho para las aves
un espantajo de higuera.
Las lechuguillas grandes,
almidonadas y tiesas
y el sombrero boleado
que adorna cuello y cabeza,
y sobre un jubón de raso
la más guarnecida cuera,
sin olvidarse las calzas
españolas y tudescas.
Andando regando un día,
vióle en medio de la higuera,

y riéndose de velle,
le dice desta manera:
—¡Oh ricos despojos
de mi edad primera
y trofeos vivos
de esperanzas muertas!
¡Qué bien parecéis
de dentro y de fuera,
sobre que habéis dado
fin a mi tragedia!
¡Galas y penachos
de mi soldadesca,
un tiempo colores
y agora tristeza!
Un día de Pascua
os llevé a mi aldea
por galas costosas,
invenciones nuevas.
Desde su balcón
me vió una doncella
con el pecho blanco
y la ceja negra.
Dejóse burlar,
caséme con ella,
que es bien que se paguen
tan honrosas deudas.
Supo mi delito
aquella morena
que reinaba en Troya
cuando fué mi reina.
Hizo de mis cosas
una grande hoguera,
tomando venganzas
en plumas y letras.

«A MIS SOLEDADES VOY...»

A mis soledades voy,
de mis soledades vengo,
porque para andar conmigo
me bastan mis pensamientos.
¡No sé qué tiene la aldea
donde vivo y donde muero,

que con venir de mí mismo
no puedo venir más lejos!

Ni estoy bien ni mal conmigo;
mas dice mi entendimiento
que un hombre que todo es alma
está cautivo en su cuerpo.

Entiendo lo que me basta,
y solamente no entiendo
cómo se sufre a sí mismo
un ignorante soberbio.

De cuantas cosas me cansan,
fácilmente me defiendo;
pero no puedo guardarme
de los peligros de un necio.

El dirá que yo lo soy,
pero con falso argumento;
que humildad y necedad
no caben en un sujeto.

La diferencia conozco,
porque en él y en mí contemplo,
su locura en su arrogancia,
mi humildad en su desprecio.

O sabe naturaleza
más que supo en otro tiempo,
o tantos que nacen sabios
es porque lo dicen ellos.

Sólo sé que no sé nada,
dijo un filósofo, haciendo
la cuenta con su humildad,
adonde lo más es menos.

No me precio de entendido,
de desdichado me precio;
que los que no son dichosos,
¿cómo pueden ser discretos?

No puede durar el mundo,
porque dicen, y lo creo,
que suena a vidrio quebrado
y que ha de romperse presto.

Señales son del juicio
ver que todos le perdemos,
unos por carta de más
otros por carta de menos.

Dijeron que antiguamente
se fué la verdad al cielo;

tal la pusieron los hombres
que desde entonces no ha vuelto.
    En dos edades vivimos
los propios y los ajenos:
la de plata los extraños
y la de cobre los nuestros.
    ¿A quién no dará cuidado
si es español verdadero,
ver los hombres a lo antiguo
y el valor a lo moderno?
    Dijo Dios que comería
su pan el hombre primero
con el sudor de su cara
por quebrar su mandamiento
    y algunos inobedientes
a la vergüenza y al miedo,
con las prendas de su honor
han trocado los efectos.
    Virtud y filosofía
peregrinan como ciegos;
el uno se lleva al otro,
llorando van y pidiendo.
    Dos polos tiene la tierra,
universal movimiento;
la mejor vida el favor,
la mejor sangre el dinero.
    Oigo tañer las campanas,
y no me espanto, aunque puedo,
que en lugar de tantas cruces
haya tantos hombres muertos.
    Mirando estoy los sepulcros
cuyos mármoles eternos
están diciendo sin lengua
que no lo fueron sus dueños.
    ¡Oh, bien haya quien los hizo,
porque solamente en ellos
de los poderosos grandes
se vengaron los pequeños!
    Fea pintan a la envidia,
yo confieso que la tengo
de unos hombres que no saben
quién vive pared en medio.
    Sin libros y sin papeles,
sin tratos, cuentas ni cuentos,

cuando quieren escribir
piden prestado el tintero.
  Sin ser pobres ni ser ricos,
tienen chimenea y huerto;
no los despiertan cuidados,
ni pretensiones, ni pleitos.
  Ni murmuraron del grande,
ni ofendieron al pequeño,
nunca, como yo, firmaron
parabién, ni pascua dieron.
  Con esta envidia que digo
y lo que paso en silencio,
a mis soledades voy,
de mis soledades vengo.

VARIOS EFECTOS DEL AMOR

  Desmayarse, atreverse, estar furioso,
áspero, tierno, liberal, esquivo,
alentado, mortal, difunto, vivo,
leal, traidor, cobarde, animoso,
  no hallar, fuera del bien, centro y reposo,
mostrarse alegre, triste, humilde, altivo,
enojado, valiente, fugitivo,
satisfecho, ofendido, receloso.
  Huír el rostro al claro desengaño,
beber veneno por licor suave,
olvidar el provecho, amar el daño;
  creer que un cielo en un infierno cabe,
dar la vida y el alma a un desengaño:
esto es amor. Quien lo probó lo sabe.

JUDIT

  Cuelga sangriento de la cama al suelo
el hombro diestro del feroz tirano,
que opuesto al muro de Betulia en vano,
despidió contra sí rayos al cielo.
  Revuelto con el ansia el rojo velo
del pabellón a la siniestra mano,
descubre el espectáculo inhumano
del tronco horrible, convertido en hielo.

Vertido Baco, el fuerte arnés afea
los vasos y la mesa derribada,
duermen las guardas, que tan mal emplea;
    y sobre la muralla, coronada
del pueblo de Israel, la casta hebrea
con la cabeza resplandece armada.

«SUELTA MI MANSO, MAYORAL EXTRAÑO...»

Suelta mi manso, mayoral extraño,
pues otro tienes tú de igual decoro;
suelta la prenda que en el alma adoro
perdida por tu bien y por mi daño.
    Ponle su esquila de labrado estaño,
y no le engañen tus collares de oro;
toma en albricias este blanco toro
que a las primeras yerbas cumple un año.
    Si pides señas, tiene el vellocino
pardo, encrespado, y los ojuelos tiene
como durmiendo un regalado sueño.
    Si piensas que no soy su dueño, Alcino,
suelta, y verásle si a mi choza viene;
que aún tienen sal las manos de su dueño.

A UNA CALAVERA DE MUJER

Esta cabeza, cuando viva, tuvo
sobre la arquitectura de estos huesos
carne y cabellos, por quien fueron presos
los ojos que mirándola detuvo.
    Aquí la rosa de la boca estuvo,
marchita ya con tan helados besos;
aquí los ojos, de esmeralda impresos,
color que tantas almas entretuvo;
    aquí la estimativa, en quien tenía
el principio de todo movimiento;
aquí de las potencias la armonía.
    ¡Oh hermosura mortal, cometa al viento!
Donde tan alta presunción vivía
desprecian los gusanos aposento.

«¿QUE TENGO YO, QUE MI AMISTAD PROCURAS?...»

¿Qué tengo yo, que mi amistad procuras?
¿Qué interés se te sigue, Jesús mío,
que a mi puerta, cubierta de rocío,
pasas las noches del invierno escuras?

¡Oh, cuánto fueron mis entrañas duras,
pues no te abrí! ¡Qué extraño desvarío
si de mi ingratitud el hielo frío
secó las llagas de tus plantas puras!

¡Cuántas veces el ángel me decía:
«Alma, asómate agora a la ventana:
verás con cuanto amor llamar porfía!»

¡Y cuántas, hermosura soberana,
«Mañana le abriremos», respondía,
para lo mismo responder mañana!

«PASTOR QUE CON TUS SILBOS AMOROSOS...»

Pastor que con tus silbos amorosos
me despertaste del profundo sueño:
tú, que hiciste cayado dese leño
en que tiendes los brazos poderosos.

Vuelve los ojos a mi fe piadosos,
pues te confieso por mi amor y dueño,
y la palabra de seguirte empeño
tus dulces silbos y tus pies hermosos.

Oye, pastor que por amores mueres,
no te espante el rigor de mis pecados,
pues tan amigo de rendidos eres:

espera, pues, y escucha mis cuidados.
Pero ¿cómo te digo que me esperes,
si estás para esperar los pies clavados?

TEMORES EN EL FAVOR

Cuando en mis manos, Rey eterno, os miro,
y la cándida víctima levanto,
de mi atrevida indignidad me espanto
y la piedad de vuestro pecho admiro.

Tal vez el alma con temor retiro,
tal vez la doy al amoroso llanto;

que, arrepentido de ofenderos tanto,
con ansias temo y con dolor suspiro.

Volved los ojos a mirarme humanos,
que por las sendas de mi error siniestras
me despeñaron pensamientos vanos.

No sean tantas las miserias nuestras
que a quien os tuvo en sus indignas manos
vos le dejéis de las divinas vuestras.

CANCION A LA LIBERTAD

¡Oh libertad preciosa,
no comparada al oro,
ni al bien mayor de la espaciosa tierra,
más rica y más gozosa
que el precioso tesoro
que el mar del sur entre su nácar cierra;
con armas, sangre y guerra,
con las vidas y famas,
conquistando en el mundo;
paz dulce, amor profundo,
que el mar apartas y a tu bien nos llamas;
en ti sola se anida
oro, tesoro, paz, bien, gloria y vida!
Cuando de las humanas
tinieblas vi del cielo
la luz, principio de mis dulces días,
aquellas tres hermanas
que nuestro humano velo
tejiendo, llevan por inciertas vías,
las duras penas mías
trocaron en la gloria
que en libertad poseo,
con siempre igual deseo,
donde verá por mi dichosa historia
quien más leyere en ella
que es dulce libertad lo menos della.
Yo pues, Señor, exento
desta montaña y prado,
gozo la gloria y libertad que tengo.
Soberbio pensamiento
jamás ha derribado
la vida humilde y pobre que sostengo

Cuando a las manos vengo
con el muchacho ciego,
haciendo rostro embisto,
venzo, triunfo y resisto
la flecha, el arco, la ponzoña, el fuego,
y con libre albedrío
lloro al ajeno mal y canto el mío.
    Cuando la aurora baña
con helado rocío
del aljófar celestial el monte y prado,
salgo de mi cabaña,
riberas de este río,
a dar el nuevo pasto a mi ganado,
y cuando el sol dorado
muestra sus fuerzas graves
al sueño el pecho inclino
debajo un sauce o pino,
oyendo el son de las parleras aves
o ya gozando el aura
donde el perdido aliento se restaura.
    Cuando la noche oscura
con su estrellado manto
el claro día en su tiniebla encierra,
y suena en la espesura
el tenebroso canto
de los nocturnos hijos de la tierra,
al pie de aquesta sierra
con rústicas palabras
mi ganadillo cuento
y el corazón contento
del gobierno de ovejas y de cabras,
la temerosa cuenta
del cuidadoso rey me representa.
    Aquí la verde pera
con la manzana hermosa,
de gualda y roja sangre matizada,
y de color de rosa
la cermeña olorosa
tengo, y la endrina de color morada;
aquí de la enramada
parra que al olmo enlaza,
melosas uvas cojo;

y en cantidad recojo,
al tiempo que las ramas desenlaza
el caluroso estío,
membrillos que coronan este río.
   No me da descontento
el hábito costoso
que de lascivo el pecho noble infama;
es mi dulce sustento
del campo generoso
estas silvestres frutas que derrama;
mi regalada cama,
de blandas pieles y hojas,
que algún rey la envidiara,
y de ti, fuente clara,
que, bullendo, el arena y agua arrojas,
estos cristales puros,
sustentos pobres, pero bien seguros.
   Estése el cortesano
procurando a su gusto
la blanda cama y el mejor sustento;
bese la ingrata mano
del poderoso injusto,
formando torres de esperanza al viento;
viva y muera sediento
por el honroso oficio,
y goce yo del suelo,
al aire, al sol y al hielo,
ocupado en mi rústico ejercicio;
que más vale pobreza
en paz que en guerra mísera riqueza.
Ni temo al poderoso
ni al rico lisonjeo,
ni soy camaleón del que gobierna,
ni me tiene envidioso
la ambición y el deseo
de ajena gloria ni de fama eterna;
carne sabrosa y tierna,
vino aromatizado,
pan blanco de aquel día,
en prado, en fuente fría,
halla un pastor con hambre fatigado,
que el grande y el pequeño
somos iguales lo que dura el sueño.

CANCION A LA MUERTE DE CARLOS FELIX

Este de mis entrañas dulce fruto
con vuestra bendición, ¡oh Rey eterno!,
ofrezco humildemente a vuestras aras,
que si es de todos el mejor tributo
un puro corazón humilde y tierno,
y el más precioso de las prendas caras,
no las aromas raras
entre olores fenicios
y licores sabeos
os rinden mis deseos,
por menos olorosos sacrificios,
sino mi corazón, que Carlos era,
que en el que me quedó menos os diera.

Diréis, Señor, que en daros lo que es vuestro
ninguna cosa os doy, y que querría
hacer virtud necesidad tan fuerte,
y que no es lo que siento lo que muestro,
pues anima su cuerpo el alma mía
y se divide entre los dos la muerte.
Confieso que de suerte
vive a la suya asida,
que cuanto a la vil tierra
que el ser mortal encierra,
tuviera más contento de su vida;
mas cuanto al alma, ¿qué mayor consuelo
que lo que pierdo yo me gane el cielo?

Póstrese nuestra vil naturaleza
a vuestra voluntad, imperio sumo,
autor de nuestro límite, Dios santo;
no repugne jamás nuestra bajeza,
sueño de sombra, polvo, viento y humo,
a lo que vos queréis, que podéis tanto;
afréntese del llanto
injusto, aunque forzoso,
aquella inferior parte
que a la sangre reparte
materia de dolor tan lastimoso,
porque donde es inmensa la distancia,
como no hay proporción no hay repugnancia.

Quiera yo lo que vos, pues no es posible
no ser lo que queréis, que no queriendo,
saco mi daño a vuestra ofensa junto.
Justísimo sois vos; es imposible
dejar de ser error lo que pretendo,
pues es mi nada invisible punto.
Si a los cielos pregunto,
vuestra circunferencia
inmensa, incircunscrita,
pues que sólo os limita
con margen de piedad vuestra clemencia,
¡oh guarda de los hombres!, yo ¿qué puedo
adonde tiembla el serafín de miedo?

Amábos yo, Señor, luego que abristes
mis ojos a la luz de conoceros,
y regalóme el resplandor suave.
Carlos fué tierra, eclipse padecistes,
divino Sol, pues me quitaba el veros
opuesto como nube densa y grave.
Gobernaba la nave
de mi vida aquel viento
de nuestro auxilio santo
por el mar de mi llanto
al puerto del eterno salvamento,
y cosa indigna, navegando, fuera
que rémora tan vil me retuviera.

¡Oh cómo justo fué que no tuviese
mi alma impedimentos para amaros,
pues ya por culpas propias me detengo!
¡Oh cómo justo fué que os ofreciese
este cordero para obligaros,
sin ser Abel, aunque envidiosos tengo!
Tanto, que a serlo vengo
yo de mí mismo,
pues ocasión como ésta
en un alma dispuesta
la pudiera poner en el abismo
de la obediencia, que os agrada tanto
cuanto por loco amor ofende el llanto.

¡Oh quién como aquel padre de las gentes
el hijo sólo en sacrificio os diera
y los filos al cielo levantara!
No para que con las alas diligentes
ministro celestial los detuviera

y el golpe al corderillo trasladara,
mas porque calentara
del rojo humor la peña,
y en vez de aquel cordero
por quien corrió el acero
y cuya sangre humedeció la leña,
muriera el ángel, y trocando estilo,
en mis entrañas comenzara el filo.

Y vos, dichoso niño, que en siete años
que tuvistes de vida, no tuvistes
con vuestro padre inobediencia alguna,
corred con vuestro ejemplo mis engaños,
serenad mis paternos ojos tristes,
pues ya sois sol donde pisáis la luna.
De la primera cuna
a la postrera cama
no diste sola un hora
de disgusto, y agora
parece que le dais, si así se llama
lo que es pena y dolor de parte nuestra,
pues no es la culpa, aunque es la causa vuestra.

Cuando tan santo os vi, cuando tan cuerdo,
conocí la vejez que os inclinaba
a los fríos umbrales de la muerte;
luego lloré lo que ahora gano y pierdo,
y luego dije: «Aquí la edad acaba,
porque nunca comienza desta suerte.»
¿Quién vió rigor tan fuerte,
y de razón ajeno,
temer por bueno y santo
lo que os amaba tanto?
Mas no os temiera yo por santo y bueno,
si no pensara el fin que prometía
quien sin el curso natural vivía.

Yo para vos los pajarillos nuevos,
diversos en el canto y las colores,
encerraba, gozoso de alegraros;
yo plantaba los fértiles renuevos
de los árboles verdes, yo las flores
en quien mejor pudiera contemplaros,
pues a los aires claros
del alba hermosa apenas
salistes, Carlos mío,

bañado de rocío,
cuando, marchitas las doradas venas,
el blanco lirio convertido en hielo
cayó en la tierra, aunque traspuesto al cielo.
    ¡Oh qué divinos pájaros agora,
Carlos, gozáis, que con pintadas alas
discurren por los campos celestiales
en el jardín eterno, que atesora
por cuadros ricos de doradas salas
más hermosos jacintos orientales,
adonde los mortales
ojos la luz excede!
¡Dichoso yo que os veo
donde está mi deseo
y donde no tocó pasar ni puede,
que sólo con el bien de tal memoria
toda la vida me trocáis en gloria!
    ¿Qué me importara a mí que os viera puesto
a la sombra de un príncipe en la tierra,
pues Dios maldice a quien en ellos fía,
ni aun ser el mismo princípe; compuesto
de aquel metal del sol, del mundo guerra,
que tantas vidas consumir porfía?
La breve tiranía,
la mortal hermosura,
la ambición de los hombres,
con títulos y nombres
que la lisonja idolatrar procura,
al espirar la vida, ¿en qué se vuelven,
si al fin en el principio se resuelven?
    Hijo, pues, de mis ojos, en buen hora
vais a vivir con Dios eternamente
y a gozar de la patria soberana.
¡Cuán lejos, Carlos venturoso, agora
de la impiedad de la ignorante gente
y los sucesos de la vida humana,
sin noche, sin mañana,
sin vejez siempre enferma,
que hasta el sueño fastidia,
sin que la fiera envidia
de la virtud a los umbrales duerma,
del tiempo triunfaréis, porque no alcanza
donde cierran la puerta a la esperanza!

La inteligencia que los orbes mueve
a la celeste máquina divina
dará mil tornos con su hermosa mano,
fuego el León, el Sagitario nieve,
y vos, mirando aquella esencia trina,
ni pasaréis invierno ni verano,
y desde el soberano
lugar que os ha cabido,
los bellísimos ojos,
paces de mis enojos,
humillaréis a vuestro patrio nido,
y si mi llanto vuestra luz divisa,
los dos claveles bañaréis en risa.

Yo os di la mejor patria que yo pude
para nacer, y agora en vuestra muerte
entre santos dichosa sepultura;
resta que vos roguéis a Dios que mude
mi sentimiento en gozo, de tal suerte,
que, a pesar de la sangre que procura
cubrir de noche oscura
la luz desta memoria,
viváis vos en la mía,
que espero que algún día
la que me da dolor me dará gloria,
viendo al partir de aquesta tierra ajena,
que no quedáis a donde todo es pena.

LUIS DE GONGORA

«LAS FLORES DEL ROMERO...»

Las flores del romero,
niña Isabel
hoy son flores azules,
mañana serán miel.

Celosa estás, la niña,
celosa estás de aquel
dichoso, pues le buscas,
ciego, pues no te ve,

ingrato, pues te enoja,
y confiado, pues
no se disculpa hoy
de lo que hizo ayer.
Enjuguen esperanzas
lo que lloras por él;
que celos entre aquellos
que se han querido bien
hoy son flores azules,
mañana serán miel.

Aurora de ti misma
que cuando a amanecer
a tu placer empiezas,
te eclipsan tu placer,
serénense tus ojos,
y más perlas no des,
porque al Sol le está mal
lo que a la Aurora bien.
Desata como nieblas
todo lo que no ves;
que sospechas de amantes
y querellas después
hoy son flores azules,
mañana serán miel.

PARA DOÑA MARIA HURTADO, EN AUSENCIA
   DE DON GABRIEL ZAPATA, SU MARIDO

Mátanme los celos de aquel andaluz:
   háganme, si muriere, la mortaja azul.
Perdí la esperanza de ver mi ausente:
   háganme, si muriese, la mortaja verde.
Madre, sin ser monja, soy ya descalza,
   pues me tiene la ausencia sin mi Zapata.
La mitad del alma me lleva la mar:
   volved, galeritas, por la otra mitad.
Muera yo en tu playa, Nápoles bella,
   y serás sepulcro de otra sirena.
Pídenme que cante, canto forzada:
   ¡quién lo fuera vuestro, galeras de España!
Mientras yo hago treguas con mi dolor,
   si descansan los ojos, llore la voz.

«LA MAS BELLA NIÑA...»

La más bella niña
de nuestro lugar,
hoy viuda y sola
y ayer por casar,
viendo que sus ojos
a la guerra van,
a su madre dice
que escucha su mal:

> *Dejadme llorar*
> *orillas del mar.*

Pues me diste, madre,
en tan tierna edad
tan corto el placer,
tan largo el pesar,
y me cautivastes
de quien hoy se va
y lleva las llaves
de mi libertad.

> *Dejadme llorar*
> *orillas del mar.*

En llorar convierten
mis ojos, de hoy más,
el sabroso oficio
del dulce mirar,
pues que no se pueden
mejor ocupar,
yéndose a la guerra
quien era mi paz.

> *Dejadme llorar*
> *orillas del mar.*

No me pongáis freno
ni queráis culpar;
que lo uno es justo,
lo otro por demás.

Si me queréis bien
no me hagáis mal;
harto peor fuera
morir y callar.

Dejadme llorar
orillas del mar.

Dulce madre mía,
¿quién no llorará
aunque tenga el pecho
como un pedernal,
y no dará voces
viendo marchitar
los más verdes años
de mi mocedad?

Dejadme llorar
orillas del mar.

Váyanse las noches,
pues ido se han
los ojos que hacían
los míos velar;
váyanse, y no vean
tanta soledad,
después que en mi lecho
sobra la mitad.

Dejadme llorar
orillas del mar.

ALEGORIA DE LA BREVEDAD DE LAS COSAS HUMANAS

Aprended, flores, en mí
lo que va de ayer a hoy,
que ayer maravilla fui,
y sombra mía aun no soy.

La Aurora ayer me dio una,
la noche ataúd me dio;
sin luz muriera, si no

me la prestara la Luna.
Pues de vosotras ninguna
deja de acabar así,

aprended, flores, en mí
lo que va de ayer a hoy,
que ayer maravilla fui,
y sombra mía aun no soy.

Consuelo dulce el clavel
es a la breve edad mía,
pues quien me concedió un día,
dos apenas le dio a él.
Efímeras del vergel,
yo cárdena, él carmesí,

aprended, flores, en mí
lo que va de ayer a hoy,
que ayer maravilla fui,
y sombra mía aun no soy.

Flor es el jazmín, si bella,
no de las más vividoras,
pues dura pocas más horas
que rayos tiene de estrella;
si el ámbar florece, es ella
la flor que él retiene en sí.

Aprended, flores, en mí
lo que va de ayer a hoy,
que ayer maravilla fui,
y sombra mía aun no soy.

Aunque el alhelí grosero
en fragancia y en color,
más día ve que otra flor,
pues ve los de un mayo entero,
morir maravilla quiero,
y no vivir alhelí.

Aprended, flores, en mí
lo que va de ayer a hoy,
que ayer maravilla fui,
y sombra mía aun no soy.

A ninguna al fin mayores
términos concede el Sol
si no es al girasol,
Matusalem de las flores;
ojos son aduladores
cuantas en él hojas vi.

Aprended, flores, en mí
lo que va de ayer a hoy,
que ayer maravilla fui,
y sombra mía aun no soy.

«NO SON TODOS RUISEÑORES...»

No son todos ruiseñores
los que cantan entre las flores,
sino campanitas de plata,
que tocan a la Alba;
sino trompeticas de oro,
que hacen la salva
a los Soles que adoro.

No todas las voces ledas
son de Sirenas con plumas,
cuyas húmidas espumas
son las verdes alamedas.
Si suspendido te quedas
a los süaves clamores,

no son todos ruiseñores
los que cantan entre las flores,
sino campanitas de plata,
que tocan a la Alba;
sino trompeticas de oro,
que hacen la salva
a los Soles que adoro.

Lo artificioso que admira,
y lo dulce que consuela,
no es de aquel violín que vuela
ni de esotra inquieta lira;
otro instrumento es quien tira
de los sentidos mejores:

No son todos ruiseñores
los que cantan entre las flores.
sino campanitas de plata,
  que tocan a la Alba;
sino trompeticas de oro,
  que hacen la salva
  a los Soles que adoro.

ANGELICA Y MEDORO

En un pastoral albergue
que la guerra entre unos robles
lo dejó por escondido
o lo perdonó por pobre,
  do la paz viste pellico
y conduce entre pastores
ovejas del monte al llano
y cabras del llano al monte,
  mal herido y bien curado,
se alberga un dichoso joven,
que sin clavarle Amor flecha
le coronó de favores.

  Las venas con poca sangre,
los ojos con mucha noche,
lo halló en el campo aquella
vida y muerte de los hombres.
  Del palafrén se derriba,
no porque al moro conoce,
sino por ver que la yerba
tanta sangre paga en flores.
  Límpiale el rostro, y la mano
siente al Amor que se esconde
tras las rosas, que la muerte
va violando sus colores.

  Escondióse tras las rosas,
porque labren sus arpones
el diamante del Catay
con aquella sangre noble.
  Ya le regala los ojos,
ya le entra, sin ver por dónde,
una piedad mal nacida
entre dulces escorpiones.

Ya es herido el pedernal,
ya despide el primer golpe
centellas de agua, ¡oh piedad,
hija de padres traidores!

Yerbas le aplica a sus llagas,
que si no sanan entonces
en virtud de tales manos
lisonjean los dolores.
Amor le ofrece su venda,
mas ella sus velos rompe
para ligar sus heridas;
los rayos del sol perdonen.
Los últimos nudos daba
cuando el cielo la socorre
de un villano en una yegua
que iba penetrando el bosque,

Enfrénanle de la bella
las tristes piadosas voces,
que los firmes troncos mueven
y las sordas piedras oyen;
y la que mejor se halla
en las selvas que en la corte,
simple bondad, al pío ruego
cortésmente corresponde.
Humilde se apea el villano
y sobre la yegua pone
un cuerpo con poca sangre,
pero con dos corazones.

A su cabaña los guía,
que el sol deja su horizonte
y el humo de su cabaña
le va sirviendo de norte.
Llegaron temprano a ella
do una labradora acoge
un mal vivo con dos almas,
una ciega con dos soles.
Blando heno en vez de pluma
para lecho les compone,
que será tálamo luego
do el garzón sus dichas logre.

Las manos, pues cuyos dedos
desta vida fueron dioses
restituyen a Medoro
salud nueva, fuerzas dobles,
   y le entregan, cuando menos,
su beldad y un reino en dote,
segunda envidia de Marte,
primera dicha de Adonis.
   Corona un lascivo enjambre
de cupidillos menores
la choza, bien como abejas
hueco tronco de alcornoque.

   ¡Qué de nudos le está dando
a un áspid la envidia torpe,
contando de las palomas
los arrullos gemidores!
   ¡Qué bien la destierra Amor,
haciendo la cuerda azote,
porque el caso no se infame
y el lugar no se inficione!
   Todo es gala el africano,
su vestido espira olores,
el lunado arco suspende
y el corvo alfange depone.

   Tórtolas enamoradas
son sus roncos atambores
y los volantes de Venus
sus bien seguidos pendones.
   Desnuda el pecho anda ella;
vuela el cabello sin orden;
si lo abrocha, es con claveles
con jazmines si le coge.
   El pie calza en lazos de oro
porque la nieve se goce,
y no se vaya por pies
la hermosura del orbe.

   Todo sirve a los amantes,
plumas les baten veloces,
airecillos lisonjeros,
si no son murmuradores.

Los campos les dan alfombras,
los árboles pabellones,
la apacible fuente sueño,
música los ruiseñores.
    Los troncos les dan cortezas
en que se guarden sus nombres
mejor que en tablas de mármol
o que en láminas de bronce.

No hay verde fresno sin letra,
ni blanco chopo sin mote;
si un valle *Angélica* suena,
otro *Angélica* responde.
    Cuevas do el silencio apenas
deja que sombras las moren,
profanan con sus abrazos
a pesar de sus horrores.
    Choza, pues, tálamo y lecho,
contestes destos amores,
el cielo os guarde, si puede,
de las locuras del Conde.

«SERVIA EN ORAN AL REY...»

Servía en Orán al Rey
un español con dos lanzas,
y con el alma y la vida
a una gallarda africana,

tan noble como hermosa,
tan amante como amada,
con quien estaba una noche,
cuando tocaron al arma.

Trescientos Cenetes eran
de este rebato la causa,
que los rayos de la Luna
descubrieron sus adargas;

las adargas avisaron
a las mudas atalayas,
las atalayas los fuegos,
los fuegos a las campanas;

y ellas al enamorado,
que en los brazos de su dama
oyó el militar estruendo
de las tropas y las cajas.

Espuelas de honor le pican
y freno de amor le para;
no salir es cobardía,
ingratitud es dejalla.

Del cuello pendiente ella,
viéndole tomar la espada,
con lágrimas y suspiros
le dice aquestas palabras:

«Salid al campo, señor,
bañen mis ojos la cama;
que ella me será también,
sin vos, campo de batalla.

»Vestíos y salid apriesa,
que el General os aguarda;
yo os hago a vos mucha sobra
y vos a él mucha falta.

»Bien podéis salir desnudo,
pues mi llanto no os ablanda;
que tenéis de acero el pecho,
y no habéis menester armas.»

Viendo el español brioso
cuánto le detiene y habla,
le dice así: «Mi señora,
tan dulce como enojada,

»porque con honra y Amor
yo me quede, cumpla y vaya,
vaya a los moros el cuerpo,
y quede con vos el alma.

»Concededme, dueño mío,
licencia para que salga
al rebato en vuestro nombre,
y en vuestro nombre combata.»

«AMARRADO AL DURO BANCO...»

Amarrado al duro banco
de una galera turquesca,
ambas manos en el remo
y ambos ojos en la tierra,
un forzado de Dragut
en la playa de Marbella
se quejaba al ronco son
del remo y de la cadena:
«¡Oh sagrado mar de España,
famosa playa serena,
teatro donde se han hecho
cien mil navales tragedias;
pues eres tú el mismo mar
que con tus crecientes besas
las murallas de mi patria,
coronadas y soberbias,
tráeme nuevas de mi esposa,
y dime si han sido ciertas
las lágrimas y suspiros
que me dice por sus letras;
porque si es verdad que llora
mi cautiverio en tu arena,
bien puedes al mar del Sur
vencer en lucientes perlas!
Dame ya, sagrado mar,
a mis demandas respuesta,
que bien puedes, si es verdad
que las aguas tienen lengua;
pero, pues no me respondes,
sin duda alguna que es muerta,
aunque no lo debe ser,
pues que vivo yo en su ausencia.
Pues he vivido diez años
sin libertad y sin ella,
siempre al remo condenado,
a nadie matarán penas.»
En esto se descubrieron
de la Religión seis velas,
y el cómitre mandó usar
al forzado de su fuerza.

«MIENTRAS POR COMPETIR CON TU CABELLO...»

Mientras por competir con tu cabello,
oro bruñido el Sol relumbra en vano,
mientras con menosprecio en medio el llano
mira tu blanca frente al lilio bello;
    mientras a cada labio, por cogello,
siguen más ojos que al clavel temprano,
y mientras triunfa con desdén lozano
de el luciente cristal tu gentil cuello;
    goza cuello, cabello, labio y frente,
antes que lo que fue en tu edad dorada
oro, lilio, clavel, cristal luciente,
    no sólo en plata o vïola truncada
se vuelva, mas tú y ello juntamente
en tierra, en humo, en polvo, en sombra, en nada.

«LA DULCE BOCA QUE A GUSTAR CONVIDA...»

La dulce boca que a gustar convida
un humor entre perlas destilado
y a no envidiar aquel licor sagrado
que a Júpiter ministra el garzón de Ida,
    amantes no toquéis si queréis vida;
porque entre un labio y otro colorado
Amor está, de su veneno armado,
cual entre flor y flor sierpe escondida.
    No os engañen las rosas, que a la Aurora
diréis que, aljofaradas y olorosas,
se le cayeron del purpúreo seno;
    manzanas son de Tántalo, y no rosas,
que después huyen de el que incitan ahora,
y sólo de el Amor queda el veneno.

A CORDOBA

¡Oh excelso muro, oh torres coronadas
de honor, de majestad, de gallardía!
¡Oh gran río, gran rey de Andalucía,
de arenas nobles, ya que no doradas!
    ¡Oh fértil llano, oh sierras levantadas,
que privilegia el cielo y dora el día!

¡Oh siempre glorïosa patria mía,
tanto por plumas cuanto por espadas!
   ¡Si entre aquellas rüinas y despojos
que enriquece Genil y Dauro baña
tu memoria no fue alimento mío,
   nunca merezcan mis ausentes ojos
ver tu muro, tus torres y tu río,
tu llano y sierra, oh patria, oh flor de España!

FABULA DE POLIFEMO Y GALATEA

Al conde de Niebla

   Estas que me dictó, rimas sonoras,
culta sí, aunque bucólica Talía,
—¡oh excelso conde!— en las purpúreas horas
que es rosas la alba y rosicler el día,
ahora que de luz tu Niebla doras,
escucha, al son de la zampoña mía,
si ya los muros no te ven de Huelva
peinar el viento, fatigar la selva.
Templado pula en la maestra mano
el generoso pájaro su pluma,
o tan mudo en la alcándara, que en vano
aun desmentir al cascabel presuma;
tascando haga el freno de oro cano
del caballo andaluz la ociosa espuma;
gima el lebrel en el cordón de seda,
y al cuerno al fin la cítara suceda.
Treguas al ejercicio sean robusto,
ocio atento, silencio dulce, en cuanto
debajo escuchas de dosel augusto
del músico jayán el fiero canto.
Alterna con las Musas hoy el gusto,
que si la mía puede ofrecer tanto
clarín —y de la Fama no segundo—,
tu nombre oirán los términos del mundo.
Donde espumoso el mar siciliano
el pie argenta de plata al Lilibeo,
bóveda o de las fraguas de Vulcano
o tumba de los huesos de Tifeo,
pálidas señas cenizoso un llano
—cuando no de el sacrílego deseo—

de el duro oficio da. Allí una alta roca
mordaza es a una gruta de su boca.
Guarnición tosca de este escollo duro
troncos robustos son, a cuya greña
menos luz debe, menos aire puro
la caverna profunda, que a la peña;
caliginoso lecho, el seno oscuro
ser de la noche negra nos lo enseña
infame turba de nocturnas aves,
gimiendo tristes y volando graves.
De éste, pues, formidable de la tierra
bostezo, el melancólico vacío
a Polifemo, horror de aquella sierra,
bárbara choza es, albergue umbrío,
y redil espacioso donde encierra
cuanto las cumbres ásperas, cabrío,
de los montes esconde: copia bella
que un silbo junta y un peñasco sella.
Un monte era de miembros eminente
este que —de Neptuno hijo fiero—,
de un ojo ilustra el orbe de su frente,
émulo casi de el mayor lucero;
cíclope a quien el pino más valiente,
bastón, le obedecía tan ligero,
y al grave peso junco tan delgado,
que un día era bastón y otro cayado.
Negro el cabello, imitador undoso
de las oscuras aguas de el Leteo,
al viento que le peina proceloso
vuela sin orden, pende sin aseo;
un torrente es su barba impetüoso
que —adusto hijo de este Pirineo—
su pecho inunda —o tarde o mal en vano—
surcada aún de los dedos de su mano.
No la Trinacria en sus montañas, fiera,
armó de crüeldad, calzó de viento,
que redima feroz, salve ligera,
su piel manchada de colores ciento:
pellico es ya la que en los bosques era
mortal horror, al que con paso lento
los bueyes a su albergue reducía,
pisando la dudosa luz de el día.
Cercado es, cuanto más capaz más lleno,
de la fruta, el zurrón, casi abortada,

que el tardo Otoño deja al blando seno
de la piadosa yerba encomendada:
la serva, a quien le da rugas el heno;
la pera, de quien fue cuna dorada
la rubia paja y —pálida tutora—,
la niega avara y pródiga la dora.
Erizo es, el zurrón, de la castaña;
y —entre el membrillo o verde o datilado—
de la manzana hipócrita, que engaña
—a lo pálido no—: a lo arrebolado;
y de la encina, honor de la montaña
que pabellón al siglo fue dorado;
el tributo, alimento, aunque grosero,
de el mejor mundo, de el candor primero.
Cera y cáñamo unió —que no debiera—
cien cañas, cuyo bárbaro ruido,
de más ecos que unió cáñamo y cera
albogues, duramente es repetido.
La selva se confunde, el mar se altera,
rompe Tritón su caracol torcido,
sordo huye el bajel a vela y remo:
¡tal la música es de Polifemo!
Ninfa, de Doris hija, la más bella,
adora, que vio el reino de la espuma.
Galatea es su nombre, y dulce en ella
al terno Venus de sus gracias suma.
Son una y otra luminosa estrella
lucientes ojos de su blanca pluma:
si roca de cristal no es de Neptuno,
pavón que Venus es, cisne de Juno.
Purpúreas rosas sobre Galatea
la Alba entre lilios cándidos deshoja:
duda el Amor cuál más su color sea,
o púrpura nevada, o nieve roja.
De su frente la perla es, Eritrea,
émula vana. El ciego dios se enoja
y condenado su esplendor, la deja
prender en oro al nácar de su oreja.
Invidia de las Ninfas y cuidado
de cuantas honra el mar, deidades era;
pompa de el marinero niño alado
que sin fanal conduce su venera.
Verde el cabello, el pecho no escamado,
ronco sí, escucha a Glauco la ribera

inducir a pisar la bella ingrata,
en carro de cristal, campos de plata.
Marino joven, las cerúleas sienes
de el más tierno coral ciñe Palemo,
rico de cuantos la agua engendra bienes
de el Faro odioso al Promontorio extremo;
mas en la gracia igual, si en los desdenes
perdonado algo más que Polifemo,
de la que aun no le oyó y, calzada plumas,
tantas flores pisó como él espumas.
Huye la ninfa bella, y el marino
amante nadador ser bien quisiera
—ya que no áspid a su pie divino—,
dorado pomo a su veloz carrera.
Mas ¿cuál diente mortal, cuál metal fino,
la fuga suspender podrá ligera
que el desdén solicita? ¡Oh, cuánto yerra
delfín que sigue en agua corza en tierra!
Sicilia, en cuanto oculta, en cuanto ofrece,
copa es de Baco, huerto de Pomona:
tanto de frutas ésta la enriquece
cuanto aquél de racimos la corona.
En carro que estival trillo parece,
a sus campañas Ceres no perdona,
de cuyas siempre fértiles espigas
las provincias de Europa son hormigas.
A Pales su viciosa cumbre debe
lo que a Ceres, y aun más, su vega llana;
pues si en la una granos de oro llueve,
copos nieva en la otra mil de lana.
De cuantos siegan oro, esquilan nieve,
o en pipas guardan la exprimida grana,
bien sea religión, bien amor sea,
deidad, aunque sin templo, es Galatea.
Sin aras no: que el margen donde para
del espumoso mar su pie ligero,
al labrador de sus primicias ara,
de sus esquilmos es al ganadero;
de la copia a la tierra poco avara
el cuerno vierte el hortelano entero
sobre la mimbre que tejió prolija,
si artificiosa no, su honesta hija.
Arde la juventud, y los arados
peinan las tierras que surcaron antes,

mal conducidos, cuando no arrastrados,
de tardos bueyes cual su dueño errantes;
sin pastor que los silbe, los ganados
los crujidos ignoran resonantes
de las hondas, si en vez del pastor pobre
el Céfiro no silba, o cruje el robre.
Mudo la noche el can, el día dormido,
de cerro en cerro y sombra en sombra yace.
Bala el ganado; al mísero balido,
nocturno el lobo de las sombras nace:
Cébase —y fiero deja humedecido
en sangre de una lo que la otra pace—.
¡Revoca, Amor, los silbos, o a su dueño
el silencio del can siga y el sueño!
La fugitiva Ninfa en tanto, donde
hurta un laurel su tronco al Sol ardiente,
tantos jazmines cuanta yerba esconde
la nieve de sus miembros da a una fuente.
Dulce se queja, dulce le responde
un ruiseñor a otro, y dulcemente
al sueño de sus ojos la armonía,
por no abrasar con tres soles el día.
Salamandria del Sol, vestido estrellas,
latiendo el can del cielo estaba, cuando
—polvo el cabello, húmidas centellas,
sino ardientes aljófares sudando—
llegó Acis, y de ambas luces bellas
dulce Occidente viendo al sueño blando,
su boca dio —y sus ojos, cuanto pudo,
al sonoro cristal— al cristal mudo.
Era Acis un venablo de Cupido,
de un Fauno —medio hombre, medio fiera—,
en Simetis, hermosa Ninfa habido;
gloria del mar, honor de su ribera.
El bello imán, el ídolo dormido,
que acero sigue, idólatra venera,
rico de cuanto el huerto ofrece pobre,
rinden las vacas y fomenta el robre.
El celestial humor recién cuajado
que la almendra guardó, entre verde y seca,
en blanca mimbre se le puso al lado,
y un copo, en verdes juncos, de manteca;
en breve corcho, pero bien labrado,
un rubio hijo de una encina hueca

dulcísimo panal, a cuya cera
su néctar vinculó la Primavera.
Caluroso, al arroyo de las manos,
y con ellas, las ondas a su frente,
entre dos mirtos que —de espuma canos—,
dos verdes garzas son de la corriente.
Vagas cortinas de volantes vanos
corrió Favonio lisonjeramente,
a la del viento —cuando no sea cama
de frescas sombras —de menuda grama.
La Ninfa, pues, la sonorosa plata
bullir sintió del arroyuelo apenas,
cuando —a los verdes márgenes ingrata—
seguir se hizo de sus azucenas.
Huyera..., mas tan frío se desata
un temor perezoso por sus venas,
que a la precisa fuga, al presto vuelo
grillos de nieve fue, plumas de hielo.
Fruta en mimbres halló, leche exprimida
en juncos, miel en corcho, mas sin dueño;
si bien al dueño debe, agradecida,
su deidad culta, venerado el sueño.
A la ausencia mil veces ofrecida,
este de cortesía no pequeño
indicio, la dejó —aunque estatua helada—,
más discursiva y menos alterada.
No al Cíclope atribuye, no, la ofrenda;
no a Sátiro lascivo, ni a otro feo
morador de las selvas, cuya rienda
el sueño aflija que aflojó el deseo.
El niño dio, entonces, de la venda,
ostentación gloriosa, alto trofeo
quiere que al árbol de su madre sea
el desdén hasta allí de Galatea.
Entre las ramas de el que más se lava
en el arroyo, mirto levantado,
carcaj de cristal hizo, si no aljaba,
su blando pecho de un arpón dorado.
El monstruo de rigor, la fiera brava,
mira la ofrenda ya con más cuidado,
y aun siente que a su dueño sea devoto,
confuso alcaide más, el verde soto.
Llamárale, aunque muda; mas no sabe
el nombre articular que más querría,

ni le ha visto; si bien pincel süave
le ha bosquejado ya en su fantasía.
Al pie —no tanto ya de el temor grave—
fía su intento; y, tímida, en la umbría
cama de campo y campo de batalla,
fingiendo sueño al cauto garzón halla.
El bulto vio, y haciéndole dormido,
librada en un pie toda sobre él pende
—urbana al sueño, bárbara al mentido
retórico silencio que no entiende—:
no el ave reina así el fragoso nido
corona inmóvil, mientras no desciende
—rayo con plumas— al milano pollo,
que la eminencia abriga de un escollo,
como la Ninfa bella —compitiendo
con el garzón dormido en cortesía—
no sólo para, mas el dulce estruendo
de el lento arroyo enmudecer querría.
A pesar luego de las ramas, viendo
colorido el bosquejo que ya había
en su imaginación Cupido hecho,
con el pincel que le clavó su pecho.
De sitio mejorada, atenta mira,
en la disposición robusta, aquello
que, si por lo süave no la admira,
es fuerza que la admire por lo bello.
De el casi tramontado Sol aspira,
a los confusos rayos, su cabello:
flores su bozo es, cuyas colores,
como duerme la luz, niegan las flores.
(En la rústica greña yace oculto
el áspid de el intenso prado ameno,
antes de que el peinado jardín culto
en el lascivo, regalado seno.)
En lo viril desata de su bulto
lo más dulce el Amor de su veneno:
bébele Galatea, y da otro paso,
por apurarle la ponzoña al vaso.
Acis —aún más de aquello que dispensa
la brújula de el sueño vigilante—,
alterada la Ninfa esté, o suspensa,
Argos es siempre atento a su semblante,
lince penetrador de lo que piensa,
cíñalo bronce o múrelo diamante;

que en sus Paladïones Amor ciego,
sin romper muros, introduce fuego.
El sueño de sus miembros sacudido,
gallardo el joven la persona ostenta,
y al marfil luego de sus pies rendido,
el coturno besar dorado intenta.
Menos ofende el rayo prevenido
al marinero, menos la tormenta
prevista le turbó, o prognosticada:
Galatea lo diga salteada.
Más agradable, y menos zahareña,
al mancebo levanta venturoso,
dulce ya concediéndole, y risueña,
paces no al sueño, treguas sí al reposo.
Lo cóncavo hacía de una peña
a un fresco sitial dosel umbroso,
y verdes celosías unas yedras,
trepando troncos y abrazando piedras.
Sobre una alfombra, que imitara en vano
el tirio sus matices —si bien era
de cuantas sedas ya hiló gusano
y artífice tejió la Primavera—
reclinados, al mirto más lozano
una y otra lasciva, si ligera,
paloma se caló, cuyos gemidos
—trompas de Amor— alteran sus oídos.
El ronco arrullo al joven solicita;
mas, con desvíos Galatea süaves,
a su audacia los términos limita,
y el aplauso al contento de las aves.
Entre las ondas y la fruta, imita
Acis al siempre ayuno en penas graves:
que, en tanta gloria, infierno son no breve
fugitivo cristal, pomos de nieve.
No a las palomas concedió Cupido
juntar de sus dos picos los rubíes,
cuando el clavel el joven atrevido
las dos hojas le chupa carmesíes.
Cuantas produce Pafo, engendra Gnido,
negras vïolas, blancos alhelíes,
llueven sobre el que Amor quiere que sea
tálamo de Acis y de Galatea.
Su aliento humo, sus relinchos fuego
—si bien su freno espumas— ilustraba

las columnas Etón, que erigió el Griego,
do el carro de la luz sus ruedas lava,
cuando, de Amor el fiero jayán ciego,
la cerviz oprimió a una roca brava,
que a la playa, de escollos no desnuda,
linterna es ciega y atalaya muda.
Arbitro de montañas y ribera,
aliento dio, en la cumbre de la roca,
a los albogues que agregó la cera,
el prodigioso fuelle de su boca;
la Ninfa los oyó, y ser más quisiera
breve flor, yerba humilde y tierra poca,
que de su nuevo tronco vid lasciva,
muerta de amor y de temor no viva.
Mas —cristalinos pámpanos sus brazos—
amor la implica, si el temor la anuda,
al infelice olmo, que pedazos
la segur de los celos hará, aguda.
Las cavernas en tanto, los ribazos
que ha prevenido la zampoña ruda,
el trueno de la voz fulminó luego:
referidlo, Piérides, os ruego.
    «¡Oh bella Galatea, más süave
que los claveles que tronchó la Aurora;
blanca más que las plumas de aquel ave
que dulce muere y en las aguas mora;
igual en pompa al pájaro que, grave,
su manto azul de tantos ojos dora
cuantas el celestial zafiro estrellas!
¡Oh tú que en dos incluyes las más bellas!
»Deja las ondas, deja el rubio coro
de las hijas de Tetis, y el mar vea,
cuando niega la luz un carro de oro,
que en dos la restituye Galatea.
Pisa la arena, que en la arena adoro
cuantas el blanco pie conchas platea,
cuyo bello contacto puede hacerlas,
sin concebir rocío, parir perlas.
»Sorda hija de el mar, cuyas orejas
a mis gemidos son rocas al viento;
o dormida te hurten a mis quejas
purpúreos troncos de corales ciento,
o al disonante número de almejas
—marino, si agradable no, instrumento—,

coros tejiendo estés, escucha un día
mi voz, por dulce, cuando no por mía.
»Pastor soy, mas tan rico de ganados,
que los valles impido más vacíos,
los cerros desparezco levantados,
y los caudales seco de los ríos:
no los que, de sus ubres desatados
o derribados de los ojos míos,
leche corren y lágrimas; que iguales
en número a mis bienes son mis males.
»Sudando néctar, lambicando olores,
senos que ignora aún la golosa cabra,
corchos me guardan, más que abeja flores
liba inquïeta, ingenïosa labra;
troncos me ofrecen árboles mayores,
cuyos enjambres, o el abril los abra
o los desate el mayo, ámbar destilan,
y en ruecas de oro rayos de el Sol hilan.
»De el Júpiter soy hijo de las ondas,
aunque pastor, si tu desdén no espera
a que el Monarca de esas grutas hondas
en trono de cristal te abrace nuera;
Polifemo te llama, no te escondas,
que tanto esposo admira la ribera,
cual otro no vio Febo más robusto,
del perezoso Volga al Indo adusto.
»Sentado, a la alta palma no perdona
su dulce fruto mi robusta mano;
en pie, sombra capaz es mi persona
de innumerables cabras el verano.
¿Qué mucho si de nubes se corona
por igualarme la montaña en vano,
y en los cielos, desde esta roca, puedo
escribir mis desdichas con el dedo?
»Marítimo Alcïón, roca eminente
sobre sus huevos coronaba, el día
que espejo de zafiro fue luciente
la playa azul de la persona mía;
miréme, y lucir vi un sol en mi frente,
cuando en el cielo un ojo se veía:
neutra el agua dudaba a cuál fe preste:
o al cielo humano o Cíclope celeste.
»Registra en otras puertas el venado
sus años, su cabeza colmilluda

la fiera, cuyo cerro levantado
de Helvecias picas es muralla aguda;
la humana suya el caminante errado
dio ya a mi cueva, de piedad desnuda,
albergue hoy por tu causa al peregrino,
do halló reparo, si perdió camino.
»En tablas dividida, rica nave
besó la playa miserablemente,
de cuantas vomitó riquezas grave,
por las bocas de el Nilo el Oriente.
Yugo aquel día, y yugo bien süave,
de el fiero mar a la sañuda frente,
imponiéndole estaba, si no al viento,
dulcísimas coyundas mi instrumento.
»Cuando, entre globos de agua, entregar veo
a las arenas ligurina haya,
en cajas los aromas de el Sabeo,
en cofres las riquezas de Cambaya;
delicias de aquel mundo, ya trofeo
de Scila que, ostentado en nuestra playa,
lastimoso despojo fue dos días
a las que esta montaña engendra harpías.
»Segunda tabla a un Ginovés mi gruta
de su persona fue, de su hacienda:
la una reparada, la otra enjuta.
Relación de el naufragio hizo horrenda.
Luciente paga de la mejor fruta
que en yerbas se recline, en hilos penda,
colmillo fue de el animal que el Ganges
sufrir muros le vio, romper falanges.
»Arco, digo, gentil, bruñida aljaba,
obras ambas de artífice prolijo,
y de malaco rey a deidad java
alto don, según ya mi huésped dijo,
de aquél la mano, de ésta el hombro agrava;
convencida la madre, imita al hijo:
serás a un tiempo, en estos horizontes,
Venus de el mar, Cupido de los montes.»
Su horrenda voz, no su dolor interno,
cabras aquí le interrumpieron, cuantas
—vagas el pie, sacrílegas el cuerno—
a Baco se atrevieron en sus plantas.
Mas, conculcado el pámpano más tierno
viendo el fiero pastor, voces él tantas,

y tantas despidió la honda piedras,
que el muro penetraron de las yedras.
De los nudos, con esto, más süaves,
los dulces dos amantes desatados,
por duras guijas, por espinas graves
solicitan el mar con pies alados:
tal rendimiento de importunas aves
incauto meseguero sus sembrados,
de liebres dirimió copia así amiga,
que vario sexo unió y un surco abriga.
Viendo el fiero jayán con paso mudo
correr al mar la fugitiva nieve
—que a tanta vista el Líbico desnudo
registra el campo de su adarga breve—
y al garzón viendo, cuantas mover pudo
celoso trueno, antiguas hayas mueve:
tal, antes que la opaca nube rompa
previene rayo fulminante trompa.
Con vïolencia desgajó, infinita,
la mayor punta de la excelsa roca,
que al joven, sobre quien la precipita,
urna es mucha, pirámide no poca.
Con lágrimas la Ninfa solicita
las Deidades de el mar, que Acis invoca:
concurren todas, y el peñasco duro,
la sangre que exprimió, cristal fue puro.
Sus miembros lastimosamente opresos
del escollo fatal fueron apenas,
que los pies de los árboles más gruesos
calzó el líquido aljófar de sus venas.
Corriendo plata al fin sus blancos huesos,
lamiendo flores y argentando arenas,
a Doris llega, que con llanto pío,
yerno le saludó, le aclamó río.

FRANCISCO DE MEDRANO

«NO SE COMO, NI CUANDO, NI QUE COSA...»

No sé cómo, ni cuándo, ni qué cosa
sentí, que me llenaba de dulzura:
sé que llegó a mis brazos la hermosura,
de gozarse conmigo cudiciosa.

  Sé que llegó, si bien, con temerosa
vista, resistí apenas su figura:
luego pasmé, como el que en noche escura
perdido el tino, el pie mover no osa.
  Siguió un gran gozo a aqueste pasmo, o sueño
—no sé cuándo, ni cómo, ni qué ha sido—
que lo sensible todo puso en calma.
  Ignorallo es saber; que es bien pequeño
el que puede abarcar solo el sentido,
y éste pudo caber en sola l'alma.

RODRIGO CARO

A LAS RUINAS DE ITÁLICA

  Estos, Fabio, ¡ay dolor!, que ves ahora
campos de soledad, mustio collado,
fueron un tiempo Itálica famosa.
Aquí de Cipión la vencedora
colonia fué; por tierra derribado
yace el temido honor de la espantosa
muralla, y lastimosa
reliquia es solamente
de su invencible gente.
Sólo quedan memorias funerales
donde erraron ya sombras de alto ejemplo;
este llano fué plaza, allí fué templo;
de todo apenas quedan las señales.
Del gimnasio y las termas regaladas
leves vuelan cenizas desdichadas;
las torres que desprecio al aire fueron
a su gran pesadumbre se rindieron.
  Este despedazado anfiteatro,
impío honor de los dioses, cuya afrenta
publica el amarillo jaramago,
ya reducido a trágico teatro,
¡oh fábula del tiempo!, representa
cuánta fué su grandeza y es su estrago.
  ¿Cómo en el cerco vago
de su desierta arena
el gran pueblo no suena?

¿Dónde, pues, fieras hay, está el desnudo
luchador? ¿Dónde está el atleta fuerte?
Todo despareció, cambió la suerte
voces alegres en silencio mudo;
mas aun el tiempo da en estos despojos
espectáculos fieros a los ojos,
y miran tan confusos lo presente
que voces de dolor el alma siente.
    Aquí nació aquel rayo de la guerra,
gran padre de la patria, honor de España,
pío, felice, triunfador Trajano,
ante quien muda se postró la tierra
que ve del sol la cuna y la que baña
el mar, también vencido, gaditano.
Aquí de Elio Adriano,
de Teodosio divino,
de Silio, peregrino,
rodaron de marfil y oro las cunas;
aquí, ya de laurel, ya de jazmines,
coronados los vieron los jardines,
que ahora son zarzales y lagunas.
La casa para el César fabricada,
¡ay!, yace de lagartos vil morada;
casas jardines, césares murieron,
y aun las piedras que de ellos se escribieron.
    Fabio, si tú no lloras, pon atenta
la vista en luengas calles destruídas;
mira mármoles y arcos destrozados,
mira estatuas soberbias que violenta
Némesis derribó, yacer tendidas,
y ya en alto silencio sepultados
sus dueños celebrados.
Así a Troya figuro
así a su antiguo muro,
y a ti, Roma, a quien queda el nombre apenas,
¡oh patria de los dioses y los reyes!
Y a ti, a quien no valieron justas leyes,
fábrica de Minerva, sabia Atenas,
emulación ayer de las edades,
hoy cenizas, hoy vastas soledades,
que no os respetó el hado, no la muerte,
¡ay!, ni por sabia a ti; ni a ti por fuerte.
    Mas ¿para qué la mente se derrama
en buscar al dolor nuevo argumento?

Basta ejemplo menor, basta el presente,
que aun se ve el humo aquí, se ve la llama,
aún se oyen llantos hoy, hoy ronco acento:
tal genio o religión fuerza la mente
de la vecina gente,
que refiere admirada
que en la noche callada
una voz triste se oye que llorando.
Cayó Itálica, dice, lastimosa,
eco reclama *Itálica* en la hojosa
selva que se le opone, resonando
Itálica, y el claro nombre oído
de *Itálica*, renuevan el gemido
mil sombras nobles de su gran ruina;
¡tanto aun la plebe a sentimiento inclina!

Esta corta piedad que, agradecido
huésped, a tus sagrados manes debo,
les dó y consagro, *Itálica* famosa.
Tú, si lloroso don han admitido
las ingratas cenizas, de que llevo
dulce noticia asaz, si lastimosa,
permíteme, piadosa
usura a tierno llanto,
que vea el cuerpo santo
de Geroncio, tu mártir y prelado.
Muestra de su sepulcro algunas señas,
y cavaré con lágrimas las peñas
que ocultan su sarcófago sagrado;
pero mal pido el único consuelo
de todo el bien que airado quitó el cielo.
Goza en las tuyas sus reliquias bellas
para envidia del mundo y sus estrellas.

PEDRO DE ESPINOSA

SALMO

Pregona el firmamento
las obras de tus manos,
y en mí escribiste un libro de tu ciencia;
tierra, mar, fuego, viento,

publican tu potencia,
y todo cuanto veo
me dice que te ame
y que en tu amor me inflame;
mas mayor que mi amor es mi deseo.
Mejor que yo, Dios, mío, lo conoces;
sordo estoy a las voces
que me dan tus sagradas maravillas
llamándome, Señor, a tus amores:
¿quién te enseñó, mi Dios, a hacer flores
y en una hoja de entretalles toda
bordar lazos con cuatro o seis labores?
¿Quién te enseñó el perfil de la azucena,
o quién la rosa coronada de oro,
reina de los olores,
y el hermoso decoro
que guardan los claveles,
reyes de los colores,
sobre el botón tendiendo su belleza?
¿De qué son tus pinceles,
que pintan con tan diestra sutileza
las venas de los lirios?
La luna y sol, sin resplandor segundo,
ojos del cielo, lámparas del mundo,
¿de dónde los sacaste,
y los que el cielo adornan por engaste
albos diamantes trémulos?
¿Y el que buscando el centro tiene fuego,
claro desasosiego?
¿Y el agua que con paso medio humano
busca a los hombres, murmurando en vano
que el alma se le iguale en floja y fría?
¿Y el que, animoso, al mar lo vuelve cano,
no por la edad, por pleitos y porfía,
viento hinchado que tormentas cría?
Y ¿sobre qué pusiste
la inmensa madre tierra,
que embraza montes, que provincias viste,
que los mares encierra
y con armas de arena los resiste?
¡Oh altísimo Señor que me hiciste!,
no pasaré adelante,
tu poder mismo tus hazañas cante.

FRANCISCO DE QUEVEDO

«¡COMO DE ENTRE MIS MANOS TE RESBALAS!...»

¡Cómo de entre mis manos te resbalas!
¡Oh, cómo te deslizas, edad mía!
¡Qué menudos pasos traes, oh muerte fría,
pues con callado pie todo lo igualas!
    Feroz de tierra el débil muro escalas,
en quien lozana juventud se fía;
mas ya mi corazón del postrer día
atiende el vuelo, sin mirar las alas.
    ¡Oh condición mortal! ¡Oh dura suerte!
¡Que no puedo querer vivir mañana,
sin la pensión de procurar mi muerte!
    Cualquier instante de la vida humana
es nueva ejecución, con que me advierte
cuán frágil es, cuán mísera, cuán vana.

«CERRAR PODRA MIS OJOS LA POSTRERA...»

Cerrar podrá mis ojos la postrera
sombra que me llevare el blanco día,
y podrá descartar esta alma mía
hora, a su afán ansioso lisonjera.
    Mas no de esotra parte en la ribera
dejará la memoria en donde ardía;
nadar sabe mi llama la agua fría,
y perder el respeto a ley severa.
    Alma, a quien todo un Dios prisión ha sido,
venas, que humor a tanto fuego han dado,
medulas, que han gloriosamente ardido,
    su cuerpo dejará, no su cuidado;
serán ceniza, mas tendrán sentido;
polvo serán, mas polvo enamorado.

«¡FUE SUEÑO AYER, MAÑANA SERA TIERRA!...»

¡Fué sueño ayer, mañana será tierra!
¡Poco antes, nada, y poco después, humo!
¡Y destino ambiciones, y presumo,
apenas punto al cerco que me cierra!

Breve combate de importuna guerra,
en mi defensa soy peligro sumo;
y mientras con mis armas me consumo,
menos me hospeda el cuerpo, que me entierra.
Ya no es ayer; mañana no ha llegado,
hoy pasa y es, y fué, con movimiento
que a la muerte me lleva despeñado.
Azadas son la hora y el momento,
que, a jornal de mi pena y mi cuidado,
cavan en mi vivir mi monumento.

«¡AH DE LA VIDA! ¿NADIE ME RESPONDE?...»

¡Ah de la vida! ¿Nadie me responde?
Aquí de los antaños, que he vivido:
la fortuna mis tiempos ha mordido,
las horas mi locura las esconde.
¡Que sin poder saber cómo ni adónde
la salud y la edad se hayan huído!
Falta la vida, asiste lo vivido,
y no hay calamidad que no me ronde.
Ayer se fué; mañana no ha llegado,
hoy se está yendo sin parar un punto;
soy un Fué y un Será y un Es cansado.
En el hoy y mañana y ayer junto
pañales y mortaja, y he quedado
presentes sucesiones de difunto.

«MIRE LOS MUROS DE LA PATRIA MIA...»

Miré los muros de la patria mía,
si un tiempo fuertes, ya desmoronados,
de la carrera de la edad cansados,
por quien caduca ya su valentía.
Salíme al campo, vi que el sol bebía
los arroyos del hielo desatados;
y del monte quejosos los ganados,
que con sombras hurtó su luz al día.
Entré en mi casa, vi que amancillada
de anciana habitación era despojos;
mi báculo, más corvo, y menos fuerte.

Vencida de la edad sentí mi espada,
y no hallé cosa en qué poner los ojos
que no fuese recuerdo de la muerte.

«FALTAR PUDO SU PATRIA AL GRANDE OSUNA...»

Faltar pudo su patria al grande Osuna,
pero no a su defensa sus hazañas;
diéronle muerte y cárcel las Españas,
de quien él hizo esclava la fortuna.

Lloraron sus envidias una a una
con las propias naciones las extrañas:
su tumba son de Flandes las campañas,
y su epitafio la sangrienta luna.

En sus exequias encendió al Vesubio
Parténope, y Trinacria al Mongibelo;
el llanto militar creció en diluvio.

Dióle el mejor lugar Marte en su cielo;
la Mosa, el Rhin, el Tajo y el Danubio
murmuran con dolor su desconsuelo.

«ROSAL, MENOS PRESUNCION...»

Rosal, menos presunción,
donde están las clavellinas,
pues serán mañana espinas
las que agora rosas son.

¿De qué sirve presumir,
rosal, de buen parecer,
si aun no acabas de nacer
cuando empiezas a morir?
Hace llorar y reir
vivo y muerto tu arrebol,
en un día o en un sol;
desde el oriente al ocaso
va tu hermosura en un paso,
y en menos tu perfección.

Rosal, menos presunción,
donde están las clavellinas,
pues serán mañana espinas
las que agora rosas son.

No es muy grande la ventaja
que tu calidad mejora:
si es tu mantilla la aurora,
es la noche tu mortaja:
no hay florecilla tan baja
que no te alcance de días,
y de tus caballerías,
por descendiente del alba,
se está riyendo la malva,
caballera de un terrón.

Rosal, menos presunción,
donde están las clavellinas,
pues serán mañana espinas
las que agora rosas son.

«PODEROSO CABALLERO...»

Poderoso caballero
es don Dinero.

Madre, yo al oro me humillo;
él es mi amante y mi amado,
pues de puro enamorado,
de continuo anda amarillo,
que, pues doblón o sencillo,
hace todo cuanto quiero,
poderoso caballero
es don Dinero.
Nace en las Indias honrado,
donde el mundo le acompaña;
viene a morir en España
y es en Génova enterrado.
Y pues quien le trae al lado
es hermoso, aunque sea fiero,
poderoso caballero
es don Dinero.
Es galán y es como un oro,
tiene quebrado el color,
persona de gran valor,
tan cristiano como moro;
pues que da y quita el decoro
y quebranta cualquier fuero,

poderoso caballero
es don Dinero.

Son sus padres principales
y es de nobles descendiente,
porque en las venas de Oriente
todas las sangres son reales;
y pues es quien hace iguales
al duque y al ganadero,
poderoso caballero
es don Dinero.

Mas, ¿a quién no maravilla
ver en su gloria sin tasa
que es lo menos de su casa
doña Blanca de Castilla?
Pero pues da al bajo silla
y al cobarde hace guerrero,
poderoso caballero
es don Dinero.

Sus escudos de armas nobles
son siempre tan principales,
que sin sus escudos reales
no hay escudos de armas dobles;
y pues a los mismos robles
da codicia su minero,
poderoso caballero
es don Dinero.

Por importar en los tratos
y dar tan buenos consejos,
en las casas de los viejos
gatos le guardan de gatos.
Y pues él rompe recatos
y ablanda al juez más severo,
poderoso caballero
es don Dinero.

Y es tanta su majestad
(aunque son sus duelos hartos),
que con haberle hecho cuartos
no pierde su autoridad:
pero pues da calidad
al noble y al pordiosero,
poderoso caballero
es don Dinero.

Nunca vi damas ingratas
a su gusto y afición,

que las caras de un doblón
hacen sus caras baratas.
Y pues las hace bravatas
desde una bolsa de cuero,
poderoso caballero
es don Dinero.

   Más valen en cualquier tierra,
(mirad si es harto sagaz),
sus escudos en la paz,
que rodelas en la guerra.
Y pues al pobre lo entierra
y hace propio al forastero,
poderoso caballero
es don Dinero.

LUIS CARRILLO DE SOTOMAYOR

A UN OLMO, CONSOLANDO SU MAL

   Enojo un tiempo fue tu cuello alzado,
a la patria del Euro proceloso:
era tu verde cuello y tronco hojoso,
dosel al ancho Betis, sombra al prado.
   Ya que la edad te humilla, derribado,
gimes del tiempo agravios; ya, lloroso,
tu ausencia llora el río caudaloso,
tu falta siente y llora el verde prado.
   Envidia al alto cielo fue tu altura:
cual tú, me abraza el suelo, derribado,
imagen tuya al fin, ¡oh tronco hermoso!
   Tu mal llora del Betis la agua pura,
y quien llore mi mal nunca se ha hallado,
¡que aun en esto me falta ser dichoso!

CANCION

   Huyen las nieves, viste yerba el prado,
enriza su copete el olmo bello,
humilla el verde cuello
el río, de sus aguas olvidado,

para sufrir la puente,
por más que lo murmure la corriente.

    Muda vistas la tierra; triste y cano
mostró en blancura el rostro igual al cielo;
desecha ufana el hielo,
y viste el verde manto del verano;
muéstranos su alegría
en suaves horas el hermoso día.

    El que altivo luchaba con la tierra
(que, aunque fuerte, temía entre sus brazos)
da apacibles abrazos
al alto roble que tembló su guerra,
y siendo tan violento,
sólo es ladrón en flores de tu aliento.

    Muestra el fértil otoño caluroso
el escondido rostro en fruto y flores;
envidia sus colores
el arco iris en su carro hermoso;
y después nuevamente
afrenta el hielo la risueña fuente.

    Mas la esperanza, firme por ser mía,
así altiva responde a su tirano:
«Vuelva el invierno cano,
volverá Celia cual la escarcha fría;
aun invierno la espero,
si a manos antes de mi fe no muero.»

JUAN DE TASSIS (CONDE DE VILLAMEDIANA)

«NADIE ESCUCHE MI VOZ Y TRISTE ACENTO...»

    Nadie escuche mi voz y triste acento
de suspiros y lágrimas mezclado
si no es que tenga el pecho lastimado
de dolor semejante al que yo siento.

    Que no pretendo ejemplo ni escarmiento
que rescate a los otros de mi estado,
sino mostrar creído y no aliviado
de un firme amor el justo sentimiento.

Júntose con el cielo a perseguirme
la que tuvo mi vida en opiniones
y de mí mismo a mí como en destierro.
 Quisieron persuadirme las razones,
hasta que en el propósito más firme
fué disculpa del yerro el mismo yerro.

«RISA DEL MONTE, DE LAS AVES LIRA...»

Risa del monte, de las aves lira,
pompa del prado, espejo de la aurora,
alma de abril, espíritu de Flora
por quien la rosa y el jazmín respira.
 Aunque tu curso en cuantos pasos gira
perlas vierte, esmeraldas atesora,
tu claro proceder más me enamora
que cuanto en ti naturaleza admira.
 ¡Cuán sin engaño tus entrañas puras
dejan que por luciente vidrïera
se cuenten las guijuelas de tu estrado!
 ¡Cuán sin malicia cándida murmuras!
¡Oh sencillez de aquella edad primera!
Perdióla el hombre y adquirióla el prado.

JUAN DE JAUREGUI

AFECTO AMOROSO COMUNICADO AL SILENCIO

Deja tu albergue oculto,
mudo silencio; que en el margen frío
deste sagrado río
y en este valle solitario inculto
te aguarda el pecho mío.
 Entra en mi pecho, y te diré medroso
lo que a ninguno digo,
de que es amor testigo,
y aun a ti revelarlo apenas oso.

Ven, ¡oh silencio fiel!, y escucha atento,
tú solo, mi callado pensamiento.
    Sabrás (mas no querría
me oyese el blando céfiro, y el eco
en algún tronco hueco
comunicase la palabra mía,
y que en el agua fría
el Betis escondido me escuchase);
sabrás que el cielo ordena
que con alegre pena
en dulces llamas el amor me abrase,
y que su fuego, el corazón deshecho,
de sus tormentos viva satisfecho.
    No quiera el cielo que a la dulce calma
de tu beldad serena
turbe una breve pena,
aunque mil siglos la padezca el alma;
dile, silencio, tú, con señas mudas,
lo que ha ignorado siempre y tú no dudas.
    Mas, ¡ay!, no se lo digas,
que es forzoso decirlo en mi presencia,
y bien que la decencia
de tu recato advierto, al fin me obligas
que espere su sentencia,
y el temor ya me dice en voz expresa:
    «No has sido poco osado
sólo en haberla amado;
no te abalances a mayor empresa
basta que sepan tu amorosa historia
el secreto silencio y tu memoria».

FRANCISCO DE RIOJA

A LA ROSA

    Pura, encendida rosa,
émula de la llama
que sale con el día,
¿cómo naces tan llena de alegría
si sabes que la edad que te da el cielo
es apenas un breve y veloz vuelo?

Y no valdrán las puntas de tu rama
ni tu púrpura hermosa
a detener un punto
la ejecución del hado presurosa.
El mismo cerco alado,
que estoy viendo riente,
ya temo amortiguado,
presto despojo de la llama ardiente.
Para las hojas de tu crespo seno
te dió Amor de sus alas blancas plumas,
y oro de su cabello dió a tu frente.
¡Oh fiel imagen suya peregrina!
Bañóte en su color sangre divina
de la deidad que dieron las espumas,
y esto, purpúrea flor, y esto, ¿no pudo
hacer menos violento el rayo agudo?
Róbate en una hora,
róbote silencioso su ardimiento
el color y el aliento;
tiendes aun no las alas abrasadas,
y ya vuelan al suelo desmayadas.
Tan cerca, tan unida
está al morir tu vida,
que dudo si en sus lágrimas la aurora
mustia, tu nacimiento o muerte llora.

LUIS MARTIN DE LA PLAZA

MADRIGAL

   Iba cogiendo flores
y guardando en la falda,
mi ninfa, para hacer una guirnalda;
mas primero las toca
a los rosados labios de su boca,
y les da de su aliento los olores;
y estaba, por su bien, entre una rosa
una abeja escondida,
su dulce humor hurtando,
y como en la hermosa
flor de los labios se halló, atrevida
la picó, sacó miel, fuése volando.

«CUANDO A SU DULCE OLVIDO ME CONVIDA...»

Cuando a su dulce olvido me convida
la noche, y en sus faldas me adormece,
entre el sueño la imagen aparece
de aquella que fue sueño en esta vida.

Yo (sin temor que su desdén lo impida)
los brazos tiendo al gusto que me ofrece,
mas ella (sombra al fin) se desvanece,
y abrazo el aire donde está escondida.

Así, burlando, digo: «¡Ah falso engaño
de aquella ingrata que aún mi mal procura!
Tente, aguarda, lisonja del tormento.»

Mas ella en tanto por la noche oscura
huye. Corro tras ella. ¡Oh caso extraño!
¿Qué pretendo alcanzar, pues sigo al viento?

PEDRO SOTO DE ROJAS

LA PRIMAVERA

La primavera hermosa,
bella madre de flores,
viene esparciendo amores
con mano generosa,
y el céfiro templado
con dulce acento solicita al prado.

Alegres a porfía
las aves se levantan,
y quejas de amor cantan
en presencia del día;
y él; entre luces bellas,
da amorosa atención a sus querellas.

Con menos aspereza
el hielo riguroso
en cristal bullicioso
desata su rudeza;
y ya de amor deshecho,
a niñas plantas les ofrece el pecho.

Pero a ti, hermosa fiera,
no mueven mis dolores,
no tocan los amores
que trae la primavera;
porque es tu pecho puro,
de nieve, no; mas de diamante duro.

CANCION A UN JILGUERO

¡Oh cuánto es a la tuya parecida
esta mi triste vida!
Tú preso estás, yo preso;
tú cantas y yo canto,
tú simple, yo sin seso,
yo en eterna inquietud y tú travieso.
Música das a quien tu vuelo enfrena;
música doy, aunque a compás de llanto,
a quien me tiene en áspera cadena.
En lo que es diferente
nuestro estado presente
es en que tú, jilguero,
vives cantando y yo cantando muero.

ESTEBAN MANUEL DE VILLEGAS

ODA SAFICA

Dulce vecino de la verde selva,
huésped eterno del abril florido,
vital aliento de la madre Venus,
            céfiro blando;
si de mis ansias el amor supiste,
tú, que las quejas de mi voz llevaste,
oye, no temas, y a mi ninfa dile,
            dile que muero.
Filis un tiempo mi dolor sabía;
Filis un tiempo mi dolor lloraba;
quísome un tiempo, mas agora temo,
            temo sus iras.

Así los dioses con amor paterno,
así los cielos con amor benigno,
nieguen al tiempo que feliz volares
     nieve en la tierra.
Jamás el peso de la nube parda,
cuando amanece en la elevada cumbre,
toque tus hombros, ni su mal granizo
     hiera tus alas.

GABRIEL DE BOCANGEL

PROPONE EL AUTOR DISCUTIR EN LOS EFECTOS DEL AMOR

Yo cantaré de amor tan dulcemente
el rato que me hurtare a sus dolores,
que el pecho que jamás sintió de amores
empiece a confesar que amores siente.

Verá como no hay dicha permanente
debajo de los cielos superiores,
y que las dichas altas o menores
imitan en el suelo su corriente.

Verá que, ni en amor, alguno alcanza
firmeza (aunque la tenga en el tormento
de idolatrar un mármol con belleza).

Porque si todo amor es esperanza,
y la esperanza es vínculo del viento,
¿quién puede amar seguro en su firmeza?

PEDRO CALDERON DE LA BARCA

A LAS ROSAS

Estas que fueron pompa y alegría,
despertando al albor de la mañana,
a la tarde serán lástima vana
durmiendo en brazos de la noche fría.

Este matiz que al cielo desafía,
iris listado de oro, nieve y grana,
será escarmiento de la vida humana:
tanto se aprende en término de un día.
A florecer las rosas madrugaron,
y para envejecerse florecieron.
Cuna y sepulcro en un botón hallaron.
Tales los hombres sus fortunas vieron:
en un día nacieron y expiraron,
que, pasados los siglos, horas fueron.

A LAS ESTRELLAS

Esos rasgos de luz, esas centellas,
que cobran con amagos superiores
alimentos del sol en resplandores,
aquello viven, que se duelen dellas.
Flores nocturnas son, aunque tan bellas,
efímeras padecen sus ardores,
pues si un día es el siglo de las flores,
una noche es la edad de las estrellas.
De esa, pues, primavera fugitiva,
ya nuestro mal, ya nuestro bien se infiere,
registro es nuestro, o muera el sol, o viva.
¿Qué duración habrá que el hombre espere?
¿O qué mudanza habrá que no reciba
de astro que cada noche nace o muere?

CANTARCILLO

Ruiseñor que volando vas,
cantando finezas, cantando favores,
¡oh cuánta pena y envidia me das!
Pero no, que si hoy cantas amores,
tú tendrás celos y tú llorarás.
¡Qué alegre y desvanecido
cantas, dulce ruiseñor,
las venturas de tu amor
olvidado de tu olvido!
En ti de ti entretenido
al ver cuán ufano estás,

¡oh cuánta pena me das
publicando tus favores!
Pero no, que si hoy cantas amores,
tú tendrás celos y tú llorarás.

JOSE CADALSO

SOBRE EL PODER DEL TIEMPO

Todo lo muda el tiempo, Filis mía;
todo cede al rigor de sus guadañas:
ya transforma los valles en montañas,
ya pone campo donde mar había.

El muda en noche opaca el claro día,
en fábulas pueriles las hazañas,
alcázares soberbios en cabañas,
y el juvenil ardor en vejez fría.

Doma el tiempo al caballo desbocado,
detiene el mar y viento enfurecido,
postra al león y rinde al toro bravo.

Sólo una cosa al tiempo denodado
ni cederá, ni cede, ni ha cedido,
y es el constante amor con que te adoro.

GASPAR M. DE JOVELLANOS

EPISTOLA DE FABIO A ANFRISO. DESCRIPCION DEL PAULAR

Credibili est illi numen inesse loco.
OVIDIUS

Desde el oculto y venerable asilo
do la virtud austera y penitente
vive ignorada y, del liviano mundo
huída, en santa soledad se esconde,
el triste Fabio al venturoso Anfriso
salud en versos flébiles envía.
Salud le envía a Anfriso, al que inspirado
de las mantuanas musas, tal vez suele
al grave son de su celeste canto
precipitar del viejo Manzanares
el curso perezoso; tal, suave
suele ablandar con amorosa lira
la altiva condición de sus zagalas.
¡Pluguiera a Dios, oh Anfriso, que el cuitado
a quien no dió la suerte tal ventura
pudiese huir del mundo y sus peligros!
¡Pluguiera a Dios, pues ya con su barquilla
logró arribar a puerto tan seguro,
que esconderla supiera en este abrigo,
a tanta luz y ejemplos enseñado!
Huyera así la furia tempestuosa
de los contrarios vientos, los escollos,
y las fieras borrascas tantas veces
entre sustos y lágrimas corridas.
Así también del mundanal tumulto
lejos, y en estos montes guarecido,
alguna vez gozara del reposo,
que hoy desterrado de su pecho vive.
Mas ¡ay de aquel que hasta en el santo asilo
de la virtud arrastra la cadena,
la pesada cadena con que el mundo
oprime a sus esclavos! ¡Ay del triste
en cuyo oído suena con espanto,
por esta oculta soledad rompiendo,
de su señor el imperioso grito!

Busco en estas moradas silenciosas
el reposo y la paz que aquí se esconden,
y sólo encuentro la inquietud funesta
que mis sentidos y razón conturba.
Busco paz y reposo, pero en vano
los busco, ¡oh caro Anfriso!, que estos dones,
herencia santa que al partir del mundo
dejó Bruno en sus hijos vinculada,
nunca en profano corazón entraron
ni a los parciales del placer se dieron.
Conozco bien que, fuera de este asilo,
sólo me guarda el mundo sinrazones,
vanos deseos, duros desengaños,
susto y dolor; empero todavía
a entrar en él no puedo resolverme.
No puedo resolverme, y despechado
sigo el impulso del fatal destino
que a muy más dura esclavitud me guía.
Sigo su fiero impulso, y llevo siempre
por todas partes los pesados grillos
que de la ansiada libertad me privan.
De afán y angustia el pecho traspasado,
pido a la muda soledad consuelo
y con dolientes quejas la importuno.
Salgo al ameno valle, subo al monte,
sigo del claro río las corrientes,
busco la fresca y deleitosa sombra,
corro por todas partes y no encuentro
en parte alguna la quietud perdida.
¡Ay, Anfriso, qué escenas a mis ojos,
cansados de llorar, presenta el cielo!
Rodeado de frondosos y altos montes
se extiende un valle, que de mil delicias
con sabia mano ornó Naturaleza.
Pártele en dos mitades, despeñado
de las vecinas rocas, el Lozoya,
por su pesca famoso y dulces aguas.
Del claro río sobre el verde margen
crecen frondosos álamos, que al cielo
ya erguidos alzan las plateadas copas,
o ya, sobre las aguas encorvados,
en mil figuras miran con asombro
su forma en los cristales retratada.

De la siniestra orilla un bosque umbrío
hasta la falda del vecino monte
se extiende; tan ameno y delicioso
que le hubiera juzgado el gentilismo
morada de algún dios, o a los misterios
de las silvanas Dríadas guardado.

    Aquí encamino mis inciertos pasos,
y en su recinto umbrío y silencioso,
mansión la más conforme para un triste,
entro a pensar en mi cruel destino.
La grata soledad, la dulce sombra,
el aire blando y el silencio mudo,
mi desventura y mi dolor adulan.
No alcanza aquí del padre de las luces
el rayo acechador, ni su reflejo
viene a cubrir de confusión el rostro
de un infeliz en su dolor sumido.
El canto de las aves no interrumpe
aquí tampoco la quietud de un triste,
pues sólo de la viuda tortolilla
se oye tal vez el lastimero arrullo,
tal vez el melancólico trinado
de la angustiada y dulce filomena.
Con blando impulso el céfiro süave
las copas de los árboles moviendo,
recrea el alma con el manso ruido,
mientras al dulce soplo desprendidas
las agostadas hojas, revolando,
bajan en lentos círculos al suelo,
cúbrenle en torno, y la frondosa pompa
que al árbol adornara en primavera,
yace marchita y muestra los rigores
del abrasado estío y seco otoño.
    ¡Así también de juventud lozana
pasan, oh Anfriso, las livianas dichas!
Un soplo de inconstancia, de fastidio,
o de capricho femenil las tala
y lleva por el aire, cual las hojas
de los frondosos árboles caídas.
Ciegos, empero, y tras su vana sombra
de contino exhalados, en pos de ellas,
corremos hasta hallar el precipicio
do nuestro horror y su ilusión nos guían.

Volamos en pos de ellas como suele
volar a la dulzura del reclamo
incauto el pajarillo; entre las hojas
el preparado visco le detiene;
lucha cautivo por huir, y en vano,
porque un traidor, que en asechanza atisba,
con mano infiel la libertad le roba
y a muerte le condena o cárcel dura.
    ¡Ah dichoso mortal de cuyos ojos
un pronto desengaño corrió el velo
de la ciega ilusión! ¡Una y mil veces
dichoso el solitario penitente
que triunfando del mundo y de sí mismo,
vive en la soledad libre y contento!
Unido a Dios por medio de la santa
contemplación, le goza ya en la tierra,
y, retirado en su tranquilo albergue
observa reflexivo los milagros
de la Naturaleza, sin que nunca
turben el susto ni el dolor su pecho.
Regálanle las aves con su canto,
mientras la aurora sale refulgente
a cubrir de alegría y luz el mundo.
Nácele siempre el sol claro y brillante,
y nunca a él levanta conturbados
sus ojos, ora en el Oriente raye,
ora del cielo a la mitad subiendo,
en pompa guíe el reluciente carro;
ora con tibia luz, más perezoso,
su faz esconda en los vecinos montes.
    Cuando en las claras noches cuidadoso
vuelve desde los santos ejercicios,
la plateada luna en lo más alto
del cielo mueve la luciente rueda
con augusto silencio, y recreando
con blando resplandor su humilde vista,
eleva su razón, y la dispone
a contemplar la alteza y la inefable
gloria del Padre y Criador del mundo.
Libre de los cuidados enojosos
que en los palacios y dorados techos
nos turban de contino, y entregado
a la inefable y justa Providencia,

si al breve suelo alguna pausa pide
de sus santas tareas, obediente
viene a cerrar sus párpados el sueño
con mano amiga, y de su lado ahuyenta
el susto y las fantasmas de la noche.
¡Oh, suerte venturosa, a los amigos
de la virtud guardada! ¡Oh, dicha, nunca
de los tristes mundanos conocida!
¡Oh, monte impenetrable! ¡Oh, bosque umbrío!
¡Oh, valle deleitoso! ¡Oh, solitaria,
taciturna mansión! ¡Oh, quién, del alto
y proceloso mar del mundo huyendo
a vuestra santa calma, aquí seguro
vivir pudiera siempre, y escondido!
  Tales cosas revuelvo en mi memoria
en esta triste soledad sumido.
  Llega en tanto la noche, y con su manto
cobija el ancho mundo. Vuelvo entonces
a los medrosos claustros. De una escasa
luz el distante y pálido reflejo
guía por ellos mis inciertos pasos;
y en medio del horror y del silencio,
¡oh, fuerza del ejemplo portentosa!
mi corazón palpita, en mi cabeza
se erizan los cabellos, se estremecen
mis carnes, y discurre por mis nervios
un súbito rigor que los embarga.
Parece que oigo que del centro oscuro
sale una voz tremenda que, rompiendo
el eterno silencio, así me dice:
«Huye de aquí, profano; tú, que llevas
»de ideas mundanales lleno el pecho,
»huye de esta morada, do se albergan
»con la virtud humilde y silenciosa
»sus escogidos; huye, y no profanes
»con tu planta sacrílega este asilo».

De aviso tal al golpe confundido,
con paso vacilante voy cruzando
los pavorosos tránsitos y llego
por fin a mi morada, donde ni hallo
el ansiado reposo, ni recobran
la suspirada calma mis sentidos.

Lleno de congojosos pensamientos
paso la triste y perezosa noche
en molesta vigilia, sin que llegue
a mis ojos el sueño, ni interrumpan
sus regalados bálsamos mi pena.
Vuelve, por fin, con la rosada aurora
la luz aborrecida, y en pos de ella
el claro día a publicar mi llanto
y dar nueva materia al dolor mío.

FELIX MARIA DE SAMANIEGO

EL PERRO Y EL COCODRILO

Bebiendo un perro en el Nilo
al mismo tiempo corría.
—Bebe quieto —le decía
un taimado cocodrilo.
Díjole el perro prudente:
—Dañoso es beber y andar,
¿pero es sano el aguardar
a que me claves el diente?
¡Oh, qué docto perro viejo!
Yo venero tu sentir
en esto de *no seguir
del enemigo el consejo.*

TOMAS DE IRIARTE

LA PRIMAVERA
(Tonadilla pastoril)

Ya alegra la campiña
la fresca primavera;
el bosque y la pradera
renuevan su verdor.

Con silbo de las ramas
los árboles vecinos
acompañan los trinos
del dulce ruiseñor.

Este es el tiempo, Silvio,
el tiempo del amor.
    Escucha cual susurra
el arroyuelo manso;
al sueño y al descanso
convida su rumor.
    ¡Qué amena está la orilla!
¡Qué clara la corriente!
¿Cuándo exhaló el ambiente
más delicioso olor?
Este es el tiempo, Silvio,
el tiempo del amor.
    Más bulla y más temprana
alumbra ya la aurora;
el sol los campos dora
con otro resplandor.
    Desnúdanse los montes
del duro y triste hielo,
y vístese ya el cielo
de más vario color.
Este es el tiempo, Silvio,
el tiempo del amor.
    Las aves se enamoran,
los peces, los ganados,
y aun se aman enlazados
el árbol y la flor.
    Naturaleza toda,
cobrando nueva vida,
aplaude la venida
de mayo bienhechor.
Este es el tiempo, Silvio,
el tiempo del amor.

JUAN MELENDEZ VALDES

LA TARDE

    Ya el Héspero delicioso,
entre nubes agradables,
cual precursos de la noche,
por el Occidente sale,

Las sombras que le acompañaban
se apoderan de los valles,
y sobre la mustia hierba
su fresco rocío esparcen.
Su corona alzan las flores,
y de un aroma süave,
despidiéndose del día,
embalsaman todo el aire.
El Sol afanado vuela,
y sus rayos celestiales
contemplar tibios permiten, ·
al morir, su augusta imagen.
De la alta cima del cielo
veloz se despeña, y cae
del Océano en las aguas,
que a recibirlo se abren.
¡Oh! ¡Qué visos, qué colores!
¡Qué ráfagas tan brillantes
mis ojos embebecidos
registran en todas partes!
Mil sutiles nubecillas
cercan su trono, y mudables,
el cárdeno cielo pintan
con sus graciosos cambiantes.
Los reverberan las aguas,
y parece que retrae
indeciso el Sol sus pasos,
y en mirarlos se complace.
Luego vuelve, huye y se esconde,
y deja en poder la tarde
del Héspero, que en los cielos
alza su pardo estandarte.
Del nido al caliente abrigo
vuelan al punto las aves,
cual al seno de un peña,
cual a lo hojoso de un sauce.
Suelta el labrador sus bueyes;
y entre sencillos afanes,
para el redil los ganados
volviendo van los zagales.
Lejos las chozas humean,
y los montes más distantes
con las sombras se confunden,
que sus altas cimas hacen.

El Universo parece
que, de su acción incesante
cansado, el reposo anhela,
y al sueño va a abandonarse.
Todo es paz, silencio todo,
todo en estas soledades
me conmueve, y hace dulce
la memoria de mis males
el verde oscuro del prado,
la niebla que undosa a alzarse
empieza del hondo río.
Los árboles de su margen,
su deleitosa frescura,
los vientecillos que baten
entre las flores sus alas,
y sus esencias me traen,
me enajenan y me olvidan
de las odiosas ciudades
y de sus tristes jardines,
hijos míseros del arte.
Rica la Naturaleza,
porque mi pecho se sacie,
me brinda con mil placeres
en su copa inagotable.
Yo me abandono a su impulso:
dudosos los pies no saben
do se vuelven, do caminan,
dó se apresuran, dó paren.
Bajo del collado al río,
y entre las lóbregas calles
de altos árboles, el pecho
lleno de pavor me late.
Miro las tajadas rocas
que amenazan desplomarse
sobre mí, tornar oscuros
sus cristalinos raudales.
Así, azorado y medroso,
al cielo empiezo a quejarme
de mis amargas desdichas,
y a lanzar dolientes ayes.
Mientras de la luz dudosa
expira el último instante,
y el manto la noche tiende,
que el crepúsculo deshace.

ODA. EL INVIERNO ES EL TIEMPO DE LA MEDITACION

Salud, lúgubres días, horrorosos
Aquilones, salud. El triste invierno
en ceñudo semblante
y entre velos nublosos
ya el mundo rinde a su áspero gobierno
con mano asoladora: el sol radiante
del hielo penetrante
huye, que embarga con su punta aguda
a mis nervios la acción, mientras la tierra
yerta enmudece, y déjala desnuda
del cierzo alado la implacable guerra.

Falsos deseos, júbilos mentidos,
lejos, lejos de mí: cansada el alma
de ansiaros días tantos
entre dolor perdidos,
halló al cabo feliz su dulce calma.
A la penada queja y largos llantos
los olvidados cantos
suceden; y la mente que no vía
sino sueños fantásticos, ahincada
corre a ti, ¡oh celestial filosofía!,
y en el retiro y soledad se agrada.

¡Ah! ¡Cómo en paz, ya rotas las cadenas,
de mi estancia solícito contemplo
los míseros mortales,
y sus gozos y penas!
Quien trepa insano de la gloria al templo,
quien guarda en su tesoro eternos males;
con ansias infernales
quien ve a su hermano y su felice suerte,
y entre pérfidos brazos le acaricia:
o en el lazo fatal cae de la muerte,
que en doble faz le tiende la malicia.

Pocos, sí, pocos, ¡oh virtud gloriosa!,
siguen la áspera senda que a la cumbre
de tu alto templo guía.
Siempre la faz llorosa,
y el alma en congojosa pesadumbre,
ciegos hollar con mísera porfía
queremos la ancha vía

del engaño falaz: allí anhelamos
hallar el almo bien a que nacemos;
y al ver que espinas solas abrazamos,
en inútiles quejas nos perdemos.
    El tiempo en tanto en vuelo arrebatado
sobre nuestras cabezas precipita
los años, y de nieve
su cabello dorado
cubre implacable, y el vigor marchita,
con que a brillar un día la flor breve
de juventud se atreve.
La muerte en pos, la muerte en su ominoso,
fúnebre manto la vejez helada
envuelve, y al sepulcro pavoroso
se despeña con ella despiadada.
    Así el hombre infeliz que en loco anhelo
rey de la tierra se creyó, fenece:
en un fugaz instante,
el que el inmenso cielo
cruzó en alas de fuego, desparece
cual relámpago súbito, brillante,
que al triste caminante
deslumbra a un tiempo, y en tinieblas deja.
Un día, un hora, un punto que ha alentado,
del raudal de la vida ya se aleja,
y corre hacia la nada arrebatado.
    Mas ¡qué mucho, si en torno de esta nada
todos los seres giran! Todos nacen
para morir: un día
de existencia prestada
duran, y a otros ya lugar les hacen.
Sigue al sol rubio la tiniebla fría;
en pos la lozanía
de genial primavera el inflamado
julio, asolando sus divinas flores;
y al rico octubre de uvas coronado
tus vientos, ¡oh diciembre!, bramadores
    que despeñados con rabiosa saña,
en silbo horrible derrocar intentan
de su asiento inmutable
la enriscada montaña,
y entre sus robles su furor ostentan.
Gime el desnudo bosque al implacable
choque; y vuelve espantable

el eco triste el desigual estruendo,
dudando el alma de congojas llena,
tanto desastre y confusión sintiendo,
si el dios del mal el mundo desordena;
   porque todo fallece, y desolado
sin vida ni acción yace. Aquel hojoso
árbol, que antes al cielo
de verdor coronado
se elevaba en pirámide pomposo,
hoy ve aterido en lastimoso duelo
sus galas por el suelo.
Las fértiles llanuras, de doradas
mieses antes cubiertas, desparecen
en abismos de lluvias inundadas,
con que soberbios los torrentes crecen.
   Los animales tímidos huyendo,
buscan las hondas grutas: yace el mundo
en silencio medroso,
o con chillido horrendo
sólo algún ave fúnebre el profundo
duelo interrumpe y eternal reposo.
El cielo que lumbroso
extática la mente entretenía,
entre importunas nieblas encerrado,
niega su albor al desmayado día,
de nubes en la noche empavesado.
   ¡Qué es esto, santo Dios!, ¡tu protectora
diestra apartas del orbe!, ¡o su ruina
anticipar intentas!
La raza pecadora
¡agotar pudo tu bondad divina!
¡Así sólo apiadado la amedrentas!
¡O tu poder ostentas
a su azorada vista!, tú que puedes
a los astros sin fin que el cielo giran,
por su nombre llamar, y al sol concedes
su trono de oro, si ellos se retiran.
   Mas no, padre solícito; yo admiro
tu infinita bondad: de este desorden
de la naturaleza,
del alternado giro
del tiempo volador nacer el orden
haces del universo y la belleza.

De tu saber la alteza
lo quiso así mandar: siempre florido
no a sus seres sin número daría
sustento el suelo; en nieves sumergido,
la vital llama al fin se apagaría.
     Esta constante variedad sustenta
tu gran obra, Señor: la lluvia, el hielo,
el ardor congojoso
con que el Can desalienta
la tierra, del favonio el süave vuelo,
y del trueno el estruendo pavoroso,
de un modo portentoso
todos al bien concurren: tú has podido
sabio acordarlos; y en vigor perenne,
de implacables contrarios combatido,
eterno empero el orbe se mantiene.
     Tú, tú a ordenar bastante, que el ligero
viento que hiere horrísono volando
mi tranquila morada,
y el undoso aguacero
que baja entre él las tierras anegando,
al julio adornen de su mies dorada. ·
Así su saña airada
grato el cielo atiende, y en sublime
meditación el ánimo embebido,
a par que el huracán fragoso gime,
se inunda el pecho en gozo más cumplido.
     Tu rayo, celestial filosofía,
me alumbre en el abismo misterioso
de maravilla tanta:
muéstrame la armonía
de este gran todo, y su orden milagroso;
y plácido en tus alas me levanta,
do estática se encanta
la inquieta vista en el inmenso cielo.
Allí en su luz clarísima embriagado
hallaré el bien que en el lloroso suelo
busqué ciego, de sombras fascinado.

NICASIO ALVAREZ DE CIENFUEGOS

MI PASEO SOLITARIO DE PRIMAVERA

Mihi natura alicuid semper amare dedit.

Dulce Ramón, en tanto que dormido
a la voz maternal de primavera,
vagas errante entre el insano estruendo
del cortesano mar siempre agitado,
yo, siempre herido de amorosa llama,
busco la soledad, y en su silencio
sin esperanza mi dolor exhalo.
Tendido allí sobre la verde alfombra
de grama y trébol, a la sombra dulce
de una nube feliz, que marcha lenta,
con menudo llover regando el suelo,
late mi corazón, cae, y se clava
en el pecho mi lánguida cabeza,
y por mis ojos violento rompe
el fuego abrasador que me devora.
Todo despareció: ya nada veo
ni siento sino a mí, ni ya la mente
puede enfrenar la rápida carrera
de la imaginación, que en un momento
de amores en amores va arrastrando
mi ardiente corazón, hasta que prueba,
en cuantas formas al amor recibe,
toda su variedad y sentimientos.
Ya me finge la mente enamorado
de una hermosa virtud: ante mis ojos
está Clarisa; el corazón palpita
a su presencia; tímido no puede
el labio hablarla; ante sus pies me postro,
y con el llanto mi pasión descubro.
Ella suspira, y con silencio amante
jura en su corazón mi amor eterno:
y llora y lloro, y en su faz hermosa
el labio imprimo, y donde toca ardiente ,
su encendido color blanquea en torno...
Tente, tente, ilusión... Cayó la venda
que me hacía feliz; un cefirillo
de repente voló, y al son del ala
voló también mi error idolatrado.

Torno ¡mísero! en mí, y hállome solo,
llena el alma de amor y desamado
entre las flores que el Abril despliega,
y allá sobre un amor lejos oyendo
del primer ruiseñor el nuevo canto.
¡Oh mil veces feliz, pájaro amante,
que naces, amas, y en amando mueres!
Ésta es la ley que para ser dichosos
dictó a los seres maternal natura.
¡Vivificante ley!, el hombre insano,
el hombre solo, en su razón perdido,
olvida tu dulzor, y es infelice.
El ignorante en su orgullosa mente
quiso regir el universo entero
y acomodarse a sí. Soberbio reptil,
polvo invisible en el inmenso todo,
debió dejar al general impulso
que le arrastrara, y en silencio humilde
obedecer las inmutables leyes.
¡Ay triste! que a la luz cerró los ojos,
y en vano, en vano por doquier natura
con penetrante voz quiso atraerle;
de sus acentos apartó el oído,
y en abismos de mal cae despeñado.
Nublada su razón, murió en su pecho
su corazón: en su obcecada mente
ídolos nuevos se forjó, que impío
adora humilde, y su tormento adora.
En lugar del amor, que hermana al hombre
con sus iguales, engranando a aquéstos
con los seres sin fin, rindió sus cultos
a la dominación que injusta rompe
la trabazón del universo entero,
y al hombre aisla y a la especie humana.
Amó el hombre, sí, amó; mas no a su hermano,
sino a los monstruos que crió su idea;
al mortífero honor, al oro infame,
a la inicua ambición, al letargoso
indolente placer, y a ti, oh terrible
sed de la fama; el hierro y la impostura
son tus clarines; la anchurosa tierra
a tu nombre retiembla y brota sangre.

Vosotras sois, pasiones infelices,
los dioses del mortal, que eternamente
vuestra falsa ilusión sigue anhelante.
Busca, siempre infeliz, una ventura
que huye delante de él, hasta el sepulcro,
donde el remordimiento doloroso
de lo pasado levantando el velo,
tanto mísero error al fin encierra.
¿Dó en eterna inquietud vagáis perdidos,
hijos del hombre, por la senda oscura
do vuestros padres sin ventura erraron?
Desde sus tumbas, do en silencio vuelan
injusticias y crímenes comprados
con un siglo de afán y de amargura,
nos clama el desengaño arrepentido.
Escuchemos su voz y amaestrados
en la escuela fatal de su desgracia,
por nueva senda nuestro bien busquemos,
por virtud, por amor. Ciegos humanos,
sed felices, amad; que el orbe entero,
morada hermosa de hermanal familia,
sobre el amor levante a las virtudes
un delicioso altar, augusto trono
de la felicidad de los mortales.
Lejos, lejos, honor, torpe codicia,
insaciable ambición; huid, pasiones
que regasteis con lágrimas la tierra;
vuestro reino expiró. La alma inocencia,
la activa compasión, la deliciosa
beneficencia y el deseo noble
de ser feliz en la ventura ajena,
han quebrantado vuestro duro pecho.
¡Salve, tierra de amor! ¡Mil veces salve,
madre de la virtud! Al fin mis ansias
en ti se saciarán, y el pecho mío
en tus amores hallará reposo.
El vivir será amar, y donde quiera
Clarisa me dará tu amable suelo.
Eterno amante de una tierna esposa,
el universo reirá en el gozo
de nuestra dulce unión, y nuestros hijos
su gozo crecerán con sus virtudes.
¡Hijos queridos, delicioso fruto
de un virtuoso amor! seréis dichosos

en la dicha común, y en cada humano
un padre encontraréis y un tierno amigo,
y allí... Pero mi faz mojó la lluvia.
¿Adónde está, que fue mi imaginada
felicidad? De la encantada magia
de mi país de amor, vuelvo a esta tierra
de soledad, de desamor y llanto.
Mi querido Ramón, vos mis amigos,
cuantos partís mi corazón amante,
vosotros solos habitáis los yermos
de mi país de amor. ¡Imagen santa
de este mundo ideal de la inocencia!
¡Ay, ay! fuera de vos no hay universo
para este amigo, que por vos respira.
Tal vez un día de la amistad augusta
por la ancha tierra estrechará las almas
con lazo fraternal. ¡Ay! no; mis ojos
adormecidos en la eterna noche,
no verán tanto bien; pero entre tanto
amadme, oh amigos, que mi tierno pecho
pagará vuestro amor, y hasta el sepulcro
en vuestras almas buscaré mi dicha.

MANUEL MARIA DE ARJONA

LA DIOSA DEL BOSQUE

¡Oh, si bajo estos árboles frondosos
se mostrare la célica hermosura
que vi algún día en inmortal dulzura
          este bosque bañar!
     Del cielo tu benéfico descenso
sin duda ha sido, lúcida belleza;
deja, pues, diosa, que mi ingrato incienso
          arda sobre tu altar.
     Que no es amor mi tímido alborozo,
y me acobarda el rígido escarmiento,
que, ¡oh Piritoo!, condenó su intento
          y tu intento, Ixión.

Lejos de mi sacrílega osadía;
bástame que con plácido semblante
aceptes, diosa, a mis anhelos pía,
    mi ardiente adoración.
Mi adoración y el cántico de gloria
que de mí el Pindo atónito ya espera;
baja tú a oírme de la sacra esfera,
    ¡oh, radiante deidad!
Y tu mirar más nítido y süave
he de cantar que fúlgido lucero;
y el limpio encanto que infundirle sabe
    tu dulce majestad.
De pureza jactándose Natura,
te ha formado del cándido rocío
que sobre el nardo al apuntar de estío
    la aurora derramó;
Y excelsamente lánguida retrata
el rosicler pacífico de Mayo
tu alma: Favonio su frescura grata,
    a tu hablar trasladó.
¡Oh, imagen perfectísima del orden
que liga en lazos fáciles el mundo,
sólo en los brazos de la paz fecundo,
    sólo amable en la paz!
En vano con espléndido aparato
finge el arte solícito grandezas;
Natura vence con sencillo ornato
    tan altivo disfraz.
Monarcas que los pérsicos tesoros
ostentáis con magnífica porfía,
copiad el brillo de un sereno día
    sobre el azul del mar.
O copie estudio de émula hermosura
de mi deidad el mágico descuido;
antes veremos la estrellada altura
    los hombres escalar.
Tú, mi verso, en magnánimo ardimiento
ya las alas del céfiro recibe,
y al pecho ilustre en que tu numen vive
    vuela, vuela, veloz;
y en los erguidos álamos ufana
penda siempre esta cítara, aunque nueva
que ya a sus ecos hermosura humana
    no ha de ensalzar mi voz.

JUAN BAUTISTA ARRIAZA

TERPSICORE, O LAS GRACIAS DEL BAILE

Hija de la inocencia y la alegría,
Del movimiento reina encantadora,
Terpsícore, hoy te implora
Propia deidad mi ardiente fantasía.
Tú, que animada del impulso blando
Que siente toda ingenua criatura
Viendo a sus pies florida la llanura,
El cielo claro, el céfiro lascivo,
Vas sus fáciles saltos arreglando
Y esparces gracia en su bailar festivo;
Tú, del sagrado fuego en que me inflamo,
Diosa de juventud, serás la guía;
Tú, a quien mil veces llamo
Hija de la inocencia y la alegría.
Oh si volviendo atrás su fugitivo
Curso la edad, me viera con presteza
De la Naturaleza
Transportado al Oriente primitivo!
¡Cómo te viera en toda tu influencia,
Oh diosa, deleitar aquellas gantes
Que, aun sin pudor, se amaban inocentes!
Ellas, sin más adorno que las flores,
Y su candor por única decencia,
Iban bailando en pos de sus amores,
Y sobre aquellos cuerpos que del arte
Aun no desfiguraban las falacias,
Lograbas derramarte
Tú, con todo el tesoro de tus gracias.
Mas ¡ay! que ruborosas de las cumbres
Se arrojaron las ninfas a los valles,
Y cubrieron sus talles
Con arte rudo, igual a sus costumbres.
Los árboles les dieron su corteza
Y sus frondosas hojas, y el ganado
Se vió de sus vellones despojado
Para cubrir las inocentes formas:
Despareció la humana gentileza;
¡Y tú, Naturaleza, te conformas!

En tus obras maestras ¡cual ruina!
¡Y cual, bajo la nube del misterio,
Terpsícore divina,
Perdiste lo más bello de tu imperio!
    Tu imperio ya no luce, aunque se extiende
Sobre la airosa espalda, el alto pecho,
Y el talle a torno hecho,
Que un envidioso velo lo defiende;
En vez de aquella ingenuidad amable,
Pródiga de las gracias que atesora,
Nos vino la modestia encubridora.
No es lícito a los ojos gozar tanto;
Mas el alma sensible, ¿cómo es dable
Que no halle en la modestia un nuevo encanto?
Más interesa en el jardín ameno
La rosa que naciendo se sonroja,
Que cuando, abierto el seno,
Va dando a cada céfiro una hoja.
    De las lúbricas gracias el prestigio
Hermanaste al pudor de tal manera,
Que la virtud austera
Se paró, enamorada del prodigio.
El alto cielo en tu favor se inclina,
Y la Naturaleza con anhelo
Ansió la creación de algún modelo
Digno de tus lecciones; de gentiles
Miembros, de majestad alta y divina,
Incapaz de mover pasiones viles.
Tal su deseo fué; y entre millares
De bellas ninfas una fué elegida,
Cual Venus de los mares,
De la espuma del Sena concebida.
    Alargóle Terpsícore la mano
Al desprender de la nativa espuma:
Bajo su pie de pluma
La hierba apenas se dobló del llano:
En los mórbidos miembros de Citéres,
En los tímidos ojos de Diana,
En el rubor semeja a la mañana:
Su acción con majestad voluptuosa
Anuncia, mas no brinda los placeres;
Cúbrela un manto de azucena y rosa,
Y así, dulce, sencilla, delicada
(Copia, en fin, del objeto que idolatro),

De gracias coronada,
Se ofreció de la Iberia al gran teatro.
   El bello aspecto enajenó las almas;
Mas luego suena el populoso claustro
Cual si agitara el austro
Un bosque entero de movibles palmas.
Ella el suelo y el aire señorea,
Mostrándose fenómeno, igualmente
Del cielo y de la tierra independiente:
Mírala el vulgo con el mismo arrobo
Con que otra vez una inocente aldea
Majestuoso descendiendo el globo.
Mas de las almas tiernas entretanto,
¿Cuál aquel movimiento no sentía,
Aquel secreto encanto,
Aquel placer que llaman simpatía?
   El sonoroso coro de instrumentos,
Como las aves a la luz del alba,
Le tributa su salva;
Mas la tímida ninfa a sus acentos
Asustada se muestra; y como pide
Su delicada acción más dulce pauta,
Sólo modula la melosa flauta.
Entonces al suavísimo sonido
Imperceptiblemente se decide
Su movimiento blando y sostenido:
Parece a Galatea cuando apenas
Su corazón palpita, y va con pausa
Sintiendo por sus venas
Aquella vida que de amor fué causa.
   Despléganse los brazos con blandura,
Y noblemente erguida la cabeza,
A rodear empieza
Los ojos desmayados de ternura:
Ya de los bellos brazos compañero
Preséntase en el aire el pie divino,
Pie que la tierra no pisó más fino:
Sólo en un punto imperceptible estriba
Que al suelo toque el otro pie ligero,
Y no vuele la bella fugitiva;
Ella suspensa está; también con ella
Enmudece la música; y entonces...
Una imagen tan bella
Nunca la Grecia la imitó en sus bronces.

Vuelve a sonar con trémulo suspiro
La querellosa flauta, y el hermoso
Cuerpo a moverse airoso
En torno de sí mismo en lento giro.
¡Cielos!, ¡oh cuál las ávidas miradas
Van sucesivamente repasando
La flexible cintura, el brazo blando,
Del seno virginal la doble forma,
Y las demás que deja señaladas
El velo que a ceñirlas se conforma!
Mas ¡ay! que entonces un momento eterno
Nos roba de sus ojos la luz pura,
Y en el nubloso invierno
No es tan lenta la noche más obscura.
    ¿Dónde vas?, ¿dónde estás?, la flauta gime;
Y ella, como en un presto sobresalto,
Se alza en súbito salto
Y clávase de frente. La sublime
Orquesta resonando la saluda,
Cual relámpago vivo el entusiasmo.
Rompe, y deshace el silencioso pasmo:
Entre el espeso rebatir de palmas
No hay una voz, no hay una lengua muda;
¡Viva!, suspiran las ardientes almas;
¡Viva!, suena en las filas inferiores;
¡Viva!, en los palcos, relumbrantes de oro;
¡Viva!, en los corredores;
¡Viva!, repite el artesón sonoro.
    Muestra el desnudo la indulgente falda,
Que las gentiles formas determina;
Su cabeza declina
Voluptuosamente hacia la espalda;
Siempre en su rostro la modestia impera,
Mas por cada deseo, compasivos
Devuelven un placer sus ojos vivos:
Placer de amor, que honestidad respira;
¡Placer de amar, necesidad primera
De un tierno corazón!, ¡cómo el que aspira
Tu llama a confundir honesta y pura
Con una liviandad torpe y ficticia,
Al pie de la hermosura
Pierde el sosiego y no halla la delicia!
    Mas ¿qué mudanza súbita? La orquesta
Se precipita alegre, y en el aire

Con gracioso donaire
La ninfa sin cesar se manifiesta.
Como leve balón se alza y aterra:
Dijeran que debajo de su planta
La atracción de la tierra se quebranta;
O bien que, de placer, en cada salto
Suspira el seno de la madre tierra
Y vuelve hermosa a levantarla en alto.
Vaga el rosado velo en el ambiente,
Y relevado en trenzas su cabello,
Deja ver claramente
La afectuosa posición del cuello.
  Ni el presto pensamiento seguiría
La fuga de los pies; no es por el cielo
Tan fugitivo el vuelo;
Por el agua sin riesgo correría:
Si el uno se detiene, el otro en tanto,
Como paloma que agilita el ala,
Con batido halagüeño le regala:
Ya abandonan el suelo, y se restaura
Su aérea posición; ¡celeste encanto,
Que de inmortalidad respira el aura!
Presta para ganar dulces despojos,
Y luego huir por las etéreas salas,
En sus pies y sus ojos
Lleva de Amor las flechas y las alas.
  No abuses de ellas, no, mi ninfa, espera;
Ni así girando en círculo voluble
Esa imagen ligera
En un hermoso vértigo se nuble,
Como se turba el río cristalino
Alrededor del hoyo que le veda
Su curso, y se revuelve en remolino.
Nuestro amor la ofendió, sí; pues ya queda
Fija su planta, y veo en su hermosura
La expresión del dolor y la ternura;
Como niña que en fiestas amorosas,
De su querido amante, incauta siente
Junto a sus frescas rosas,
En vez del labio el atrevido diente.
  Ninfa gentil, serena los enojos.
Isbel..., ¡ay cielos!, que en mi propio agravio
Huyó tu nombre de mi ardiente labio,
Como tu imagen de mis tristes ojos.

Tú, que a la esfera del amor te subes,
¡Brinco amoroso de las gracias bellas,
Como ellas ágil y fugaz como ellas!
¿Cómo te ofende nuestro justo incienso,
Tú, que has nacido para hollar las nubes
Que andan vagando por el cielo inmenso?
¿Cómo tú misma la pasión no halagas,
Si cual abeja variando flores,
De pecho en pecho revolante vagas,
Vertiendo gracias y cogiendo amores?
　　Divina Isbel, tu cuerpo con molicie
En las auras parece se recuesta:
Tan frívola tu planta como presta,
Halaga la terrena superficie:
Fresca hermosura, juventud riente
Tus nobles actitudes hermosea:
Y tal es tu decoro, que ni el aire,
Cuando bailando tu ropaje ondea,
Audaz se ve que tu pudor desaire.
Sublime Isbel, ese país, que ha dado
A Venus, y a Diana honra divina,
Venus, menos que tú dulce y graciosa,
Menos casta Lucina,
Vuela, písale tú, serás su diosa.
　　Mas tú sigues risueña, y perfilando
El cuerpo celestial, libras su peso
Sólo es un pie, travieso
El otro al aire con los brazos dando.
Sólo tu rostro veo de soslayo,
Sólo de tus mejillas una rosa,
Y de tus vivos ojos sólo un rayo:
Todo me anuncia un atrevido vuelo;
Sí, linda Isbel; esa postura airosa,
Imagen de la paz y del consuelo,
No anuncia que te lances fugitiva
Del alto Jove a transportar la copa,
Sino a lograr la venturosa oliva,
Que está anhelando la infeliz Europa.
　　¿Quién goza, si no tú, el poder divino
De franquear la tierra, hender los vientos?
Pronto tus movimientos
Vuelo serán, los aires tu camino.
Tú, cual eres gentil, serás sensible;
Que nutrirse unos ojos tan fogosos

Con el hielo del alma es imposible:
Parte, y verás los hombres venturosos;
Vuela del Norte a los primeros climas;
Sube a los Alpes; sus nevadas cimas
Blanquean del candor de la inocencia;
De allí descubrirás el ara santa,
Que ya tal vez levanta
A la paz la feliz beneficencia.
    A tu mano, a tu frente de alabastro,
Dará la paz su bienhechora oliva;
Tú partirás, Isbel, rauda y altiva,
Y de serenidad serás el astro.
Las artes, con los ojos aún no enjutos,
Alfombrarán de rosas tu carrera;
Tú ni sus hojas doblarás siquiera
Con tu rápido pie: valles y montes,
Que la guerra dejó yermos de frutos,
Traspondrás, y en los bajos horizontes
Alzará el arador la frente ansiosa,
Ennoblecida de sudor, y al verte
Tan bella y luminosa,
Presentirá su venturosa suerte.
    ¡Cuántos tributos de ternura y gozo
Te ofrecerán en tu glorioso giro!
La viuda ausente su último sollozo,
El padre anciano su postrer suspiro.
Mas cuando atenta a serenar los mares
Por el cristal del agua atravesares,
Huye del agua tú, Náyade bella;
Huye del agua tú, sigue mi aviso;
Que si como un amor te ves en ella,
Tú serás en amor como Narciso.
Así lleves la paz al hemisferio,
Desde el Ibero hasta el Britanio solio,
Del uno al otro imperio,
Y desde el Louvre al alto Capitolio.
    Perdona, Isbel, perdona el extravío
De un entusiasmo que su bien presagia:
¿Qué puede producir la noble magia
De tu baile gentil, el señorío
De aquellas actitudes, do presiden
El amor, la belleza y la decencia,
Sino estas ilusiones de inocencia?
Y tú, divino origen de este encanto,

Terpsícore, perdona mi embeleso
Por una ninfa que proteges tanto;
No juzgues, ¡ay!, por eso, arte divina,
Que mis inciensos en tu honor rebajen,
Que a ti la gloria sólo se encamina
Del loor dado a tu perfecta imagen.

JUAN MARIA MAURY

LA RAMILLETERA CIEGA

Caballeros, aquí vendo rosas;
frescas son y fragantes a fe;
oigo mucho alabarlas de hermosas:
eso yo, pobre ciega, no sé.
Para mí ni belleza ni gala
tiene el mundo, ni luz ni color;
mas la rosa del cáliz exhala
dulce un hálito, aroma de amor.
Cierra, cierra tu cerco oloroso,
tierna flor, y te duele de mí:
no en quitarme tasado reposo
seas cándida cómplice así.
Me revelas el bien de quien ama:
otra dicha negada a mi ser;
debe el pecho apagar una llama
que no puede en los ojos arder.
Tú, que dicen la flor de las flores,
sin igual en fragancia y matiz,
tú la vida has vivido de amores,
del Faviano halagada feliz.
Caballeros, compradle a la ciega
esa flor que podéis admirar:
la infeliz con su llanto la riega;
ojos hay para solo llorar.

MANUEL JOSE QUINTANA

A ESPAÑA, DESPUES DE LA REVOLUCION DE MARZO

¿Qué era, decidme, la nación que un día
Reina del mundo proclamó el destino,

La que a todas las zonas extendía
Su cetro de oro y su blasón divino?
Volábase a Occidente
Y el vasto mar Atlántico sembrado
Se hallaba de su gloria y su fortuna.
Do quiera España: en el preciado seno
De América, en el Asia, en los confines
Del Africa, allí España. El soberano
Vuelo de la atrevida fantasía
Para abarcarla se cansaba en vano;
La tierra sus mineros le rendía,
Sus perlas y coral el oceano.
en donde quier que revolver sus olas
El intentase a quebrantar su furia
Siempre encontraba costas españolas.
    Ora en el cieno del oprobio hundida,
Abandonada a la insolencia ajena,
Como esclava en mercado, ya aguardaba
La ruda argolla y la servil cadena.
¡Qué de plagas, oh Dios! Su aliento impuro
La pestilente fiebre respirando,
Infestó el aire, empozoñó la vida;
La hambre enflaquecida
Tendió sus brazos lívidos, ahogando
Cuanto el contagio perdonó; tres veces
De Jano el templo abrimos,
Y a la trompa de Marte aliento dimos;
Tres veces, ¡ay!, los dioses tutelares
Su escudo nos negaron, y nos vimos
Rotos en tierra y rotos en los mares.
¿Qué en tanto tiempo viste
Por tus inmensos términos, oh Iberia?
¿Qué viste ya sino funesto luto,
Honda tristeza, sin igual miseria?
    Así, rota la vela, abierto el lado,
Pobre bajel a naufragar camina,
De tormenta en tormenta despeñado,
Por los yermos del mar; ya ni en su popa
Las guirnaldas se ven que antes le ornaban,
Ni en señal de esperanza y de contento
La flámula riendo al aire ondea.
Cesó en su dulce canto el pasajero,
Ahogó su vocerío
El ronco marinero,

Terror de muerte en torno le rodea,
Terror de muerte silencioso y frío;
Y él va a estrellarse al áspero bajío.
   Llega el momento, en fin; tiende su mano
El tirano del mundo al Occidente,
Y fiero exclama: «El Occidente es mío».
Bárbaro gozo en su ceñuda frente
Resplandeció, como en el seno obscuro
De nube tormentosa en el estío
Relámpago fugaz brilla un momento
Que añade horror con su fulgor sombrío.
Sus guerreros feroces
Con gritos de soberbia el viento llenan;
Gimen los yunques, los martillos suenan,
Arden las forjas. ¡Oh vergüenza! ¿Acaso
Pensáis que espadas son para el combate
Las que mueven sus manos codiciosas?
No en tanto os estiméis: grillos esposas,
Cadenas son que en vergonzosos lazos
Por siempre amarren sus inertes brazos.
   Estremecióse España
Del indigno rumor que cerca oía,
Y al grande impulso de su justa saña
Rompió el volcán que en su interior hervía.
Sus déspotas antiguos
Consternados y pálidos se esconden;
Resuena el eco de venganza en torno,
Y del Tajo las márgenes responden:
«¡Venganza!» ¿Dónde están, sagrado río,
Los colosos de oprobio y de vergüenza
Que nuestro bien en su insolencia ahogaban?
Su gloria fué, nuestro esplendor comienza;
Y tú, orgulloso y fiero,
Viendo que aún hay Castilla y castellanos,
Precipitas al mar tus rubias ondas,
Diciendo: «Ya acabaron los tiranos».
   ¡Oh triunfo! ¡Oh gloria! ¡Oh celestial momento!
¿Con qué puede ya dar el labio mío
El nombre augusto de la patria al viento?
Yo le daré; mas no en el arpa de oro
Que mi cantar sonoro
Acompañó hasta aquí; no aprisionado
En estrecho recinto, en que se apoca
El numen en el pecho

Y el aliento fatídico en la boca
Desenterrad la lira de Tirteo,
Y al aire abierto, a la radiante lumbre
Del sol, a la alta cumbre
Del riscoso y pinífero Fuenfría,
Allí volaré yo, y allí cantando
Con voz que atruene en derredor la sierra,
Lanzaré por los campos castellanos
Los ecos de la gloria y de la guerra.
   ¡Guerra, nombre tremendo, ahora sublime,
Unico asilo y sacrosanto escudo
Al ímpetu sañudo
Del fiero Atila que a Occidente oprime!
¡Guerra, guerra, españoles! En el Betis
Ved del Tercer Fernando alzarse airada
La augusta sombra; su divina frente
Mostrar Gonzalo en la imperial Granada;
Blandir el Cid su centelleante espada,
Y allá entre los altos Pirineos,
Del hijo de Jimena
Animarse los miembros giganteos.
En torvo ceño y desdeñosa pena
Ved cómo cruzan por los aires vanos;
Y el valor exhalando que se encierra
Dentro del hueco de sus tumbas frías,
En fiera y ronca voz pronuncian: «¡Guerra!»
   ¡Pues qué! ¿Con faz serena
Vierais los campos devastar opimos,
Eterno objeto de ambición ajena,
Herencia inmensa que afanado os dimos?
Despertad, raza de héroes: el momento
Llegó ya de arrojarse a la victoria;
Que vuestro nombre eclipse nuestro nombre,
Que vuestra gloria humille nuestra gloria.
No ha sido en el gran día
El altar de la patria alzado en vano
Por vuestra mano fuerte.
Juradlo, ella os lo manda: *¡Antes la muerte*
Que consentir jamás ningún tirano!
   Sí, yo lo juro, venerables sombras;
Yo lo juro también, y en este instante
Ya me siento mayor. Dadme una lanza,
Ceñidme el casco fiero y refulgente;
Volemos al combante, a la venganza;

Y el que niegue su pecho a la esperanza,
Hunda en el polvo la cobarde frente.
Tal vez el gran torrente
De la devastación en su carrera
Me llevará. ¿Qué importa? ¿Por ventura
No se muere una vez? ¿No iré, expirando,
A encontrar nuestros ínclitos mayores?
«¡Salud, oh padres de la patria mía,
Yo les diré, salud! La heroica España
De entre el estrago universal y horrores
Levanta la cabeza ensangrentada,
Y vencendora de su mal destino,
Vuelve a dar a la tierra amedrentada
Su cetro de oro y su blasón divino.»

LA FUENTE DE LA MORA ENCANTADA

Oye, Silvio: ya del campo
se va a despedir la tarde,
y no es bien que aquí la noche
con sus sombras nos alcance.
Ya el redil busca el ganado,
ya se retiran las aves,
y en pavoroso silencio
se ven envueltos los valles.
Y tú en tanto embebecido,
sin atender ni escucharme,
las voces con que te llamo
dejas que vayan en balde.
¿Qué haces, Silvio, en esa fuente?
¿Tan presto acaso olvidaste
que los padres nos la vedan,
que la maldicen las madres?
Mira que llega la hora;
huye veloz y no aguardes
a que el canto se forme
y que esas ondas te traguen.
¡Vente!... Mas ya no era tiempo:
la fascinadora imagen
reverberaba en las aguas
con sus encantos mortales.
Como ilusión entre sueños,
como vislumbre en los aires,

incierta al principio y vaga
se confunde y se deshace,
hasta que al fin más distinta,
en su apacible semblante
de sus galas la hermosura
hace el más vistoso alarde.
La media luna que ardía
cual exhalación radiante
entre las crespas madejas
de sus cabellos suaves,
mostraba su antiguo origen
y el africano carácter
de los que a España trajeron
el alcorán y el alfanje.
Mora bella en sus facciones,
mora bizarra en su traje,
y de labor también mora
la rica alfombra en que yace,
toda ella encanta y admira,
toda suspende y atrae
embargando los sentidos
y obligando al vasallaje.
Mirábala el pastorcillo
entre animoso y cobarde,
queriendo a veces huílla
y a veces queriendo hablalle;
mas ni los pies le obedecen
cuando pretende alejarse,
ni acierta a formar palabras
la lengua helada en las fauces.
Sólo la vista le queda
para mirar, para hartarse
en el hermoso prodigio
que allí contempla delante.
Ella al parecer dormía;
mas de cuando en cuando al aire
unos suspiros exhala
de su seno palpitante,
que en deliciosa ternura
convierten luego y deshacen
el asombro que su vista
causó en el primer instante.
Y abriendo los bellos ojos,
tan bellos como falaces,

a él se vuelve, y querellosa
le dice con voz suave:
—¿Viniste al fin? ¡Qué de siglos,
de esperanzas y de afanes
me cuestas! ¿Dónde estuviste
que tanto tiempo tardaste?
Mírame aquí encadenada
por la maldición de un padre,
a quien dieron las estrellas
su poder para encantarme.
«Vive ahí, me dijo irritado,
ten esa fuente por cárcel;
sé rica, pero sin gustos;
sé hermosa, pero sea en balde.
Enciéndante los deseos,
consúmante los pesares,
de noche sólo te muestres
y el que te viere se espante.
Y pena aquí hasta que encuentres,
si es posible que le halles,
quien ahí osado se arroje
y entre esas ondas te abrace.»
Ya otros antes han venido
que, pasmados al mirarme,
el bien con que les brindaba
se perdieron por cobardes.
No lo seas tú; aquí te esperan
mil delicias celestiales,
que en ese mundo en que vives
jamás se dan ni se saben.
Ven; serás aquí conmigo
mi esposo, mi bien, mi amante;
ven..., y los brazos tendía
como queriendo abrazarle.
A este ademán, no pudiendo
ya el infeliz refrenarse,
en sed de amor abrasado,
se arrojó al pérfido estanque.
En remolinos las ondas
se alzan, la víctima cae,
y el ¡ay! que exhaló allá dentro
le oyó con horror el valle.

ALBERTO LISTA

LA MUERTE DE JESUS

   ¿Y eres tú el que velando
la excelsa majestad en nube ardiente,
fulminaste en Siná? Y el impío bando,
que eleva contra ti la osada frente,
¿es el que oyó medroso
de tu rayo el estruendo fragoroso?
Mas ora abandonado,
¡ay!, pendes sobre el Gólgota, y al cielo
alzas gimiendo el rostro lastimado.
Cubre tus bellos ojos mortal velo,
y a su luz extinguida,
en amargo suspiro das la vida
Así el amor lo ordena;
amor más poderoso que la muerte;
por él de la maldad sufre la pena
el Dios de las virtudes, y el león fuerte
se ofrece al golpe fiero
bajo el vellón de cándido cordero.
¡Oh víctima preciosa,
ante siglos de siglos degollada!
Aun no ahuyentó la noche pavorosa
por vez primera el alba nacarada,
y hostia del amor tierno,
moriste en los decretos del Eterno.
¡Ay! ¡Quién podrá mirarte,
oh paz, oh gloria del culpado mundo!
¿Qué pecho empedernido no se parte
al golpe acerbo del dolor profundo,
viendo que en la delicia
del gran Jehová descarga su justicia?
¿Quién abrió los raudales
de esas sangrientas llagas amor mío?
¿Quién cubrió tus mejillas celestiales
de horror y palidez? ¿Cuál brazo impío
a tu frente divina
ciñó corona de punzante espina?
Cesad, cesad, crüeles:
al Santo perdonad, muera el malvado
Si sois de un justo Dios, ministros fieles,
caiga la dura pena en el culpado.

Si la impiedad os guía
y en la sangre os cebáis, verted la mía.
Mas ¡ay! que eres tú solo
la víctima de paz, que el hombre espera.
Si del Oriente al escondido Polo
un mar de sangre criminal corriera,
ante Dios irritado,
no expiación, fuera pena del pecado.
Venció la excelsa cumbre
de los montes el agua vengadora.
El Sol, amortecida la alba lumbre,
que el firmamento rápido colora,
por la esfera sombría
cual pálido cadáver discurría.
Y no el ceño indignado
de su semblante descogió al Eterno.
Mas ya, Dios de venganzas, tu hijo amado,
domador de la muerte y del averno,
tu cólera infinita
extinguir en su sangre solicita.
¿Oyes, oyes cuál clama:
«Padre de amor, por qué me abandonaste»?
Señor, extingue la funesta llama
que en tu furor al mundo derramaste.
De la acerba venganza
que sufre el Justo, nazca la esperanza.
¿No veis cómo se apaga
el rayo entre las manos del Potente?
Ya de la muerte la tiniebla vaga
por el semblante de Jesús doliente,
y su triste gemido
oye el Dios de las iras complacido.
Ven, ángel de la muerte:
esgrime, esgrime, la fulmínea espada,
suba al solio sagrado,
y el último suspiro del Dios fuerte
que la humana maldad deja expiada,
suba al solio sagrado,
do vuelva en Padre tierno al indignado.
Rasga tu seno, oh tierra.
Rompe, oh templo, tu velo. Moribundo
yace el Creador; mas la maldad aterra,
y un grito de furor lanza el profundo.

Muere... Gemid, humanos,
todos en él pusisteis vuestras manos.

LA LUNA

   Mueve la Luna el carro soñoliento
en tardo giro, y tibio resplandece
por la esfera su rayo macilento,
que los vecinos astros oscurece;
y mientras se adormece
en blando sueño el mundo sosegado,
las tinieblas disipa, y la campaña
y el silencioso prado
de sus reflejos plácidos se baña.
Vence la cumbre del opuesto monte,
y dominando la inferior ladera,
brilla elevada en todo el horizonte,
y retrata su imagen placentera
en la sesga ribera.
En tanto el bello Arturo al mar sonoro
baja en curso veloz precipitado,
y el cayado de oro
esconde en el cristal del golfo helado.
En las medrosas horas, ocupando
el ancho cielo, en toda su carrera
los extendidos campos va sembrando
de mustia adelfa y triste adormidera.
Renueva lastimera
Filomena su canto dolorido;
y al aire dando las nocturnas alas
con hórrido graznido
los bosques llena el ave, grato a Palas.
En profundo letargo entorpecida
yace la tierra; el Aquilón rugiente
cesa; la inmensa mar calla adormida;
mas ¡ay!, vela el amor; su voz potente
la bella diosa siente;
y el carro abandonando en la alta esfera,
al Latmo umbroso vuela, en cuya falda
su Endimïón la espera
sobre lechos de rosa y esmeralda.
¡Oh crudo amor! Después que el vengativo
brazo aplicaste al arco más certero,

y la flecha, teñida en fuego vivo,
traspasó de Diana el pecho fiero,
no ya con pie ligero
correr le place tras fugaz venado
del fértil Erimanto las riberas,
ni el venablo acerado
esgrimir en las ménalas praderas.
Sólo del Latmo la floresta oscura
y la cima selvática le agrada.
Allí el pudor divino y la hermosura
cede a un mortal; y amante más que amada
rinde al amor el culto silencioso
que entre sus ninfas pérfida le niega;
y al joven venturoso
las breves horas de su imperio entrega.
Mas ¡oh cuán triste y pesarosa siente
del nuevo día el resplandor cercano!
Ya en las brillantes puertas del Oriente
ve la cuadriga del odioso hermano
rayando el Océano.
Suspira, y maldiciendo el giro eterno
que de su dulce amante la desata,
bañada en llanto tierno
vuelve a regir el pértigo de plata.
Salve, oh benigna diosa, oh tú, del sueño
y del silencio tímida señora;
salve. Derrama al mundo tu beleño,
de dichosos amantes protectora.
Si el bien, que me enamora,
a la plácida sombra de tu velo
mi tierno pecho llena de alegría,
¡oh! nunca dore el suelo
la clara luz del importuno día.

JUAN NICASIO GALLEGO

A MI VUELTA A ZAMORA

Cargado de mortal melancolía,
de angustia el pecho y de memorias lleno,
otra vez torno a vuestro dulce seno,
campos alegres de la patria mía.

¡Cuán otros, ¡ay!, os vió mi fantasía,
cuando de pena y de temor ajeno,
en mí fijaba su mirar sereno
la infiel hermosa que me amaba un día!
    Tú, que en tiempo mejor fuiste testigo
de mi ventura al rayo de la aurora,
sólo de mi dolor, césped amigo;
    pues si en mi corazón, que sangre llora,
esperanzas y amor llevé conmigo,
desengaños y amor te traigo ahora.

JOSE SOMOZA

«DENSAS NUBES VOMITA EL OCCIDENTE...»

Densas nubes vomita el Occidente,
la noche en carro de ébano se sienta,
vuela en aras de fuego la tormenta,
hierve el rayo en la espuma del torrente;
    la selva tala el huracán rugiente,
tronchada cruje el haya corpulenta,
rueda el risco al barranco y le acrecienta,
los montes en el mar hunden su frente;
    la luna en olas de tinieblas nada,
es trono del relámpago la esfera,
y el imperio del mal anuncia el trueno;
    la luz y paz que en hora bienhadada
el cielo al angustiado mundo diera,
huye y se acoge al corazón del bueno.

«LA LUNA MIENTRAS DUERMES TE ACOMPAÑA...»

La luna mientras duermes te acompaña,
tiende su luz por tu cabello y frente,
va del semblante al cuello, y lentamente
cumbres y valles de tu seno baña.
    Yo, Lesbia, que al umbral de tu cabaña
hoy velo, lloro y ruego inútilmente,
el curso de la luna refulgente,
dichoso he de seguir o amor me engaña.

He de entrar cual la luna en tu aposento,
cual ella al lienzo en que tu faz reposa,
y cual ella a tus labios acercarme;
   cual ella respirar tu dulce aliento,
y cual el disco de la casta diosa,
puro, trémulo, mudo, retirarme.

FRANCISCO MARTINEZ DE LA ROSA

LA APARICION DE VENUS

De pompa ceñida bajó del Olimpo
la Diosa que en fuego mi pecho encendió;
sus ojos azules, de azul de los cielos,
su rubio cabello de rayos de sol.
   Al labio y mejilla carmín dió la aurora;
dió el alba a la frente su blanco color;
y al pecho de nieve su brillo argentado
la cándida senda que Juno formó.
   En trono de nácar la luna de Agosto
el iris de Mayo tras nube veloz,
y el fértil otoño la lluvia primera,
tan gratas al alma, tan dulces no son.
   No tanto me asombra del mar el bramido,
de horrísonos truenos el ronco fragor,
y el rayo rasgando la cóncava nube,
cual temo sus iras, su adusto rigor...
   Mas, ¡ay!, que los vientos ya baten las alas,
ya el carro de nubes apresta el Amor;
ya Céfiro riza la pluma a los cisnes,
y en coro levantan las Gracias su voz.
   Cual rápida estrella que cruza los aires,
cual fúlgida aurora que el polo alumbró,
fugaz desparece la plácida Diosa
y el orbe se cubre de luto y dolor.

MIS PENAS

Pasa fugaz la alegre primavera,
rosas sembrando y coronando amores,

y el seco estío, deshojando flores,
haces apiña en la tostada era.
    Mas la estación a Baco lisonjera
torna a dar vida a campos y pastores;
y ya el invierno anuncia sus rigores,
al tibio sol menguando la carrera.
    Yo una vez y otra vi en el Mayo rosas,
y la mies ondear en el estío;
vi de otoño las frutas abundosas;
    y el cielo estéril del invierno impío:
vuelan las estaciones presurosas...
¡Y sólo dura eterno el dolor mío!...

ANGEL DE SAAVEDRA
(DUQUE DE RIVAS)

EL OTOÑO

Al bosque y al jardín el crudo aliento
del otoño robó la verde pompa,
y la arrastra marchita en remolinos
    por el árido suelo.
  Los árboles y arbustos erizados,
yertos extienden las desnudas ramas,
y toman el aspecto pavoroso
    de helados esqueletos.
Huyen de ellos las aves asombradas,
que en torno revolaban bulliciosas,
y entre las frescas hojas escondidas
    contaban sus amores.
  ¿Son, ¡ay!, los mismos árboles que ha poco
del sol burlaban el ardor severo,
y entre apacibles auras se mecían
    hermosos y lozanos?

Pasó su juventud fugaz y breve,
pasó su juventud, y, envejecidos,
no pueden sostener las ricas galas
    que les dió primavera.
Y pronto en su lugar el crudo invierno
les dará nieve rígida en ornato
y el jugo, que es la sangre de sus venas,
    hielo serán de muerte.
A nosotros, los míseros mortales,
a nosotros también nos arrabata
la juventud gallarda y venturosa
    del tiempo la carrera.
Y nos despoja con su mano dura,
al llegar nuestro otoño, de los dones
de nuestra primavera, y nos desnuda
    de sus hermosas galas.
Y huyen de nuestra mente apresurados
los alegres y dulces pensamientos,
que en nuestros corazones anidaban
    y nuestras dichas eran.
Y luego la vejez de nieve cubre
nuestras frentes marchitas, y de hielo
nuestros áridos miembros, y en las venas
    se nos cuaja la sangre.
Mas, ¡ay, qué diferencia, cielo santo,
entre esas plantas que caducas creo
y el hombre desdichado y miserable!
    ¡Oh, Dios, qué diferencia!
Los huracanes pasarán de otoño,
y pasarán las nieves del invierno,
y al tornar apacible primavera
    risueña y productora,
los que miro desnudos esqueletos
brotarán de sí mismos nueva vida,
renacerán en juventud lozana,
    vestirán nueva pompa.
Y tornarán las bulliciosas aves
a revolar en torno, y a esconderse
entre sus frescas hojas, derramando
    deliciosos gorjeos.
Pero a nosotros, míseros humanos,
¿quién nuestra juventud, quién nos devuelve
sus ilusiones y sus ricas galas?...
    Por siempre las perdimos.

¿Quién nos libra del peso de la nieve
que nuestros miembros débiles abruma?
De la horrenda vejez, ¿quién nos liberta?...
    La mano de la muerte.

JUAN AROLAS

A UNA BELLA

Sobre pupila azul, con sueño leve,
tu párpado cayendo amortecido,
se parece a la pura y blanca nieve
que sobre las violetas reposó.
Yo el sueño del placer nunca he dormido:
    Sé más feliz que yo.
Se asemeja tu voz en la plegaria
al canto del zorzal de indiano suelo
que sobre la pagoda solitaria
los himnos de la tarde suspiró.
Yo sólo esta oración dirijo al cielo:
    Sé más feliz que yo.
Es tu aliento la esencia más fragante
de los lirios del Arno caudaloso
que brotan sobre un junco vacilante
cuando el céfiro blando los meció.
Yo no gozo su aroma delicioso.
    Sé más feliz que yo.
El amor, que es espíritu de fuego,
que de callada noche se aconseja
y se nutre con lágrimas y ruego,
en tus purpúreos labios se escondió.
El te guarde el placer y a mí la queja:
    Sé más feliz que yo.
Bella es tu juventud en sus albores,
como un campo de rosas del Oriente;
al ángel del recuerdo pedí flores
para adornar tu sien, y me las dió.
Yo decía al ponerlas en tu frente:
    Sé más feliz que yo.

Tu mirada vivaz es de paloma;
como la adormidera del desierto,
causas dulce embriaguez, hurí de aroma
que el cielo de topacio abandonó.
Mi muerte es dura. mi destino incierto:
          Sé más feliz que yo.

MANUEL DE CABANYES

LA INDEPENDENCIA DE LA POESIA

Como una casta ruborosa Virgen
se alza mi Musa, y tímida las cuerdas
pulsando de su arpa solitaria,
          suelta la voz del canto.
Lejos, ¡profanas gentes! No su acento
del placer muelle corruptor del alma
en ritmo cadencioso hará suave
          la funesta ponzoña.
Lejos, ¡esclavos!, lejos: no sus gracias
cual vuestro honor trafícanse y se venden:
no sangri-salpicados lechos de oro
          resonarán sus versos.
En pobre independencia, ni las iras
de los verdugos del pensar la espantan
de sierva afuer; ni meretriz impura,
          vil metal la corrompe.
Fiera como los montes de su patria,
galas desechas en maldad cobijan:
las cumbres vaga en desnudez honesta;
          mas ¡guay de quien la ultraje!
Sobre sus cantos la expresión del alma
vuela sin arte: números sonoros
desdeña y rima acorde; son sus versos
          cual su espíritu libres.
Duros son: mas son fuertes, son hidalgos
cual la espada del bueno: y nunca, nunca
tu noble faz con el rubor de oprobio
          cubrirán. madre España.

Cual del cisne de Ofando los cantares
a la Reina del mundo avergonzaron,
de su opresor con el infame elogio
    sus cuitas acreciendo.
¡Hijo cruel! ¡Cantor ingrato! El Cielo
le dio una lira mágica y el arte
de arrebatar a su placer las almas
    y arder los corazones.
Le dio a los héroes celebrar mortales
y a las deidades del Olimpo... El eco
del Capitolio altivo, aun los nombres,
    que él despertó, tornaba.
Del rompedor de pactos inhonestos
Régulo de Camilo, el gran Paulo
de su alma heroica pródiga, y la muerte
    de Catón generosa.
Mas cuando en el silencio de la noche
sobre lesbianas cuerdas ensayaba,
en nuevo son, del triúnviro inhumano
    la envilecida loa;
se oyó, se oyó (me lo revela el Genio)
tremenda voz de sombra invindicada
que «Maldito, gritó, seas,
    ¡desertor de Filipos!
Tan blando acento y al par tan torpe
tuyo había de ser, que el noble hierro
de la patria en sus últimos instantes
    lanzando feamente,
¡deshonor! a tus pies, hijo de esclavo,
confiaste la salud: ¡maldito seas!»
Y la terrible maldición las ondas
    del Tíber murmuraban.

JOSE DE ESPRONCEDA

A JARIFA EN UNA ORGIA

    Trae, Jarifa, trae tu mano;
Ven y pósala en mi frente,
Que en un mar de lava hirviente
Mi cabeza siento arder.

Ven y junta con mis labios
Esos labios que me irritan,
Donde aún los besos palpitan
De tus amantes de ayer.
    ¿Qué la virtud, la pureza?
¿Qué la verdad y el cariño?
Mentida ilusión de niño
Que halagó mi juventud.
Dadme vino: en él se ahoguen
Mis recuerdos; aturdida
Sin sentir huya la vida;
Paz me traiga el ataúd.
    El sudor mi rostro quema,
Y en ardiente sangre rojos
Brillan inciertos mis ojos,
Se me salta el corazón.
Huye, mujer, te detesto,
Siento tu mano en la mía,
Y tu mano siento fría,
Y tus besos hielos son.
    ¡Siempre igual! Necias mujeres,
Inventad otras caricias,
Otro mundo de delicias,
O maldito sea el placer.
Vuestros besos son mentira,
Mentira vuestra ternura,
Es fealdad vuestra hermosura,
Vuestro gozo es padecer.
    Yo quiero amor, quiero gloria,
Quiero un deleite divino,
Como en mi mente imagino,
Como en el mundo no hay.
Y es la luz de aquel lucero
Que engañó mi fantasía,
Fuego fatuo, falso guía
Que errante y ciego me tray.

    ¿Por qué murió para el placer mi alma,
Y vive aún para el dolor impío?
¿Por qué, si yazgo en indolente calma,
Siento, en lugar de paz, árido hastío?
    ¿Por qué este inquieto abrasador deseo?
¿Por qué este sentimiento extraño y vago,

Que yo mismo conozco un devaneo,
Y busco aún su seductor halago?
¿Por qué aún finge amores y placeres
Que cierto estoy de que serán mentira?
¿Por qué en pos de fantásticas mujeres
Necio tal vez mi corazón delira,
    Si luego, en vez de prados y de flores,
Halla desiertos áridos y abrojos,
Y en sus sandios y lúbricos amores
Fastidio sólo encontrará y enojos?
    Yo me arrojé, cual rápido cometa,
En alas de mi ardiente fantasía:
Doquier mi arrebatada mente inquieta
Dichas y triunfos encontrar creía.
    Yo me lancé con atrevido vuelo
Fuera del mundo en la región etérea,
Y hallé la duda, y el ardiente cielo
Vi convertirse en ilusión aérea.
    Luego en la tierra la virtud, la gloria,
Busqué con ansia y delirante amor,
Y hediondo polvo y deleznable escoria
Mi fatigado espíritu encontró.
    Mujeres vi de virginal limpieza
Entre albas nubes de celeste lumbre;
Yo las toqué, y en humo su pureza
Trocarse vi, y en lodo y podredumbre.
    Y encontré mi ilusión desvanecida
Y eterno e insaciable mi deseo:
Palpé la realidad y odié la vida;
Sólo en la paz de los sepulcros creo.
    Y busco aún y busco codicioso,
Y aun deleites el alma finge y quiere:
Pregunto y un acento pavoroso
«¡Ay!, me responde, desespera y muere.
    »Muere, infeliz: la vida es un tormento,
Un engaño el placer; no hay en la tierra
Paz para ti, ni dicha, ni contento,
Sino eterna ambición y eterna guerra.
    »Que así castiga Dios el alma osada
Que aspira loca, en su delirio insano,
De la verdad para el mortal velada
A descubrir el insondable arcano».

¡Oh!, cesa; no, yo no quiero
Ver más, ni saber ya nada:
Harta mi alma y postrada,
Sólo anhela descansar.
En mí muera el sentimiento,
Pues ya murió mi ventura,
Ni el placer ni la tristura
Vuelvan mi pecho a turbar.

Pasad, pasad en óptica ilusoria
Y otras jóvenes almas engañad:
Nacaradas imágenes de gloria,
Coronas de oro y de laurel, pasad.
Pasad, pasad, mujeres voluptuosas,
Con danza y algazara en confusión;
Pasad como visiones vaporosas
Sin conmover ni herir mi corazón.
Y aturdan mi revuelta fantasía
Los brindis y el estruendo del festín,
Y huya la noche y me sorprenda el día
En un letargo estúpido y sin fin.

Ven, Jarifa; tú has sufrido
Como yo; tú nunca lloras;
Mas, ¡ay, triste!, que no ignoras
Cuán amarga es mi aflicción.
Una misma es nuestra pena,
En vano el llanto contienes...
Tú también, como yo, tienes
Desgarrado el corazón.

CANCION DEL PIRATA

Con diez cañones por banda,
Viento en popa a toda vela,
No corta el mar, sino vuela,
Un velero bergantín.
Bajel pirata que llaman,
Por su bravura, el *Temido*,
En todo mar conocido
Del uno al otro confín.
La luna en el mar riela,
En la lona gime el viento,

Y alza en blando movimiento
Olas de plata y azul;
　Y ve el capitán pirata,
Cantando alegre en la popa,
Asia a un lado, al otro Europa,
Y allá a su frente Stambul.
　«Navega, velero mío,
　　　　Sin temor,
Que ni enemigo navío,
Ni tormenta, ni bonanza,
Tu rumbo a torcer alcanza,
Ni a sujetar tu valor.

　　　　　»Veinte presas
　　　　　Hemos hecho
　　　　　A despecho
　　　　　Del inglés,
　　　　　Y han rendido
　　　　　Sus pendones
　　　　　Cien naciones
　　　　　A mis pies.

　　»Que es mi barco mi tesoro,
Que es mi Dios la libertad,
Mi ley la fuerza y el viento,
Mi única patria la mar.

　　»Allá muevan feroz guerra
　　　　Ciegos reyes
Por un palmo más de tierra,
Que yo tengo aquí por mío,
Cuanto abarca el mar bravío
A quien nadie impuso leyes.

　　　　　»Y no hay playa,
　　　　　Sea cualquiera,
　　　　　Ni bandera
　　　　　De esplendor,
　　　　　Que no sienta
　　　　　Mi derecho
　　　　　Y dé pecho
　　　　　A mi valor.»

　　»Que es mi barco mi tesoro...

　　»A la voz de «¡Barco viene!»

Es de ver

Cómo mira y se previene
A todo trapo a escapar;
Que yo soy el rey del mar,
Y mi furia es de temer.

«En las presas
Yo divido
Lo cogido
Por igual:
Sólo quiero
Por riqueza
La belleza
Sin rival.»

»Que es mi barco mi tesoro...

»¡Sentenciado estoy a muerte!
Yo me río:
No me abandone la suerte
Y al mismo que me condena
Colgaré de alguna antena
Quizá en su propio navío.

«Y si caigo,
¿Qué es la vida?
Por perdida
Ya la di,
Cuando el yugo
Del esclavo
Como un bravo
Sacudí.»

»Que es mi barco mi tesoro...

»Son mi música mejor
Aquilones:
El estrépito y temblor
De los cables sacudidos,
Del negro mar los bramidos
Y el rugir de mis cañones;

»Y del trueno
Al son violento
Y del viento
Al rebramar,
Yo me duermo
Sosegado,
Arrullado
Por el mar.

»Que es mi barco mi tesoro,
Que es mi Dios la libertad,
Mi ley la fuerza y el viento,
Mi única patria la mar.»

HIMNO DE LA INMORTALIDAD

¡Salve, llama creadora del mundo,
Lengua ardiente de eterno saber,
Puro germen, principio fecundo
Que encadenas la muerte a tus pies!

Tú la inerte materia espoleas,
Tú la ordenas juntarse y vivir,
Tú su lodo modelas, y creas
Miles seres de formas sin fin.

Desbarata tus obras en vano
Vencedora la muerte tal vez,
De sus restos levanta tu mano
Nuevas obras triunfante otra vez.

Tú la hoguera del sol alimentas,
Tú revistes los cielos de azul,
Tú la luna en las sombras argentas,
Tú coronas la aurora de luz.

Gratos ecos al bosque sombrío,
Verde pompa a los árboles das,
Melancólica música al río,
Ronco grito a las olas del mar.

Tú el aroma en las flores exhalas,
En los valles suspiras de amor,
Tú murmuras del aura en las alas,
En el Bóreas retumba tu voz.

Tú derramas el oro en la tierra
En arroyos de hirviente metal,
Tú abrillantas la perla que encierra
En su abismo profundo la mar.

Tú las cárdenas nubes extiendes,
Negro manto que agita Aquilón;
Con tu aliento los aires enciendes,
Tus rugidos infunden pavor.

Tú eres pura simiente de vida,
Manantial sempiterno del bien,
Luz del mismo Hacedor desprendida,
Juventud y hermosura es tu ser.

Tú eres fuerza secreta que el mundo
En sus ejes impulsa a rodar,
Sentimiento armonioso y profundo
De los orbes que anima tu faz.

De tus obras los siglos que vuelan
Incansables artífices son:
Del espíritu ardiente cincelan
Y embellecen la estrecha prisión.

Tú en violento, veloz torbellino
Los empujas enérgica, y van.
Y adelante en tu rudo camino
A otros siglos ordenas llegar.

Y otros siglos ansiosos avanzan,
Desparecen y llegan sin fin,
Y en su eterno trabajo se alcanzan,
Y se arrancan sin tregua el buril.

Y afanosos sus fuerzas emplean
En tu inmenso taller si cesar,
Y en la tosca materia golpean,
Y redobla el trabajo su afán.

De la vida en el hondo oceano
Flota el hombre en perpetuo vaivén,
Y derrama abundante tu mano
La creadora semilla en su ser.

Hombre débil, levanta la frente,
Pon tu labio en su eterno raudal:
Tú serás como el sol en Oriente,
Tú serás, como el mundo, inmortal.

«FRESCA, LOZANA, PURA Y OLOROSA...»

Fresca, lozana, pura y olorosa,
Gala y adorno del pensil florido,
Gallarda puesta sobre el ramo erguido,
Fragancia esparce la naciente rosa;

Mas si el ardiente sol, lumbre enojosa,
Vibra del can en llamas encendido,
El dulce aroma y el color perdido,
Sus hojas lleva el aura presurosa.
Así brilló un momento mi ventura
En alas del amor y hermosa nube
Fingí tal vez de gloria y de alegría;
Mas, ¡ay!, que el bien trocóse en amargura,
Y deshojada por los aires sube
La dulce flor de la esperanza mía.

CANTO A TERESA

Descansa en paz

> Bueno es el mundo, ¡bueno!, ¡bueno!, ¡bueno!
> Como de Dios al fin obra maestra,
> por todas partes de delicias lleno,
> de que Dios ama al hombre hermosa muestra
> Salga la voz alegre de mi seno
> a celebrar esta vivienda nuestra;
> ¡paz a los hombres!, ¡gloria en las alturas!
> ¡Cantad en vuestra jaula, criaturas!
>
> *María*, por D. Miguel de los Santos Alvarez.

¿Por qué volveis a la memoria mía,
tristes recuerdos del placer perdido,
a aumentar la ansiedad y la agonía
de este desierto corazón herido?
¡Ay! que de aquellas horas de alegría
le quedó al corazón sólo un gemido,
y el llanto que al dolor los ojos niegan
lágrimas son de hiel que el alma anegan.
¿Dónde volaron ¡ay! aquellas horas
de juventud, de amor y de ventura,
regaladas de músicas sonoras,
adornadas de luz y de hermosura?
Imágenes de oro bullidoras,
sus alas de carmín y nieve pura,
al sol de mi esperanza desplegando,
pasaban ¡ay! a mi alrededor cantando.
Gorjeaban los dulces ruiseñores,
el sol iluminaba mi alegría,

el aura susurraba entre las flores,
el bosque mansamente respondía,
las fuentes murmuraban sus amores...
¡Ilusiones que llora el alma mía!
¡Oh, cuán suave resonó en mi oído
el bullicio del mundo y su ruido!

Mi vida entonces, cual guerrera nave
que el puerto deja por la vez primera,
y al sopio de los céfiros suave
orgullosa despliega su bandera,
y al mar dejando que sus pies alabe
su triunfo en roncos cantos, va velera,
una ola tras otra bramadora
hollando y dividiendo vencedora.

¡Ay! en el mar del mundo, en ansia ardiente
de amor volaba; el sol de la mañana
llevaba yo sobre mi tersa frente,
y el alma pura de su dicha ufana:
dentro de ella el amor, cual rica fuente
que entre frescuras y arboledas mana,
brotaba entonces abundante río
de ilusiones y dulce desvarío.

Yo amaba todo: un noble sentimiento
exaltaba mi ánimo, y sentía
en mi pecho un secreto movimiento,
de grandes hechos generoso guía:
la libertad con su inmortal aliento,
santa diosa, mi espíritu encendía,
contino imaginando en mi fe pura
sueños de gloria al mundo y de ventura.

El puñal de Catón, la adusta frente
del noble Bruto, la constancia fiera
y el arrojo de Scévola valiente,
la doctrina de Sócrates severa,
la voz atronadora y elocuente
del orador de Atenas, la bandera
contra el tirano Macedonio alzando,
y al espantado pueblo arrebatando:

El valor y la fe del caballero,
del trovador el arpa y los cantares,
del gótico castillo el altanero
antiguo torreón, do sus pesares
cantó tal vez con eco lastimero,
¡ay!, arrancada de sus patrios lares,

joven cautiva, al rayo de la luna,
lamentando su ausencia y su fortuna:
   El dulce anhelo del amor que guarda,
tal vez inquieto y con mortal recelo;
la forma bella que cruzó gallarda,
allá en la noche, entre el medroso velo;
la ansiada cita que en llegar se tarda
al impaciente y amoroso anhelo,
la mujer y la voz de su dulzura,
que inspira al alma celestial ternura:
   A un tiempo mismo en rápida tormenta
mi alma alborotaban de contino,
cual las olas que azota con violencia
cólera impetuoso torbellino:
soñaba al héroe ya, la plebe atenta
en mi voz escuchaba su destino;
ya al caballero, al trovador soñaba,
y de gloria y de amores suspiraba.
   Hay una voz secreta, un dulce canto,
que el alma sólo recogida entiende,
un sentimiento misterioso y santo,
que del barro al espíritu desprende;
agreste, vago y solitario encanto
que en inefable amor el alma enciende,
volando tras la imagen peregrina
el corazón de su ilusión divina.
   Yo, desterrado en extranjera playa,
con los ojos extático seguía
la nave audaz que en argentada raya
volaba al puerto de la patria mía:
yo, cuando en Occidente el sol desmaya,
solo y perdido en la arboleda umbría,
oír pensaba el armonioso acento
de una mujer, al suspirar del viento.
   ¡Una mujer! En el templado rayo
de la mágica luna se colora,
del sol poniente al lánguido desmayo
lejos entre las nubes se evapora;
sobre las cumbres que florece mayo
brilla fugaz al despuntar la aurora,
cruza tal vez por entre el bosque umbrío
juega en las aguas del sereno río.
   ¡Una mujer! Deslízase en el cielo
ella en la noche desprendida estrella,

si aroma el aire recogió en el suelo,
es el aroma que le presta ella.
Blanca es la nube que en callado vuelo
cruza la esfera, y que su planta huella,
y en la tarde la mar olas le ofrece
de plata y de zafir, donde se mece.

Mujer que amor en su ilusión figura,
mujer que nada dice a los sentidos,
ensueño de suavísima ternura,
eco que regaló nuestros oídos;
de amor la llama generosa y pura,
los goces dulces del amor cumplidos,
que engalana la rica fantasía,
goces que avaro el corazón ansía:

¡Ay! aquella mujer, tan sólo aquélla,
tanto delirio a realizar alcanza,
y esa mujer tan cándida y tan bella
es mentida ilusión de la esperanza:
es el alma que vívida destella
su luz al mundo cuando en él se lanza,
y el mundo, con su magia y galanura
es espejo no más de su hermosura:

Es el amor que al mismo amor adora,
el que creó las Sílfides y Ondinas,
la sacra ninfa que bordando mora
debajo de las aguas cristalinas:
es el amor que recordando llora
las arboledas del Edén divinas:
amor de allí arrancado, allí nacido,
que busca en vano aquí su bien perdido.

¡Oh llama santa! ¡celestial anhelo!
¡sentimiento purísimo! ¡memoria
acaso triste de un perdido cielo,
quizá esperanza de futura gloria!
¡huyes y dejas llanto y desconsuelo!
¡Oh qué mujer! ¡qué imagen ilusoria
tan pura, tan feliz, tan placentera,
brindó el amor a mi ilusión primera!...

¡Oh Teresa! ¡Oh dolor! Lágrimas mías,
¡ah! ¿dónde estáis que no corréis a mares?
¿por qué, por qué como en mejores días,
no consoláis vosotras mis pesares?
¡Oh! los que no sabéis las agonías
de un corazón que penas a millares

¡ay! desgarraron y que ya no llora,
piedad tened de mi tormento ahora!

¡Oh dichosos mil veces, sí, dichosos
los que podéis llorar! y ¡ay! sin ventura
de mí, que entre suspiros angustiosos
ahogar me siento en infernal tortura.
¡Retuércese entre nudos dolorosos
mi corazón, gimiendo de amargura!
También tu corazón, hecho pavesa,
¡ay! llegó a no llorar, ¡pobre Teresa!

¿Quién pensara jamás, Teresa mía,
que fuera eterno manantial de llanto,
tanto inocente amor, tanta alegría,
tantas delicias y delirio tanto?
¿Quien pensara jamás llegase un día
en que perdido el celestial encanto
y caída la venda de los ojos,
cuanto diera placer causara enojos?

Aun parece, Teresa que te veo
aérea como dorada mariposa,
ensueño delicioso del deseo,
sobre tallo gentil temprana rosa,
del amor venturoso devaneo,
angélica, purísima y dichosa,
y oigo tu voz dulcísima, y respiro
tu aliento perfumado en tu suspiro.

Y aun miro aquellos ojos que robaron
a los cielos su azul, y las rosadas
tintas sobre la nieve, que envidiaron
las de Mayo serenas alboradas:
y aquellas horas dulces que pasaron
tan breves, ¡ay!, como después lloradas,
horas de confianza y de delicias,
de abandono y de amor y de caricias.

Que así las horas rápidas pasaban,
y nunca nuestras ansias las contaban,
y pasaba a la par nuestra ventura;
tú embriagada en mi amor, yo en tu hermosura.
Las horas ¡ay! huyendo nos miraban
llanto tal vez vertiendo de ternura;
que nuestro amor y juventud veían,
y temblaban las horas que vendrían.

Y llegaron en fin: ¡oh! ¿quién impío
¡ay! agostó la flor de tu pureza?

Tú fuiste un tiempo cristalino río,
manantial de purísima limpieza;
después torrente de color sombrío,
rompiendo entre peñascos y maleza,
y estanque, en fin, de aguas corrompidas,
entre fétido fango detenidas.

¿Cómo caíste despeñado al suelo,
astro de la mañana luminoso?
Angel de luz, ¿quién te arrojó del cielo
a este valle de lágrimas odioso?
Aun cercaba tu frente el blanco velo
del serafín, y en ondas fulgoroso
rayos al mundo tu esplendor vertía,
y otro cielo el amor te prometía.

Mas ¡ay! que es la mujer ángel caído,
o mujer nada más y lodo inmundo,
hermoso ser para llorar nacido,
o vivir como autómata en el mundo.
Si, que el demonio en el Edén perdido,
abrasara con fuego del profundo
la primera mujer, y ¡ay! aquel fuego
la herencia ha sido de sus hijos luego.

Brota en el cielo del amor la fuente,
que a fecundar el universo mana,
y en la tierra su límpida corriente
sus márgenes con flores engalana;
mas ¡ay! huid: el corazón ardiente
que el agua clara por beber se afana,
lágrimas verterá de duelo eterno,
que su raudal lo envenenó el infierno.

Huíd, si no queréis que llegue un día
en que enredado en retorcidos lazos
el corazón, con bárbara porfía
luchéis por arrancároslo a pedazos:
en que al cielo en histérica agonía
frenéticos alcéis entrambos brazos,
para en vuestra impotencia maldecirle,
y escupiros, tal vez, al escupirle.

Los años ¡ay! de la ilusión pasaron,
las dulces esperanzas que trajeron
con sus blancos ensueños se llevaron,
y el porvenir de oscuridad vistieron:
las rosas del amor se marchitaron,
las flores en abrojos convirtieron,

y de afán tanto y tan soñada gloria
sólo quedó una tumba, una memoria.

  ¡Pobre Teresa! ¡Al recordarte siento
un pesar tan intenso! Embarga impío
mi quebrantada voz mi sentimiento,
y suspira tu nombre el labio mío.
Para allí su carrera el pensamiento,
hiela mi corazón punzante frío,
ante mis ojos la funesta losa,
donde vil polvo tu beldad reposa.

  Y tú feliz, que hallastes en la muerte
sombra a que descansar en tu camino.
Cuando llegabas, mísera, a perderte
y era llorar tu único destino:
¡Cuando en tu frente la implacable suerte
grababa de los réprobos el sino!
Feliz, la muerte te arrancó del suelo,
y otra vez ángel, te volviste al cielo.

  Roída de recuerdos de amargura,
árido el corazón, sin ilusiones,
la delicada flor de tu hermosura
ajaron del dolor los aquilones:
sola, y envilecida, y sin ventura,
tu corazón secaron las pasiones:
tus hijos ¡ay! de ti se avergonzaran,
y hasta el nombre de madre te negaran.

  Los ojos escaldados de tu llanto,
tu rostro cadavérico y hundido;
único desahogo en tu quebranto,
el histérico ¡ay! de tu gemido:
¿quién, quién pudiera en infortunio tanto
envolver tu desdicha en el olvido.
disipar tu dolor y recogerte
en su seno de paz? ¡Sólo la muerte!

  ¡Y tan joven, y ya tan desgraciada!
Espíritu indomable, alma violenta,
en ti, mezquina sociedad, lanzada
a romper tus barreras turbulenta.
Nave contra las rocas quebrantada,
allá vaga, a merced de la tormenta,
en las olas tal vez náufraga tabla,
que sólo ya de sus grandezas habla.

  Un recuerdo de amor que nunca muere
y está en mi corazón; un lastimero

tierno quejido que en el alma hiere,
eco suave de su amor primero:
¡ay de tu luz, en tanto yo viviere,
quedará un rayo en mí, blanco lucero,
que iluminaste con tu luz querida
la dorada mañana de mi vida!

Que yo, como una flor que en la mañana
abre su cáliz al naciente día,
¡ay, al amor abrí tu alma temprana,
y exalté tu inocente fantasía,
yo inocente también, ¡oh!, cuán ufana
al porvenir mi mente sonreía,
y en alas de mi amor, ¡con cuánto anhelo
pensé contigo remontarme al cielo!

Y alegre, audaz, ansioso enamorado,
en tus brazos en lánguido abandono,
de glorias y deleites rodeado
levantar para ti soñé yo un trono:
y allí, tú venturosa y yo a tu lado,
vencer del mundo el implacable encono,
y en tiempo, sin horas ni medida,
ver como un sueño resbalar la vida.

¡Pobre Teresa! Cuando ya tus ojos
áridos ni una lágrima brotaban;
cuando ya su color tus labios rojos
en cárdenos matices se cambiaban:
cuando de tu dolor tristes despojos
la vida y su ilusión te abandonaban,
y consumía lenta calentura
tu corazón al par de tu amargura;

si en tu penosa y última agonía
volviste a lo pasado el pensamiento;
si arrojó a tu dolor tu fantasía
tus hijos ¡ay! en tu postrer momento
a otra mujer tal vez acariciando,
madre tal vez a otra mujer llamando;

si el cuadro de tus breves glorias viste
pasar como fantástica quimera,
y si la voz de tu conciencia oíste
dentro de ti gritándote severa;
si, en fin, entonces tú llorar quisiste
y no brotó una lágrima siquiera
tu seco corazón, y a Dios llamaste,
y no te escuchó Dios, y blasfemaste;

¡oh! ¡cruel! ¡muy cruel! ¡martirio horrendo!
¡espantosa expiación de tu pecado!
Sobre un lecho de espinas, maldiciendo,
morir, el corazón desesperado.
Tus mismas manos de dolor mordiendo,
presente a tu conciencia lo pasado,
buscando en vano, con los ojos fijos,
y extendiendo tus brazos a tus hijos.

¡Oh! ¡cruel! ¡muy cruel!... ¡Ay! yo entre tanto
dentro del pecho mi dolor oculto,
enjugo de mis párpados el llanto
y doy al mundo el exigido culto;
yo escondo con vergüenza mi quebranto,
mi propia pena con mi risa insulto,
y me divierto en arrancar del pecho
mi mismo corazón pedazos hecho.

Gocemos, sí; la cristalina esfera
gira bañada en luz: ¡bella es la vida!
¿Quién a parar alcanza la carrera
del mundo hermoso que al placer convida?
Brilla radiante el sol, la primavera
los campos pinta en la estación florida:
truéquese en risa mi dolor profundo...
que haya un cadáver más, ¿qué importa al mundo?

NICOMEDES PASTOR DIAZ

A LA LUNA

Desde el primer latido de mi pecho,
Condenado al amor y a la tristeza,
Ni un eco en mi gemir, ni a la belleza
    Un suspiro alcancé.
Halló por fin mi fúnebre despecho
Inmenso objeto a mi ilusión amante,
Y de la luna el célico semblante
    Y el triste mar amé.

El mar quedóse allá por su ribera,
Sus olas no treparon las montañas;
Nunca llega a estas márgenes extrañas
          Su solemne mugir.
Tú empero que mi amor sigues doquiera,
Cándida luna, en tu amoroso vuelo,
Tú eres la misma que miré en el cielo
          De mi patria lucir.

Tú sola mi beldad, sola mi amante,
Unica antorcha que mis pasos guía,
Tú sola enciendes en un alma fría
          Una sombra de amor.
Sólo el blando lucir de su semblante
Mis ya cansados párpados resisten;
Sólo sus formas inconstantes visten
          Bello, grato color.

Ora cubra cargada, rubicunda
Nube de fuego tu ardorosa frente,
Ora cándida, pura, refulgente
          Deslumbre tu brillar.
Ora sumida en palidez profunda
Te mire el cielo desmayada y yerta,
Como el semblante de una virgen muerta
          ¡Ah!... que yo vi expirar.

La he visto ¡ay Dios!... Al sueño en que reposa
Yo le cerré los anublados ojos;
Yo tendí sus angélicos despojos
          Sobre el negro ataúd.
Yo solo oré sobre la yerta losa
Donde no corre ya lágrima alguna...
Báñala al menos tú, pálida luna,
          ¡Báñala con tu luz!

Tú lo harás... que a los tristes acompañas,
Y al pensador y al infeliz visitas;
Con la inocencia o con la muerte habitas;
          El mundo huye de ti.
Antorcha de alegría en las cabañas,
Lámpara solitaria en las ruïnas,
El salón del magnate no iluminas,
          Pero su tumba... ¡sí!

Cargado a veces de aplomadas nubes
Amaga el cielo con tormenta oscura;
Mas ríe al horizonte tu hermosura,
        Y huyó la tempestad.
  Y allá del trono do esplendente subes
Riges el curso al férvido Oceäno,
Cual pecho amante que al mirar lejano
        Hierve, de su beldad.

  Mas ¡ay! que en vano en tu esplendor encantas:
Ese hechizo falaz no es de alegría;
Y huyen tu luz y triste compañía
        Los astros con temor.
  Sola por el vacío te adelantas,
Y en vano en derredor tus rayos tiendes,
Que sólo al mundo en tu dolor desciendes
        Cual sube a ti mi amor.

  Y en esta tierra de aflicción guarida,
¿Quién goza en tu fulgor blandos placeres?
Del nocturno reposo de los seres
        No turbas la quietud.
  No cantarán las aves tu venida;
Ni abren su cáliz las dormidas flores:
Sólo un ser... de desvelos y dolores
        ¡Ama tu yerta luz!

  ¡Sí, tú mi amor, mi admiración, mi encanto!
La noche anhelo por vivir contigo,
Y hacia el ocaso lentamente sigo
        Tu curso al fin veloz.
  Páraste a veces a escuchar mi llanto,
Y desciende en tus rayos amoroso
Un espíritu vago, misterioso,
        Que responde a mi voz...

  ¡Ay! Calló ya... Mi celestial querida
Sufrió también mi inexorable suerte...
Era un sueño de amor... Desvanecerte
        Pudo una realidad.
  Es cieno ya la esqueletada vida;
No hay ilusión, ni encantos, ni hermosura;
La muerte reina ya sobre natura,
        Y la llaman... *Verdad*.

¡Qué feliz, qué encantado, si ignorante
El hombre de otros tiempos viviría,
Cuando en el mundo, de los dioses vía
        Doquiera la mansión!
Cada eco fuera un suspirar amante,
Una inmortal belleza cada fuente;
Cada pastor ¡oh luna! un sueño ardiente
        Ser pudo un Endimión.

Ora trocada en un planeta oscuro,
Girando en los abismos del vacío,
Do fuerza oculta y ciega en su extravío
        Cual piedra te arrojó.
Es luz de ajena luz tu brillo puro,
Es ilusión tu mágica influencia,
Y mi celeste amor... ciega demencia,
        ¡Ay!... que se disipó.

Astro de paz, belleza de consuelo,
Antorcha celestial de los amores,
Lámpara sepulcral de los dolores,
        Tierna y casta deidad,
¿Qué eres de hoy más sobre ese helado cielo?
Un peñasco que rueda en el olvido,
O el cadáver de un sol que, endurecido,
        Yace en la eternidad...

ENRIQUE GIL Y CARRASCO

LA VIOLETA

Flor deliciosa en la memoria mía,
ven mi triste laúd a coronar,
y volverán las trovas de alegría
con sus ecos tal vez a resonar.
   Mezcla tu aroma a sus cantadas cuerdas;
yo sobre ti no inclinaré mi sien,
de miedo, pura flor, que entonces pierdas
tu tesoro de olores y tu bien.

Yo, sin embargo, coroné mi frente
con tu gala en las tardes de Abril,
yo te buscaba a orillas de la fuente,
yo te adoraba tímida y gentil.

Porque eres melancólica y perdida
y era perdido y lúgubre mi amor;
y en ti miré el emblema de mi vida,
y mi destino, solitaria flor.

Tú allí crecías olorosa y pura
con tus moradas hojas de pesar;
pasaba entre la yerba tu frescura
de la fuente al confuso murmurar.

Y pasaba mi amor desconocido,
de un arpa oscura al apagado son,
con frívolos cantares confundido
el himno de mi amante corazón.

Yo busqué la hermandad de la desdicha
en tu cáliz de aroma y soledad,
y a tu ventura asemejé mi dicha
y a tu prisión mi antigua libertad.

¡Cuántas meditaciones han pasado
por mi frente mirando tu arrebol!
¡Cuántas veces mis ojos te han dejado
para volverse al moribundo sol!

¡Qué de consuelos a mi pena diste
con tu calma y tu dulce lobreguez,
cuando la mente imaginaba triste
el negro porvenir de la vejez!

Yo me decía: «buscaré en las flores
seres que escuchen mi infeliz cantar,
que mitiguen con bálsamo de olores
las ocultas heridas del pesar».

Y me apartaba, al alumbrar la luna,
de ti, bañada en moribunda luz,
adormecida en tu vistosa cuna,
velada en tu aromático capuz.

Y una esperanza el corazón llevaba
pensando en tu sereno amanecer,
y otra vez en tu cáliz divisaba
perdidas ilusiones de placer.

Heme hoy aquí: ¡cuán otros mis cantares!
¡Cuán otro mi pesar, mi porvenir!
Ya no hay flores que escuchen mis pesares
ni soledad donde poder gemir.

Lo secó todo el soplo de mi aliento
y naufragué con mi doliente amor;
lejos ya de la paz y del contento,
mírame aquí en el valle del dolor.

Era dulce mi pena y mi tristeza;
tal vez moraba una ilusión detrás:
mas la ilusión voló con su pureza,
mis ojos ¡ay! no la verán jamás.

Hoy vuelve a ti, cual pobre viajero
vuelve al hogar que niño le acogió;
pero mis glorias recobrar no espero,
sólo a buscar la huesa vuelvo yo.

Vengo a buscar mi huesa solitaria
para dormir tranquilo junto a ti,
ya que escuchaste un día mi plegaria,
y un ser humano en tu corola vi.

Ven mi tumba a adornar, triste viola,
y embalsama su oscura soledad;
sé de su pobre césped aureola,
con tu vaga y poética beldad.

Quizá al pasar la virgen de los valles,
enamorada y rica en juventud,
por las umbrosas y desiertas calles
do yacerá escondido mi ataúd,

irá a cortar la humilde violeta
y la pondrá en su seno con dolor,
y llorando dirá: «¡Pobre poeta!
¡ya está callada el arpa del amor!»

PABLO PIFERRER

CANCION DE LA PRIMAVERA

Ya vuelve la primavera:
suene la gaita, — ruede la danza.
Tiende sobre la pradera
el verde manto — de la esperanza.
Sopla caliente la brisa:
suene la gaita, — ruede la danza.
Las nubes pasan aprisa,
el azul muestran — de la esperanza.
La flor ríe en su capullo:
suene la gaita, — ruede la danza.

Canta el agua en su murmullo
el poder santo — de la esperanza.
¿La oís que en los aires trina?
Suene la gaita, — ruede la danza:
«Abrid a la golondrina,
que vuelve en alas — de la esperanza.»
Niña, la niña modesta:
suene la gaita, — ruede la danza.
El mayo trae su fiesta
que el logro trae — de tu esperanza.
Cubre la tierra el amor:
suene la gaita, — ruede la danza.
El perfume engendrador
al seno sube — de la esperanza.
Todo zumba y reverdece:
suene la gaita, — ruede la danza.
Cuanto al sol y el verdor crece,
tanto más crece — toda esperanza.
Sonido, aroma y color
(suene la gaita, — ruede la danza)
únense en himnos de amor
que engendra el himno — de la esperanza.
Morirá la primavera:
suene la gaita, — ruede la danza.
Mas cada año en la pradera
tornará el manto — de la esperanza.
La inocencia de la vida
(calle la gaita, — pare la danza)
no torna una vez perdida.
¡Perdí la mía!, — ¡ay mi esperanza!

GABRIEL GARCIA TASSARA

HIMNO AL MESIAS

Baja otra vez al mundo,
¡baja otra vez, Mesías!
De nuevo son los días
de tu alta vocación;
y en su dolor profundo
la humanidad entera
el nuevo oriente espera
de un sol de redención.

Corrieron veinte edades
desde el supremo día
que en esta cruz te vía
morir, Jerusalén;
y nuevas tempestades
surgieron y bramaron,
de aquellas que asolaron
el primitivo Edén.

De aquellas que le ocultan
al hombre su camino
con ciego torbellino
de culpa y expiación;
de aquellas que sepultan
en hondos cautiverios
cadáveres de imperios
que fueron y no son.

Sereno está en la esfera
el sol del firmamento:
la tierra en su cimiento,
inconmovible está;
la blanca primavera,
con su gentil abrazo,
fecunda el gran regazo
que flor y fruto da.

Mas, ¡ay!, que de las almas
el sol yace eclipsado;
mas, ¡ay!, que ha vacilado
el polo de la fe;
mas, ¡ay!, que ya tus palmas
se vuelven al desierto;
no crecen, no, en el huerto
del que tu pueblo fué.

Tiniebla es ya la Europa,
ella agotó la ciencia,
maldijo su creencia,
se apacentó con hiel;
y rota ya la copa
en que su fe bebía,
se alzaba y te decía:
—¡Señor!, yo soy Luzbel.—

Mas, ¡ay!, que contra el cielo
no tiene el hombre rayo,
y en súbito desmayo
cayó de ayer a hoy;

y en son de desconsuelo,
y en llanto de impotencia,
hoy clama en tu presencia:
—Señor, tu pueblo soy.—
    No es no, la Roma atea
que entre aras derrocadas
despide a carcajadas
los dioses que se van:
es la que, humilde reza,
baja a las catacumbas
y palpa entre las tumbas
los tiempos que vendrán.
    Todo, Señor diciendo
está los grandes días
de luto y agonías,
de muerte y orfandad
que, del pecado horrendo
envuelta en el sudario,
pasa por un calvario
la ciega humanidad.
    Baja, ¡oh Señor!, no en vano
siglos y siglos vuelan;
los siglos nos revelan
con misteriosa luz
el infinito arcano
y la virtud que encierra,
trono de cielo y tierra;
tu sacrosanta cruz.
    Toda la historia humana,
¡Señor!, está en tu nombre:
tú fuiste Dios del hombre,
Dios de la Humanidad.
Tu sangre soberana
es su Calvario eterno;
tu triunfo del infierno
es su inmortalidad.
    ¿Quién dijo, Dios clemente,
que tú no volverías,
y a horribles gemonías,
y a eterna perdición,
condena a esta doliente
raza del ser humano
que espera de tu mano
su nueva salvación?

Sí, tú vendrás. Vencidos
serán con nuevo ejemplo
los que del santo templo
apartan a tu grey.
Vendrás, y confundidos
caerán con los ateos
los nuevos fariseos
de la caduca ley.
    ¿Quién sabe si ahora mismo
entre alaridos tantos
de tus profetas santos
la voz no suena ya?
Ven, saca del abismo
a un pueblo moribundo;
Luzbel ha vuelto al mundo,
y Dios, ¿no volverá?
    ¡Señor! En tus juicios
la comprensión se abisma;
mas es siempre la misma
del Gólgota la voz.
Fatídicos auspicios
resonarán en vano;
no es el destino humano
la humanidad sin Dios.
    Ya pasarán los siglos
de la tremenda prueba;
¡ya nacerás, luz nueva
de la futura edad!
Ya huiréis, ¡negros vestigios
de los antiguos días!
Ya volverás, ¡Mesías!,
en gloria y majestad.

JOSE ZORRILLA

ORIENTAL

Dueña de la negra toca,
la del morado monjil,

por un beso de tu boca
diera a Granada Boabdil.

Diera la lanza mejor
del Zenete más bizarro,
y con su fresco verdor
toda una orilla del Darro.

Diera la fiesta de toros,
y si fueran en sus manos,
con la zambra de los moros
el valor de los cristianos.

Diera alfombras orientales,
y armaduras y pebetes,
y diera... ¡que tanto vales!,
hasta cuarenta jinetes.

Porque tus ojos son bellos,
porque la luz de la aurora
sube al Oriente desde ellos,
y el mundo su lumbre dora.

Tus labios son un rubí,
partido por gala en dos...
Le arrancaron para ti
de la corona de Dios.

De tus labios, la sonrisa,
la paz de tu lengua mana...
leve, aérea, como brisa
de purpurina mañana.

¡Oh, qué hermosa nazarena
para un harén oriental,
suelta la negra melena
sobre el cuello de cristal,

en lecho de terciopelo,
entre una nube de aroma,
y envuelta en el blanco velo
de las hijas de Mahoma!

Ven a Córdoba, cristiana,
sultana serás allí,
y el sultán será, ¡oh sultana!,
un esclavo para ti.

Te dará tanta riqueza,
tanta gala tunecina,
que ha de juzgar tu belleza
para pagarle, mezquina.

Dueña de la negra toca,
por un beso de tu boca
diera un reino Boabdil;
y yo por ello, cristiana,
te diera de buena gana
mil cielos, si fueran mil.

ORIENTAL

Corriendo van por la vega
a las puertas de Granada,
hasta cuarenta gomeles
y el capitán que los manda.
Al entrar en la ciudad,
parando su yegua blanca,
le dijo éste a una mujer
que entre sus brazos lloraba:
—Enjuga el llanto, cristiana,
no me atormentes así;
que tengo yo, mi sultana,
un nuevo Edén para ti.
Tengo un palacio en Granada,
tengo jardines y flores,
tengo una fuente dorada
con más de cien surtidores.
Y en la venta del Genil
tengo parda fortaleza,
que será reina entre mil
cuando encierre tu belleza.
Y sobre toda una orilla
extiendo mi señorío:
ni en Córdoba ni en Sevilla
hay un parque como el mío.
Allí la altiva palmera
y el encendido granado,
junto a la frondosa higuera
cubren el valle y collado.
Allí el robusto nogal,
allí el ópalo amarillo,
allí el sombrío moral,
crecen al pie del castillo.
Y olmos tengo en mi alameda
que hasta el cielo se levantan,

y en redes de plata y seda
tengo pájaros que cantan.

Y tú mi sultana eres;
que, desiertos mis salones,
está mi harén sin mujeres,
mis oídos sin canciones.

Yo te daré terciopelos
y perfumes orientales;
de Grecia te traeré velos,
y de Cachemira, chales.

Y te daré blancas plumas
para que adornes tu frente,
más blancas que las espumas
de nuestros mares de Oriente;

y perlas para el cabello,
y baños para el calor,
y collares para el cuello,
para los labios... ¡amor!

—¡Qué me valen tus riquezas
—respondióle la cristiana—
si me quitas a mi padre,
mis amigos y mis damas?

Vuélveme, vuélveme, moro,
a mi padre y a mi patria,
que mis torres de León
valen más que tu Granada—.

Escuchóle en paz el moro,
y, manoseando su barba,
dijo, como quien medita,
en la mejilla una lágrima:

—Si tus castillos mejores
que nuestros jardines son,
y son más bellas tus flores,
por ser tuyas, en León;

y tú distes tus amores
a alguno de tus guerreros,
hurí del Edén, no llores;
vete con tus caballeros—.

Y dándole su caballo
y la mitad de su guardia,
el capitán de los moros
volvió en silencio la espalda.

EL ANGEL EXTERMINADOR

En un confín recóndito del cielo,
De una selva viviente circundado,
Denso y confuso y misterioso velo
Que le tiene del orbe separado,
Hay un alcázar de azabache, obscuro,
Que en un hondo torrente ensangrentado
La sombra pinta de su inmenso muro
En contornos de sangre reflejado.
    Jamás el aura de perfume henchida,
Que en los jardines del Edén murmura,
En tal lugar estremeció perdida
Del rudo bosque la hojarasca dura;
Ni el sol radió con fugitiva lumbre,
Ni sonó por la lóbrega espesura,
Ni retumbó la cóncava techumbre
Más que al rugir de la corriente impura.
    El aire denso, sin color e inmoble
Que aquel recinto por doquier rodea,
Hace el pavor de quien se acerca doble,
Y doble el caos a quien ver desea;
Sólo se alcanza entre las altas puntas,
Que el recio vendaval nunca cimbrea,
Entre dos torres del alcázar juntas
Un faro que en la sombra centellea.
Ya el aura que en los árboles vacila,
Ya el mar que ruge en la tormenta obscura;
    Si al son gozáis de mi canción, que miente
Ya el bronco empuje del errante trueno,
Ya el blando ruido de la mansa fuente
Lamiendo el césped que la cerca ameno;
    Si, cuando llamo a las cerradas rejas
De una hermosura a cuyos pies suspiro,
Sentís tal vez mis amorosas quejas,
Y os sonreís cuando de amor deliro;
Si, cuando en negra aparición nocturna
La raza evoco que en las tumbas mora,
Os estremece en la entreabierta urna
Respondiendo el espíritu a deshora;
    Si lloráis cuando en cántico doliente,
Hijo extraviado, ante mi madre lloro,
O al cruzar por el templo reverente
La voz escucho del solemne coro;

Si alcanzáis en mi pálida mejilla,
Cuando os entono lastimosa endecha,
Una perdida lágrima que brilla
Al brotar en mis párpados deshecha,
Todo es una ilusión, todo mentira,
Todo en mi mente delirante pasa;
No es esa la verdad que honda me inspira;
Que esa lágrima ardiente que me abrasa
No me la arranca ni el temor ni el duelo,
Ni los recuerdos de olvidada historia.
¡Es un raudal que inunda de consuelo
Este sediento corazón de gloria!
    Gloria! ¡Madre feliz de la esperanza,
Mágico alcázar de dorados sueños,
Lago que ondula en eternal bonanza,
Cercado de paisajes halagüeños!
    ¡Dame ilusiones, dame una armonía
Que arrulle el corazón con el oído,
Para que viva la memoria mía
Cuando yo duerma el eternal olvido!
    Ni ser alguno penetró el misterio
Que guarda allí la ciencia omnipotente,
Ni se sabe cuyo es aquel imperio
Donde nunca se oyó rumor de gente;
Ni arcángel sabio, ni profeta diestro
De este sitio alcanzó confusamente
Más que la lumbre del fanal siniestro
Y el estruendo medroso del torrente.
    En este bosque obscuro, y solitario,
En este alcázar negro y escondido,
Donde nunca llegó pie temerario,
Ni descansó jamás ojo atrevido,
Ni más sol alumbró que el rayo rojo
Del fanal en sus torres suspendido,
Tiene el señor las arcas de su enojo
Y el horno de sus rayos encendido.
    Allí vive un espíritu terrible
Que al son de aquellas aguas se adormece
Y a los ojos de Dios sólo visible,
Al acento de Dios sólo obedece.
Arcángel vengador, del cielo asombro,
Cuando deja el lugar do se guarece,
El rayo ardiendo y el carcaj al hombro,
Pronto a la lid ante su Dios parece.

Espíritu sin fin ni nacimiento,
La eternidad existe en su memoria:
El solo del sagrado firmamento
Entera sabe la infinita historia,
Y al solo ruido de sus negras alas,
A su sola presencia transitoria,
Del firmamento en las eternas salas
Se suspenden los cánticos de gloria.

Aborto del furor omnipotente,
Arcángel torvo que las vidas cuenta,
Vela de Dios el arsenal ardiente
Y los ultrajes del Señor asienta.
El carro guarda allí cuya cuadriga
Relincha con la voz de la tormenta,
Y allí está con su lanza y su loriga
La copa en que su cólera fermenta.

En ella hierve con fragor horrible,
El ancho vaso hasta los bordes lleno,
El tremendo licor incorruptible
De las iras de Dios; y en su hondo seno
Se fermenta la esencia del granizo,
Y de la peste el infernal veneno,
Y el germen del relámpago pajizo,
Y el espíritu cóncavo del trueno.

Allí está el aire que el contagio impele,
El zumo allí de la cicuta hendida,
La sed del tigre que la sangre huele,
Y de la hiena la intención torcida.
Y allí bulle, en el fondo envenenado,
La única de furor lágrima hervida
Con que lloró Luzbel desesperado
Su venturosa eternidad perdida.

En aquel arsenal inexpugnable,
Instrumento de la ira omnipotente,
Germinan en rebaño formidable
Las mil desdichas de la humana gente.
Y los vicios en torpe muchedumbre,
Se apiñan a beber la luz caliente
De aquel fanal de cuya viva lumbre
Es el sol una chispa solamente.

De allí se lanza con horrible estruendo
A ejecutar la voluntad divina
El misterioso espíritu tremendo
Que en este alcázar funeral domina

Arcángel fiero, portador de enojos,
Ase la copa y por doquier camina,
El aire inflama sus airados ojos
Y las estrellas con los pies calcina.
  Con él va la tormenta; el trueno ronco
Bajo sus alas cruje; desgreñada,
De armas y quejas con estruendo bronco,
La guerra detrás de él va despeñada;
Y asidas a las orlas de su manto
Va tras él, con la muerte descarnada,
La peste, el hambre, y el amor y el llanto,
Y la ambición de crímenes preñada.
  El espacio a su vista palidece
Y entolda su magnífica apariencia;
El disco de la luna se enrojece,
Y mancha el sol su fulgurante esencia.
Doquier las nubes que su sombra evitan
Se chocan y se rompen con violencia,
Y cometas doquier se precipitan,
Presagios ¡ay! de la fatal sentencia.
  A su soplo la mar se encoleriza,
Y con gigante voz muge y atruena;
La planta de sus pies torna en ceniza
La limpia concha y la esponjosa arena.
El monte huella y la cerviz le inclina;
Pisa en el valle y de fetor le llena;
Y en la ciudad que a perecer destina
Vierte el licor fatal y la envenena.
Y ese el arcángel fué que inexorable
Lanzó al desnudo Adán del Paraíso,
Y, de su raza en él junta y culpable,
Fijó a la vida término preciso.
El arrancó en el Gólgota empinado
El ¡ay! postrero que exhaló sumiso
El Dios que de la mancha del pecado
Borrar la sombra con su sangre quiso.
  El turbó la insensata ceremonia
Del pueblo santo ante el becerro impuro,
Sentenció a Baltasar y a Babilonia
Con tres palabras que pintó en el muro;
Inspiró al receloso Ascalonita
El degüello fatal, y abrió seguro
Nicho a Faraón, que con su gente habita
Del indignado mar el fondo oscuro.

Él llevó el fuego de Alarico a Roma,
Llevó a Jerusalén a Vespasiano;
En una noche convirtió a Sodoma
En lago impuro y en vapor insano.
Rompió las cataratas del diluvio,
Cegadas al impulso soberano,
Y encendió las entrañas del Vesubio,
Que busca sin cesar otro Herculano.
Y ese será el espíritu tremendo
Cuya gigante voz sonará un día,
Y a su voz, de la tierra irá saliendo
La triste raza que en su faz vivía.
La creación se romperá en sus brazos;
Y cuando toque el orbe en su agonía,
Cuando a su soplo el sol caiga en pedazos,
¿Qué habrá ante Dios? La eternidad vacía.

INTRODUCCION A LOS CANTOS DEL TROVADOR

¿Qué se hicieron las auras deliciosas
que henchidas de perfume se perdían
entre los lirios y las frescas rosas
que el huerto ameno en derredor ceñían?
Las brisas del otoño revoltosas
en rápido tropel las impelían,
y ahogaron la estación de los amores
entre las hojas de sus yertas flores.
Hoy al fuego de un tronco nos sentamos
en torno de la antigua chimenea,
y acaso la ancha sombra recordamos
de aquel tizón que a nuestros pies humea,
y hora tras hora tristes esperamos
que pase la estación adusta y fea,
en pereza febril adormecidos,
y en las propias memorias embebidos.
En vano a los placeres avarientos
nos lanzamos doquier y orgías sonoras
estremecen los ricos aposentos
y fantásticas danzas tentadoras;
porque antes y después caminan lentos
los turbios días y las lentas horas,
sin que alguna ilusión en breve instante
del alma el sueño fugitiva encante.

  Pero yo, que he pasado entre ilusiones,
sueños de oro y de luz, mi dulce vida,
no os dejaré dormir en los salones
donde al placer la soledad convida;
ni esperar, revolviendo los tizones,
al yerto amigo o la falaz querida,
sin que más esperanza os alimente
que ir contando las horas tristemente.

  Los que vivís de alcázares señores,
venid, yo halagaré vuestra pereza;
niñas hermosas que morís de amores,
venid, yo cantaré vuestra belleza;
viejos que idolatráis vuestros mayores
venid, yo contaré vuestra grandeza;
venid a oír en dulces armonías
las sabrosas historias de otros días.

  Yo soy el trovador que vaga errante;
si son de vuestro parque estos linderos,
no me dejéis pasar, mandad que cante;
que yo sé de los bravos caballeros,
la dama ingrata y la cautiva amante,
la cita oculta y los combates fieros
con que a cabo llevaron sus empresas
por hermosas esclavas y princesas.

  Venid a mí, yo canto los amores,
yo soy el trovador de los festines;
yo ciño el arpa con vistosas flores,
guirnaldas que recojo en mis jardines;
yo tengo el tulipán de cien colores
que adoran de Stambul en los confines,
y el lirio azul incógnito y campestre
que nace y muere en el peñón silvestre.

  ¡Ven a mis manos, ven, arpa sonora!
¡Baja a mi mente, inspiración cristiana,
y enciende en mí la llama creadora
que del aliento del Querube mana!
¡Lejos del mí la historia tentadora
de ajena tierra y religión profana!
Mi voz, mi corazón, mi fantasía
la gloria cantan de la patria mía.

  Venid, yo no hollaré con mis cantares
del pueblo en que he nacido la creencia,
respetaré su ley y sus altares;
en su desgracia, a par que su opulencia,

celebraré su fuerza y sus azares,
y, fiel ministro de la gaya ciencia,
levantaré mi voz consoladora
sobre las ruinas en que España llora.

¡Tierra de amor! ¡Tesoro de memorias,
grande, opulenta y vencedora un día,
sembrada de recuerdos y de historias
y hollada asaz por la fortuna impía!
Yo cantaré tus olvidadas glorias;
que en alas de la ardiente poesía
no aspiro a más laurel ni a más hazaña
que a una sonrisa de mi dulce España.

RAMON DE CAMPOAMOR

LA VIDA HUMANA

Velas de amor en golfos de ternura
vuela mi pobre corazón al viento
y encuentra, en lo que alcanza, su tormento,
y espera, en lo que no halla, su ventura,

Viviendo en esta humana sepultura
engañar el pesar es mi contento,
y este cilicio atroz del pensamiento
no halla un linde entre el genio y la locura.

¡Ay! en la vida ruin que al loco embarga,
y que al cuerdo infeliz de horror consterna,
dulce en el nombre, en realidad amarga,

sólo el dolor con el dolor alterna,
y si al contarla a días es muy larga,
midiéndola por horas es eterna.

CANTARES

Amorosos

Más cerca de ti me siento
cuanto más huyo de ti,
pues tu imagen es en mí
sombra de mi pensamiento.

Nunca, aunque estés quejumbrosa,
tus quejas puedo escuchar,
pues como eres tan hermosa,
no te oigo, te miro hablar.

Ten paciencia, corazón,
que es mejor, a lo que veo,
deseo sin posesión
que posesión sin deseo.

Porque en dulce confianza
contigo una vez hablé,
toda la vida pasé
hablando con mi esperanza.

Vuélvemelo hoy a decir,
pues, embelesado, ayer
te escuchaba sin oír
y te miraba sin ver.

Tras ti cruzar un bulto
     vi por la alfombra;
ciego, el puñal sepulto...
     y era tu sombra.
¡Cuánto, insensato,
te amo, que hasta de celos
     tu sombra mato!

Epigramáticos

Que me vendiste se cuenta,
y añaden, para tu daño,
que te dieron por mi venta
monedas de desengaño.

Que es corto sastre, preveo,
para el hombre, la mujer,
pues siempre corta el placer
estrecho para el deseo.

Por que esté más escondido,
de tal modo te lo cuento,
que entre mi boca y tu oído
no quiero que esté ni el viento.

El mismo amor ellas tienen
que la muerte a quien las ama;
vienen si no se las llama;
si se las llama, no vienen.

Sin antifaz te veía,
y una vez con él te vi;
sin él no te conocía,
mas con él te conocí.

Ni te tengo que pagar,
ni me quedas a deber;
si yo te enseñé a querer,
tú me enseñaste a olvidar.

Cuando pasas por mi lado
sin tenderme una mirada,
¿no te acuerdas de mí nada,
o te acuerdas demasiado?

Yo no soy como aquel santo
que dio media capa a un pobre;
ten de mi amor todo el manto,
y si te sobra, que sobre.

Testigo de eterno amor,
le di una flor a mi amante;
mi suerte fue que la flor
tan sólo duró un instante.

Quisiera al jardín volver
de tu cariñoso amor,
si se pudiera coger
dos veces la misma flor.

De noche, solo y a pie,
voy a tu lado, y me acuesto,
me vuelvo y nadie me ve...
Todo en sueños, por supuesto.

Casi te lo agradecí
cuando el engaño toqué,
pues si loco me acosté,
filósofo amanecí.

Te pintaré en un cantar
la rueda de la existencia:
pecar, hacer penitencia
y luego... vuelta a empezar.

Si es fácil una hermosa,
    voy y la dejo;
si es difícil la cosa,
    también me alejo.
    Niñas, cuidad
de amar siempre con fácil
    dificultad.

Filosófico-morales

Fui un día a la ciudad
y me volví al otro día,
pues mi mejor compañía
es la mayor soledad.

Dejándome en paz sufrir
puedes, ventura, pasar,
pues como te has de marchar,
no gozo en verte venir.

Cuando las penas ajenas
mido por las penas mías,
¡quién me diera a mí sus penas,
para hacer mis alegrías!

¡Qué divagar infinito
es éste en que el hombre vive,
que siente, piensa y escribe,
y luego borra lo escrito!

Mal hizo el que hizo el encargo
de hacer las cosas al gusto;
todo es corto o todo es largo,
y nada nos viene justo.

Si ayer tropecé bastante,
hoy tropiezo mucho más;
antes, mirando adelante;
después, mirando hacia atrás.

Humoradas

La niña es la mujer que respetamos,
y la mujer, la niña que engañamos.

Al pintarte el amor que por ti siento,
suelo mentir, pero no sé que miento.

Te sueles confesar con tu conciencia,
y te absuelves después sin penitencia.

Todo en amor es triste;
mas, triste y todo, es lo mejor que existe.

Hay quien pasa la vida
en ese eterno juego
de hacer caer a la mujer, y luego
rehabilitar a la mujer caída.

Si la codicia de pedir es mucha,
el hombre reza, pero Dios no escucha.

Resígnate a morir, viejo amor mío;
no se hace atrás un río,
ni vuelve a ser presente lo pasado.
Y no hay nada más frío
que el cráter de un volcán, si está apagado.

Se matan los humanos
en implacable guerra,
por la gloria de ser, en mar y en tierra
devorados por peces y gusanos.

Se asombra con muchísima inocencia
de cosas que aprendió por experiencia.

Como todo es igual, siempre he tenido
un pesar verdadero
por el tiempo precioso que he perdido,
por no haber conocido
que el que ve un corazón ve el mundo entero.

Ya no leo ni escribo más historia
que ver a mi niñez con mi memoria.

Conforme el hombre avanza
de la vida en el áspero camino,
lleva siempre a su lado la esperanza,
tiene así siempre enfrente a su destino.

Yo, como muchos, creo
que dura nuestro amor lo que el deseo.

Teme a las ilusiones;
que es peor la ilusión que las pasiones.

Una sola mirada, si no es pura,
en mujer a una niña transfigura.

Pues que tanto te admira
el saber de los viejos,
voy a darte el mejor de los consejos:
cree sólo esta verdad: «Todo es mentira».

Mientras ya me dan pena
el oro y los diamantes,
envidio esos instantes
en que van, agachándose en la arena,
a coger caracoles dos amantes.

Cual hormiga, juntamos el dinero,
y luego... esparce Dios el hormiguero.

Fue causa de mis muchos desencantos
una asceta instruída,
que aprendió por las vidas de los santos
las cosas menos santas de la vida.

¡Quién de su pecho desterrar pudiera
la duda, nuestra eterna compañera!

Sólo la edad me explica con certeza
por qué un alma constante, cual la mía,
escuchando una idéntica armonía,
de lo mismo que hoy saca la tristeza
sacaba en otro tiempo la alegría.

Prohíbeles tu amor con sus desdenes.
Sin frutos prohibidos no hay Edenes.

Pinchando a sus rivales,
te escribe con la espada madrigales.

El pobre está seguro que su perro
ha de formar su séquito en su entierro.

En su primera confesión, a Pura
ya no le dio la absolución el cura.

Aunque huir de ella intento,
no sé lo que me pasa,
porque yo voy donde me lleva el viento,
y el viento siempre sopla hacia su casa.

Por ser tan intruída,
ya entre ella y su niñez media una vida.

En cuanto al bien y al mal, nada hay lejano;
todo se halla al alcance de la mano.

En guerra y en amor es lo primero
el dinero, el dinero, y el dinero.

Porque amaste en tres años a tres hombres,
¿te juzgas una infiel? No, vida mía.
El amor se transforma y no varía;
un mismo amor puede tener mil nombres.

Quiero morir contigo, si el destino
nos ha de conducir a aquel infierno
en que, unidos en raudo torbellino,
se dan *Paolo y Francesca* el beso eterno.

Te abanicas con gracia, y te suplico
que tengas muy en cuenta
que puede levantar un abanico,
con el aire más dulce, una tormenta.

¡La ocasión! Nadie sabe a dónde lleva
el poder de la sombra de un manzano,
cuando se pone, cual se puso a Eva,
la manzana al alcance de la mano.

En mi duda interior, siempre he admirado
la fe de esos creyentes
que juzgan, inocentes,
que por librar del lodo su calzado,
la Providencia, servicial, ha echado
las aguas por debajo de los puentes.

Lengua de Dios, la poesía es cosa
que oye siempre cual música enojosa
mucho hombre superior en lo mediano,
y en cambio escucha con placer la prosa,
que es la jerga animal del ser humano.

Se van dos a casar de gozo llenos;
realizan su ideal: ¡un sueño menos!

En la aurora feliz de tus amores
sólo querías el dinero en flores;
mas, después que pasó tu ardor primero,
sólo quieres las flores en dinero.

Las hijas de las madres que amé tanto,
me besan ya como se besa a un santo.

Al verse tan gentil, ¡con qué embeleso
se da a sí misma en el espejo un beso!

Con valor sin segundo,
un abismo salvé tras otro abismo;
y, aunque de todo me salvé en el mundo,
nunca pude salvarme de mí mismo.

Cuenta el amor, muy bajo, a las mujeres,
que hay un deber contrario a los deberes.

Aprende, niña bella,
que tan sólo es dichoso el que no olvida
que, aunque no hay nada inútil en toda ella,
no hay cosa más inútil que la vida.

Gertrudis, pido al Dios omnipotente,
con el más vivo anhelo,

que pasen las tristezas por tu frente
como pasan las nubes por el cielo.

Sólo recuerdas de tu edad pasada
lo que hubo de infeliz en tus amores.
¡Qué quieres, prenda amada!
El dolor nos recuerda otros dolores,
pero un placer no nos recuerda nada.

A eterna fe nuestra alma condenada,
los que no creen en Dios creen en nada.

Fanny, guardando de tu edad primera
recuerdos halagüeños,
te he de dejar por mi única heredera
cuando haga el testamento de mis sueños.

Viejos y nuevos, grandes y pequeños,
los ídolos, pasando
desde el cielo a la tierra, van echando
pasadizos de fe, puentes de sueños.

Cuando dudaba de ella, vacilaba,
pero ya no vacilo:
su amor, mientras dudé, me atormentaba;
hoy sé que me es infiel y estoy tranquilo.

¡Feliz tú, que tan sólo has disfrutado
la embriaguez de lo real en lo soñado!

Sin los puntales de la fe, algún día
la bóveda del cielo se caería.

Soy en creer las cosas tan reacio
que solamente leo
la historia, como un viaje de recreo
por los campos del tiempo y del espacio.

Da al diablo el hombre la existencia entera
y le dedica a Dios la hora postrera.

Pues te robó a mi amor, que sufra en calma
que tú y yo nos besemos con el alma.

Oyó la historia de Eva, y la inocente
entró en ganas de ver una serpiente.

Lo que al hombre le aterra
es que mira, y, mirando, no ve nada,
porque todos los lados de la tierra
son puntos de partida sin llegada.

Viniendo del *no ser*, no estoy seguro
si voy a parte alguna.
¡Misterios del sepulcro y de la cuna,
fantasmas del pasado y del futuro!

Feliz el que se aleja y nunca pasa
del radio de la sombra de su casa.

Como su gracia es tanta,
se deja ver, hace pecar y es santa.

Ten, por arte y por respeto,
tus pasiones a raya;
muere el amor al conseguir su objeto,
como mueren las olas en la playa.

¿Cómo quieres que vaya
a que en la orilla de la mar te vea,
si borró nuestros nombres la marea
escritos en la arena de la playa?

¡Ay del día en que lancen a los vientos
el *¡sálvase el que pueda!* los hambrientos!

Al hombre, como a un ave de alto vuelo,
por prisión lo infinito le dio el cielo.

Con la fe de un cristiano verdadero
he dicho y lo repito,
que la vida es un mal apeadero
en la senda inmortal de lo infinito.

Dichosos los momentos
en que dos que se miran frente a frente
se respiran las almas mutuamente,
en vez de respirarse los alientos.

¡Qué hermoso es lo creado!
¡La tierra, el mar, la bóveda estrellada!
Mas después de bien visto y bien pensado,
¿para qué sirve todo? Para nada.

Para echar al olvido eternamente
nuestros grandes dolores,
va el tiempo indiferente
borrando los sepulcros con las flores.

Ya desprecio mi ser desde que he oído
que el sabio Salomón tuvo por cierto
que es más feliz que un vivo un hombre muerto,
y más feliz que el muerto el no nacido.

LA SANTA REALIDAD

¡Inés! tú no comprendes todavía
    el ser de muchas cosas.
¿Cómo quieres tener en tu alquería,
si matas los gusanos, mariposas?

Cultivando lechugas Diocleciano,
    ya decía en Salerno
que no halla mariposas en verano
el que mata gusanos en invierno.

¿Por qué hacer a lo real tan cruda guerra
    cuando dan sin medida
almas al cielo y flores a la tierra
las santas impurezas de la vida?

Mientras ven con desprecio tus miradas
    las larvas de un pantano,
el que es sabio, sus perlas más preciadas
pesca en el mar del lodazal humano.

Tu amor a lo ideal jamás tolera
    los insectos, por viles.
¡Qué error! Sería estéril, si no fuera
el mundo un hervidero de reptiles!

El despreciar lo real por lo soñado,
   es una gran quimera;
en toda evolución de lo creado
la materia al bajar sube a su esfera.

Por gracia de las leyes naturales
   se elevan hasta el cielo
cuando logran tener los ideales
la dicha de arrastrarse por el suelo.

Tú dejarás las larvas en sus nidos
   cuando llegue ese día
en que venga a abrasarte los sentidos
el demonio del sol del mediodía.

Vale poco lo real, pero no creas
   que vale más tampoco
el hombre que, aferrado a las ideas,
estudia para sabio y llega a loco.

Tú adorarás lo real cuando, instruida
   en el ser de las cosas,
acabes por saber que en esta vida
no puede haber sin larvas mariposas.

¡Piensa que Dios, con su divina mano,
   bendijo lo sensible,
el día que, encarnándose en lo humano,
lo visible amasó con lo invisible!

VENTURA RUIZ AGUILERA

EPISTOLA

*(A don Damián Menéndez Rayón y
a don Francisco Giner de los Ríos)*

   No arrojará cobarde el limpio acero
mientras oiga el clarín de la pelea,
soldado que su honor conserve entero;

ni del piloto el ánimo flaquea
porque rayos alumbren su camino
y el golfo inmenso alborotarse vea.

¡Siempre luchar!... del hombre es el destino,
y al que impávido lucha, con fe ardiente,
le da la gloria su laurel divino.

Por sosiego suspira eternamente;
pero, ¿dónde se oculta, dónde mana
de esta sed inmortal la ansiada fuente?...

En el profundo valle, que se afana
cuando del año la estación florida
lo viste de verdura y luz temprana;

en las cumbres salvajes, donde anida
el águila que pone junto al cielo
su mansión de huracanes combatida,

el límite no encuentra de su anhelo;
ni porque esclava suya haga la suerte,
tras íntima inquietud y estéril duelo.

Aquel sólo, el varón dichoso y fuerte
será quien viva en paz con su conciencia
hasta el sueño apacible de la muerte.

¿Qué sirve el esplendor, qué la opulencia,
la oscuridad, ni holgada medianía,
si a sufrir el delito nos sentencia?

Choza de campesino, humilde y fría,
alcázar de los reyes, corpulento,
cuya altitud al monte desafía,

bien sé yo que, invisible como el viento,
huésped que el alma hiela, se ha sentado
de vuestro hogar al pie el remordimiento.

¿Qué fue del corso altivo, no domado
hasta asomar de España en las fronteras
cual cometa del cielo despejado?

El poder que le dieron sus banderas
con asombro y terror de las naciones,
¿colmó sus esperanzas lisonjeras?

Cayó; y entre los bárbaros peñones
de su destierro, en las nocturnas horas
le acosaron fatídicas visiones;

y diéronle tristeza las auroras,
y en el mismo murmullo de la brisa
voces oyó gemir acusadoras.

Más conforme recibe y más sumisa,
la voluntad de Dios el alma bella
que abrojos siempre lacerada pisa.

Francisco, así pasar vimos aquella
que te arrulló en sus brazos maternales,
y hoy, vestida de luz, los astros huella;

que al tocar del sepulcro los umbrales,
bañó su dulce voz con dulce rayo
la alborada de goces inmortales.

Y así, Damián, en el risueño mayo
de una vida sin mancha, como arbusto
que el aquilón derriba en el Moncayo,

pasó también tu hermano, y la del justo
severa majestad brilló en su frente,
de un alma religiosa temple augusto.

Huya de las ciudades el que intente
esquivar la batalla de la vida
y en el ocio perderla muellemente;

que a la virtud el riesgo no intimida;
cuando náufragos hay, los ojos cierra
y se lanza a la mar embravecida.

Avaro miserable es el que encierra
la fecunda semilla en el granero,
cuando larga escasez llora la tierra.

Compadecer la desventura quiero
del que, por no mirar la abierta llaga,
de su limosna priva al pordiosero.

Ebrio y alegre, venturoso vaga
el vicio por el mundo cortesano;
su canto de sirena, ¿a quién no embriaga?

Los que dones reciben de su mano,
himnos alzan de júbilo, y de flores
rinden tributo en el altar profano.

En tanto, de la fiesta los rumores,
criaturas sin fin, herido el seno
responden con el ¡ay! de sus dolores,

mas el hombre de espíritu sereno
y de conciencia inquebrantable (roca
donde se estrella, sin mancharla, el cieno)

la horrible sien del ídolo destoca,
y con acento de anatema inflama
tal vez en noble ardor la turba loca.

Jinete de experiencia y limpia fama
armado va de freno y dura espuela
donde una voz en abandono clama:
de heroica pasión en alas vuela,
y en ella clava el acicate agudo
por acudir al mal que le desvela.

Si un instante el error cegarle pudo,
los engañosos ímpetus reprime,
y es su propia razón freno y escudo.

Sin tregua combatir por el que gime;
defender la justicia y verdad santa,
llena la mente de ideal sublime.

Caminar hacia el bien con firme planta,
a la edad consolando que agoniza,
apóstol de otra edad que se adelanta,

es empresa que al vulgo escandaliza;
por loco o necio siempre fue tenido
quien lanzas en su pro rompe en la liza.

Si a tierna compasión alguien movido,
vio al generoso hidalgo de Cervantes,
¡cuántos, con risa, viéronle caído!

Acomete a quiméricos gigantes
de sus delirios prodigiosa hechura,
y es de niños escarnio y de ignorantes.

Mas él, dándoles cuerpo, se figura
limpiar de monstruos la afligida tierra,
y llanto arranca al bueno su locura.

Así debe sufrir, en cruda guerra
(sin vergonzoso pacto ni sosiego),
contra el mal, que a los débiles aterra,

el que abrasado en el celeste fuego
de inagotable caridad, no atiende
sólo de su interés el torpe ruego.

Arbol de seco erial, las ramas tiende
al que rendido llega de fatiga,
y del sol, cariñoso, le defiende.

El sabe que sus frutos no prodiga
heredad que se deja sin cultivo,
sabe que del sudor brota la espiga,

como de agua sonoro raudal vivo,
si del trabajo el útil instrumento
hiende la roca en que durmió cautivo.

¡Oh del bosque anhelado apartamiento,
cuyos olmos son arpas melodiosas
cuando sacude su follaje el viento!

¡Oh fresco valle, donde crecen rosas
de perfumado cáliz azucenas
que liban las abejas codiciosas!

¡Oh soledades de armonías llenas!
En vano me brindáis ocio y amores,
mientras haya un esclavo entre cadenas.

Que aún pide con sacrílegos rumores
ver libre a Barrabás la muchedumbre
y alzados en la cruz los redentores.

Que del sombrío Gólgota en la cumbre,
regado con la sangre del Cordero
sublime en la humildad y mansedumbre,

mártires, ¡ay!, aún suben al madero
que ha de ser, convertido en árbol santo,
patria y hogar del universo entero.

Padecer es vivir; riego es el llanto
a quien la flor del alma, con su esencia,
debe perpetuo y virginal encanto.

Amigos, bendecid la Providencia
si mandare a la vuestra ese rocío,
y nieguen los malvados su clemencia.

¡Qué alegre y qué gentil llega el navío
al puerto salvador cuando aún le azota
con fiera saña el huracán bravío!

Así el justo halla, al fin de su derrota
por el mar de la vida proceloso,
del claro cielo la extensión remota
puerto seguro y eternal reposo.

EULOGIO FLORENTINO SANZ

EPISTOLA A PEDRO

Quiero que sepas, aunque bien lo sabes,
Que a orillas del Sprée (ya que del río
Se hace mención en circunstancias graves)
Mora un semi-alemán, muy señor mío,
Que entre los rudos témpanos del Norte
Recuerda la amistad y olvida el frío.

Lejos de mi Madrid, la villa y corte,
Ni de ella falto yo porque esté lejos,
Ni hay una piedra allí que no me importe;
Pues sueña con la patria, a los reflejos
De su distante sol, el desterrado,
Como con su niñez sueñan los viejos.
Ver quisiera un momento, y a tu lado,
Cual por ese aire azul nuestra Cibeles
En carroza triunfal rompe hacia el Prado...
¿Ríes?... Juzga el volar cuando no vueles...
¡Atomo harás del mundo que poseas
Y mundo harás del átomo que anheles!
Al sentir *coram vulgo* no te creas...
Al pensar *coram vulgo*, no te olvides
De compulsar a solas tus ideas.
Como dejes la España en que resides,
Donde quieras que estés, ya echarás menos
Esa patria de Dolfos y de Cides;
Que obeliscos y pórticos ajenos
Nunca valdrán los patrios palomares
Con las memorias de la infancia llenos.
Por eso, aunque dan son a mis cantares
Elba, Danubio y Rin, yo los olvido
Recordando a mi pobre Manzanares.
¡Allí mi juventud!... ¡Ay!, ¿quién no ha oído
Desde cualquier región, ecos de aquélla
Donde niñez y juventud han sido?
Hoy mi vida de ayer, pálida o bella,
Múltiple se repite en mis memorias,
Como en lágrimas mil única estrella...
Que quedan en el alma las historias
De dolor o placer, y allí se hacinan,
Del fundido metal muertas escorias.
Y, aunque ya no calientan ni iluminan,
Si al soplo de un suspiro se estremecen,
¡Aun consuelan el alma!... ¡o la asesinan!
Cuando al partir del sol las sombras crecen,
Y, entre sombras y sol, tibios instantes
En torno del horario se adormecen;
El dolor y el placer, férvidos antes,
Se pierden ya en el alma indefinidos
A la luz y a la sombra semejantes.

Y en esta languidez de los sentidos,
Crepúsculo moral en que indolente
Se arrulla el corazón con sus latidos,
   Pláceme contemplar indiferente
Cual del dormido Sprée sobre la espalda
Y en lúbrico chapín sesga la gente.
   O recordar el toldo de esmeralda
Que antes bordó el abril en donde ahora
Nieve septentrional tiende su falda:
   Mientras la luz del Héspero incolora
Baña el campo sin fin, que el Norte rudo
Salpicó de brillantes a la aurora.
....
   ¡Hijo de otra región, trémulo y mudo,
Con la mirada que por ti poseo,
Nieve septentrional, yo te saludo!
   Una tarde de mayo (casi creo
Que salta a mi memoria su hermosura
De este cuadro invernal, como un deseo),
   Una tarde de flores y verdura,
Rica de cielo azul, sin un celaje,
Y empapada de aromas y frescura;
   En que, al son de las auras, el ramaje
Trémulo de los tilos repetía
De otros lejanos bosques el mensaje;
   Yo, con mi propio afán por compañía,
Del recinto salí que nombró el mundo
Corte del rey filósofo algún día.
   A su verdor del Norte sin segundo,
De un frondoso jardín los laberintos
Atrajeron mi paso vagabundo...
   En armoniosa confusión distintos,
Cándidos nardos y claveles rojos,
Tulipanes, violas y jacintos,
   De admirar el vergel diéronme antojos;
Y perdime en sus vueltas rebuscando,
Ya que no al corazón, pasto a los ojos.
   Y una viola, que al favonio blando
Columpiaba su tímida corola,
Quise arrancar... —Mas súbito, clavando
   Mis ojos en el césped, donde sola
Daba al favonio sus esencias puras,
Respeté por el céspel la viola...

¡Guirnalda funeral, de desventuras
Y lágrimas nacida, eran los flores
De aquel vasto jardín de desventuras!
    Pero jardín. Allí, cuando los llores,
Aun te hablarán la amante o el amigo
Con aromas y jugos y colores...
    ¡Y de tu santo afán mudo testigo,
Algo de aquellas flores sepulcrales,
Algo del muerto bien será contigo!
    Dentro de nuestros muros funerales
Jamás brota una flor... Mal brotaría
De ese alcázar de cal y mechinales,
    Indice de la nada en simetría,
Que a la madre común roba los muertos
Para henchir su profana estantería;
    ¡Ruin estación de huéspedes inciertos
Que ofreciera a los vivos su morada
Por alquilar los túmulos abiertos!
    De tierra sobre tierra fabricadas,
Más solemnes quizá, por más sencillas,
Las del santo jardín tumbas aisladas,
    Con su césped de flores amarillas
Se elevan..., no muy altas..., a la altura
Del que llore, al besarlas, de rodillas.

    ¡Mas sola allí, sin flores, sin verdura,
Bajo su cruz de hierro se levanta
De un hispano cantor la sepultura!...
    Delante de su cruz tuve mi planta...
Y soñé que en su rótulo leía:
«¡Nunca duerme entre flores quien las canta!»
    ¡Pobre césped marchito! ¡Quién diría
Que el cantor de las flores en tu seno
Durmiera tan sin flores algún día!
    Mas ¡ay del ruiseñor que, en aire ajeno,
Por atmósfera extraña sofocado,
Sobre extraña región cayó en el cieno!
    ¡Ay del vate infeliz que, amortajado
Con su negro ropón de peregrino,
Yace en su propia tumba desterrado!
    Yo, al encontrar su cruz en mi camino,
Como engendra el dolor supersticiones,
Llamé tres veces al cantor divino.

Y de su lira desperté los sones,
Y turbé los sepulcros murmurando
La más triste canción de las canciones...

Y a la viola, que el favonio blando
Columpiaba allí cerca su corola,
Volví turbios los ojos... Y clavando

La rodilla en el césped (donde sola
Era airón sepulcral de una doncella)
Desprendí de su césped la viola.

Y el lado del cantor volví con ella;
Y así lloré, sobre mi cruz mi mano,
La del pobre cantor mísera estrella:

«Bien te dice mi voz que soy tu hermano;
¡Quién saludara tus despojos fríos
Sin el ¡ay! de mi acento castellano!

Diéronte ajena tumba hados impíos...
¡Si ojos extraños la contemplan secos,
Hoy la riegan de lágrimas los míos!

Sólo suena mi voz entre sus huecos,
Para que en ella, si la escuchas, halles
Los de tu propia voz póstumos ecos...

¡Por las desiertas y sombrías calles
Donde duerme tu féretro escondido,
No pasa, no, la virgen de los valles!

Una vez que ha pasado no ha venido...
Trajéronla con rosas... A tu lado
La virgen, desde entonces, ha dormido...

Si su pálida sombra, al compasado
Son de la media noche, inoportuna,
Flores entre tu césped ha buscado,

Bien habrá visto a la menguada luna
Que en el santo jardín, rico de flores,
Sólo yace tu césped sin ninguna.

¡No tienes una flor!... Ni ¿a qué dolores
Una flor de tu césped respondiera
Con aromas y jugos y colores?

Sólo al riego de lágrimas naciera,
Y de tu fosa en el terrón ajeno,
¿Quién derrama una lágrima siquiera?

¡Ay, sí, del ruiseñor, de vida lleno,
Que, en atmósfera extraña sofocado,
Sobre extraña región cayó en el cieno!

Cantor en el sepulcro desterrado,
Descansa en paz. ¡Adiós!... Y si a deshora
Un viajero del Sur pasa a tu lado,
    Si al contemplar tu cruz, como yo ahora,
Con su idioma español el viajero
Te llama aquí tres veces y aquí llora,
    Dígale el son del aura lastimero
Cual en los brazos de tu cruz escueta
Peregrino del Sur lloré primero...
    ¡Recibe con mi adiós tu *violeta!*
La tumba de la virgen te la envía...
....
¡Y al unirse la flor con su poeta,
Ya en el ocaso agonizaba el día!

JOSE SELGAS

LA CUNA VACIA

    Bajaron los ángeles,
    besaron su rostro,
y cantando a su oído dijeron:
    Vente con nosotros.
    Vio el niño a los ángeles
    de su cuna en torno,
y agitando los brazos les dijo:
    Me voy con vosotros.
    Batieron los ángeles
    sus alas de oro,
suspendieron al niño en sus brazos,
    y se fueron todos.
    De la aurora pálida
    la luz fugitiva,
alumbró a la mañana siguiente
    la cuna vacía.

LA INFANCIA

    Cielos azules,
nubes de nácar,
limpios celajes
de oro y de grana;

campos floridos,
verdes montañas,
valles amenos,
cumbres lejanas,
ricos paisajes
de sombras vagas
que misteriosos
pinceles trazan;
luces que vienen,
luces que pasan,
nidos que pían,
aves que cantan;
ángeles bellos
de blancas alas,
sueños de oro,
cuentos de hadas;
días risueños,
noches calladas
en que discurren
negros fantasmas;
ecos del aire,
voces del agua,
vagos perfumes
de esencia varia;
mucha alegría,
mucha esperanza,
pocas tristezas,
y algunas lágrimas;
ésa, hijo mío,
flor de mi alma;
ésa es tu vida,
ésa es la infancia.

CAROLINA CORONADO

LA LUNA ES UNA AUSENCIA

Y tú, ¿quién eres de la noche errante
Aparición que pasas silenciosa,
Cruzando los espacios ondulante
Tras los vapores de la nube acuosa?

Negra la tierra, triste el firmamento,
Ciegos mis ojos sin tu luz estaban,
Y suspirando entre el obscuro viento
Tenebrosos espíritus vagaban.

Yo te aguardaba, y cuando vi tus rojos
Perfiles asomar con lenta calma,
Como tu rayo descendió a mis ojos,
Tierna alegría descendió a mi alma.

¿Y a mis ruegos acudes perezosa
Cuando amoroso el corazón te ansía?
Ven a mí, suave luz, nocturna, hermosa
Hija del cielo, ven: ¡por qué tardía!

Bardo amante, esa hechicera
Fiel y sola compañera
De tu solitaria amiga,
Presurosa mensajera
Mis pensamientos te diga.
     Yo me encontré en unos valles
A esa misteriosa guía
Cuando lenta recorría
De olivos desiertas calles
Tristes, como el alma mía.
     Yo de entre la tierra obscura
La vi brotar, como pura
Memoria de tu pasión,
En medio la desventura
De mi ausente corazón.
     Y como el recuerdo amante
Me siguió en mi soledad,
Callada, tierna, constante,
Sin apartarse un instante
Esa nocturna beldad.
     Porque si yo caminaba
Y con pasos fugitivos
Arbol tras árbol cruzaba,
Ella al par se deslizaba
Entre los negros olivos.
     Si un instante suspendía
Mi carrera silenciosa,
Del árbol se detenía
Como una paloma hermosa.

Por eso, el tierno quebranto
Sabe de mi ausencia, sola,
Porque al escuchar mi canto
Vino a sorprender mi llanto
Con la luz de su aureola.
Y pues es la verdadera
Fiel y sola compañera
De tu solitaria amiga,
Presurosa mensajera
Mis pensamientos te diga.

ADELARDO LOPEZ DE AYALA

SIN PALABRAS

Mil veces con palabras de dulzura
esta pasión comunicarte ansío;
mas, ¿qué palabras hallaré, bien mío,
que no haya profanado la impostura?

Penetre en ti callada mi ternura,
sin detenerse en el menor desvío,
como rayo de luna en claro río,
como aroma sutil en aura pura.

Abreme el alma silenciosamente,
y déjame que inunde satisfecho
sus regiones, de amor y encanto llenas...

Fiel pensamiento, animaré tu mente;
afecto dulce, viviré en tu pecho;
llama suave, correré en tus venas.

PLEGARIA

¡Dame, Señor, la firme voluntad
compañera y sostén de la virtud;
la que sabe en el golfo hallar quietud
y en medio de las sombras claridad;

la que trueca en tesón la veleidad
y el ocio en perenal solicitud,
y las ásperas fiebres en salud,
y los torpes engaños en verdad!

Y así conseguirá mi corazón
que los favores que a tu amor debí
te ofrezcan algún fruto en galardón...

y aun Tú, Señor, conseguirás así
que no llegue a romper mi confusión
la imagen tuya que pusiste en mí.

FEDERICO BALART

LA ULTIMA TABLA

En el abismo del dolor sumido,
la mirada levanto a las alturas,
y desde el hondo valle de amarguras
te invoco ¡oh Dios! con ánimo abatido.
¡De la duda que ofusca mi sentido
disipa Tú las ráfagas oscuras!
No te pido grandezas, ni venturas:
¡Esperanza, y amor, y fe te pido!
Aunque en sollozos mi dolor exhalo,
de punzante inquietud y angustia lleno,
aún tu bondad a tu poder igualo.
No al odio dejes invadir mi seno:
Bueno te juzgo; pero, si eres malo,
¡déjame, por piedad, juzgarte bueno!

DIALOGO

El mar en su lengua
dice al manantial:
—«¿A qué corren y corren tus aguas
si en mí han de parar?»
«No importa» —responde
la fuente inmortal—.
«Esas aguas, en nubes y lluvias
a mí volverán.»
Mutación perpetua,
vida universal,
rueda inmensa que giras y giras,
¿en qué pararás?

ABATIMIENTO

¡Llegó al fin lo que el alma dolorida
me daba por presagio!
¡Milésima ilusión desvanecida,
milésimo naufragio!

¡Cuánto esfuerzo perdido en las rompientes
  que la espuma blanquea!
¡Qué eterno proejar en las corrientes
  contra viento y marea!
¡Siempre, siempre huracanes desatados
  y escollos escondidos!
¡Y siempre, sobre mares ignorados,
  cielos desconocidos!
Hasta la aguja al polo dirigida
  mi cálculo burlaba,
y, a maléfico influjo sometida,
  del rumbo me apartaba.
¡Y así he buscado el puerto, de año en año,
  siempre con vano empeño!
¡Toda nueva promesa, nuevo engaño!
  ¡Toda esperanza, sueño!
No fue sólo furor de los ciclones;
  culpa cabe al piloto:
¡Qué de velas, Señor, qué de timones
  mi torpe mano ha roto!
¡Y aún sigo, entre los duros elementos,
  sobre el hirviente abismo!
¡Cansado estoy del mar y de los vientos!
  ¡Cansado de mí mismo!
¡Ya, en mí, cuanto descubro no provoca
  ni un temor ni un deseo:
Sólo siento subírseme a la boca
  la náusea del mareo.
Ni un recelo cobarde me da guerra,
  ni una ambición me anima:
¡Tierra, Señor, te pido! ¡Tierra! ¡Tierra!
  ¡Pero échamela encima!

GASPAR NUÑEZ DE ARCE

TRISTEZAS

  Cuando recuerdo la piedad sincera
    con que en mi edad primera
entraba en nuestras viejas catedrales,
donde postrado ante la cruz de hinojos,
    alzaba a Dios mis ojos,

soñando en las venturas celestiales;
hoy que mi frente atónito golpeo,
        y con febril deseo
busco los restos de mi fe perdida,
por hallarla otra vez, radiante y bella,
        como en la edad aquella,
¡desgraciado de mí!, diera la vida.
    ¡Con qué cándido amor, niño inocente,
        prosternaba mi frente
en las losas del templo sacrosanto!
Llenábase mi joven fantasía
        de luz, de poesía,
de mudo asombro, de terrible espanto.
    Aquellas altas bóvedas que al cielo
        levantaban mi anhelo;
aquella majestad solemne y grave;
aquel pausado canto, parecido
        a un doliente gemido,
que retumbaba en la espaciosa nave;
    las marmóreas y austeras esculturas
        de antiguas sepulturas,
aspiración del arte a lo infinito;
la luz que por los vidrios de colores
        sus tibios resplandores
quebraba en los pilares de granito:
    haces de donde en curva fugitiva,
        para formar la ojiva,
cada ramal subiendo se separa,
cual del rumor de multitud que ruega,
        cuando a los cielos llega,
surge cada oración distinta y clara;
en el gótico altar inmoble y fijo
        el santo crucifijo,
que extiende sin vigor sus brazos yertos,
siempre en la sorda lucha de la vida,
        tan áspera y reñida,
para el dolor y la humildad abiertos;
    el místico clamor de la campana
        que sobre el alma humana
de las caladas torres se despeña,
y anuncia y lleva en sus aladas notas
        mil promesas ignotas
al triste corazón que sufre y sueña;

todo elevaba mi ánimo intranquilo
    a más sereno asilo;
religión, arte, soledad, misterio...,
todo en el templo secular hacía
    vibrar el alma mía,
como vibran las cuerdas de un salterio.
    Y a esta voz interior que sólo entiende
    quien crédulo se enciende
en fervoroso y celestial cariño,
envuelta en sus flotantes vestiduras
    volaba a las alturas,
virgen sin mancha, mi oración de niño.
    Su rauda, viva y luminosa huella
    como fugaz centella
traspasaba el espacio, y ante el puro
resplandor de sus alas de querube,
    rasgábase la nube
que me ocultaba el inmortal seguro.
    ¡Oh anhelo de esta vida transitoria!
    ¡Oh perdurable gloria!
¡Oh sed inextinguible del deseo!
¡Oh cielo, que antes para mí tenías
    fulgores y armonías,
y hoy tan oscuro y desolado veo!
    Ya no templas mis íntimos pesares
    ya al pie de tus altares
como en mis años de candor no acudo.
Para llegar a ti perdí el camino,
    y errante peregrino
entre tinieblas desespero y dudo.
    Voy espantado sin saber por dónde;
    grito y nadie responde
a mi angustiada voz; alzo los ojos
y a penetrar la lobreguez no alcanzo:
    medrosamente avanzo,
y me hieren el alma los abrojos.
    Hijo del siglo, en vano me resisto
    a su impiedad, ¡Oh Cristo!
Su grandeza satánica me oprime.
Siglo de maravillas y de asombros,
    levanta sobre escombros,
un Dios sin esperanza, un Dios que gime.
    ¡Y ese Dios no eres tú! No tu serena
    faz, de consuelos llena,

alumbra y guía nuestro incierto paso.
Es otro Dios incógnito y sombrío:
      su cielo es el vacío;
sacerdote, El Error; ley, el Acaso.
    ¡Ay! No recuerda el ánimo suspenso
      un siglo más inmenso,
más rebelde a tu voz, más atrevido;
entre nubes de fuego alza su frente,
      como Luzbel potente;
pero también, como Luzbel, caído.
    A medida que marcha y que investiga
      es mayor su fatiga,
es su noche más honda y más oscura,
y pasma, al ver lo que padece y sabe,
      como en su seno cabe
tanta grandeza y tanta desventura.
    Como la nave y sin timón y rota
      que el ronco mar azota,
incendia el rayo y la borrasca mece
el piélago ignorado y proceloso,
      nuestro siglo coloso
con la luz que le abrasa, resplandece.
    ¡Y está la playa mística tan lejos!...
    A los tristes reflejos
del sol poniente se colora y brilla.
El huracán arrecia, el bajel arde,
      y es tarde; es, ¡ay!, muy tarde
para alcanzar la sosegada orilla.
    ¿Qué es la ciencia sin fe? Corcel sin freno,
      a todo yugo ajeno,
que al impulso del vértigo se entrega,
y a través de intrincadas espesuras,
      desbocado y a oscuras
avanza sin cesar y nunca llega.
    ¡Llegar! ¿A dónde?... El pensamiento humano
      en vano lucha, en vano
su ley oculta y misteriosa infringe.
En la lumbre del sol sus alas quema,
      y no aclara el problema,
ni penetra el enigma de la Esfinge.
    ¡Sálvanos, Cristo, sálvanos, si es cierto
      que tu poder no ha muerto!

Salva a esta sociedad desventurada,
que bajo el peso de su orgullo mismo
      rueda al profundo abismo
acaso más enferma que culpada.
   La ciencia audaz, cuando de ti se aleja,
   en nuestras almas deja
el germen de recónditos dolores.
Como al tender el vuelo hacia la altura
      deja su larva impura
el insecto en el cáliz de las flores.
   Si en esta confusión honda y sombría
   es, Señor, todavía
raudal de vida tu palabra santa,
di a nuestra fe desalentada y yerta:
    —¡Anímate y despierta!,
como dijiste a Lázaro: —¡Levanta!

AUGUSTO FERRÁN

CANTARES

   Los mundos que me rodean
son los que menos me extrañan:
El que me tiene asombrado
es el mundo de mi alma.

   Pasé por un bosque y dije:
«Aquí está la soledad».
Y el eco me respondió
con voz muy ronca: «Aquí está».
Y me respondió «aquí está»
y sentí como un temblor,
al ver que la voz salía
de mi propio corazón.

   La muerte ya no me espanta;
tendría más que temer
si en el cielo me dijeran:
Has de volver a nacer.

   Mirando al cielo juraste
no me engañarías nunca,
y desde entonces el cielo
sólo con verte se anubla.

Las pestañas de tus ojos
son más negras que la mora,
y entre pestaña y pestaña
una estrellita se asoma.

Sé que me vas a matar
en vez de darme la vida;
el morir nada me importa,
pues te dejo el alma mía.

En lo profundo del mar
hay un castillo encantado,
en el que no entran mujeres
para que dure el encanto.

Morir contentos, vosotros
que tenéis por compañeras
dos madres que os acarician:
la Humildad y la Pobreza.

¡Qué a gusto sería
sombra de tu cuerpo!,
todas las horas del día, de cerca
te iría siguiendo.

Y mientras la noche
reinara en silencio,
toda la noche tu sombra estaría
pegada a tu cuerpo.

Y cuando la muerte
llegara a vencerlo,
sólo una sombra por siempre serían
tu sombra y tu cuerpo.

GUSTAVO ADOLFO BECQUER

«DEL SALON EN EL ANGULO OSCURO...»

Del salón en el ángulo oscuro,
De su dueño tal vez olvidada,
Silenciosa y cubierta de polvo
Veíase el arpa.

¡Cuánta nota dormía en sus cuerdas,
Como el pájaro duerme en las ramas,
Esperando la mano de nieve
          Que sabe arrancarlas!

¡Ay! —pensé—. ¡Cuántas veces el genio
Así duerme en el fondo del alma,
Y una voz, como Lázaro, espera
Que le diga: «Levántate y anda!»

«YO SOY ARDIENTE, YO SOY MORENA...»

—Yo soy ardiente, yo soy morena,
Yo soy el símbolo de la pasión;
De ansia de goces mi alma está llena.
¿A mí me buscas? —No es a ti; no.

—Mi frente es pálida; mis trenzas de oro;
Puedo brindarte dichas sin fin;
Yo de ternura guardo un tesoro.
¿A mí me llamas? —No; no es a ti.

—Yo soy un sueño, un imposible,
Vano fantasma de niebla y luz;
Soy incorpórea, soy intangible;
No puedo amarte. —¡Oh, ven; ven tú!

«TE VI UN PUNTO, Y, FLOTANDO ANTE MIS OJOS...»

Te vi un punto, y, flotando ante mis ojos
La imagen de tus ojos se quedó,
Como la mancha oscura, orlada en fuego,
Que flota y ciega, si se mira al sol.

Adonquiera que la vista fijo,
Torno a ver sus pupilas llamear;
Mas no te encuentro a ti; que es tu mirada:
Unos ojos, los tuyos, nada más.

De mi alcoba en el ángulo los miro
Desasidos fantásticos lucir:
Cuando duermo los siento que se ciernen
De par en par abiertos sobre mí.

Yo sé que hay fuegos fatuos que en la noche
Llevan al caminante a perecer;
Yo me siento arrastrado por tus ojos,
Pero adónde me arrastran, no lo sé.

«OLAS GIGANTES, QUE OS ROMPEIS, BRAMANDO...»

Olas gigantes, que os rompéis bramando
En las playas desiertas y remotas,
Envuelto entre la sábana de espumas,
        ¡Llevadme con vosotras!

Ráfagas de huracán, que arrebatáis
Del alto bosque las marchitas hojas,
Arrastrado en el ciego torbellino,
        ¡Llevadme con vosotras!

Nubes de tempestad, que rompe el rayo
Y en fuego ornáis las desprendidas orlas,
Arrebatado entre la niebla oscura,
        ¡Llevadme con vosotras!

Llevadme, por piedad, adonde el vértigo
Con la razón me arranque la memoria...
¡Por piedad!... ¡Tengo miedo de quedarme
        Con mi dolor a solas!

«LLEGO LA NOCHE Y NO ENCONTRE UN ASILO...»

Llegó la noche y no encontré un asilo
        ¡Y tuve sed!... Mis lágrimas bebí;
¡Y tuve hambre! ¡Los hinchados ojos
        Cerré para morir!

¡Estaba en el desierto! Aunque a mi oído
De las turbas llegaba el ronco hervir,
Yo era huérfano y pobre... ¡El mundo estaba
        Desierto... para mí!

«¿DE DONDE VENGO?... EL MAS TERRIBLE Y ASPERO...»

¿De dónde vengo?... El más terrible y áspero
        De los senderos busca;

Las huellas de unos pies ensangrentados
        Sobre la roca dura;
Los despojos de un alma hecha jirones
        En las zarzas agudas,
        Te dirán el camino
        Que conduce a mi cuna.

    ¿Adónde voy? El más sombrío y triste
        De los páramos cruza;
Valle de eternas nieves y de eternas
        Melancólicas brumas.
En donde esté una piedra solitaria
        Sin inscripción alguna,
        Donde habite el olvido,
        Allí estará mi tumba.

«NO DORMIA; VAGABA EN ESE LIMBO...»

    No dormía; vagaba en ese limbo
En que cambian de forma los objetos,
Misteriosos espacios que separan
        La vigilia del sueño.

    Las ideas, que en ronda silenciosa
Daban vueltas en torno a mi cerebro,
Poco a poco en su danza se movían
        Con un compás más lento.

    De la cruz que entra al alma por los ojos,
Los párpados velaban el reflejo;
Mas otra luz el mundo de visiones
        Alumbraba por dentro.

    En este punto resonó en mi oído
Un rumor semejante al que en el templo
Vaga confuso, al terminar los fieles
        Con un *amén* sus rezos.

    Y oí como una voz delgada y triste
Que por mi nombre me llamó a lo lejos,
Y sentí olor de cirios apagados,
        De humedad y de incienso.

Entró la noche, y del olvido en brazos
Caí, cual piedra, en su profundo seno:
Dormí, y al despertar exclamé: «¡Alguno
    Que yo quería ha muerto!»

«¿SERA VERDAD QUE CUANDO TOCA EL SUEÑO...?»

¿Será verdad que cuando toca el sueño
Con sus dedos de rosa nuestros ojos,
De la cárcel que habita huye el espíritu
    En vuelo presuroso?

¿Será verdad que, huésped de las nieblas,
De la brisa nocturna al tenue soplo,
Alado sube a la región vacía
    A encontrarse con otros?

¿Y allí, desnudo de la humana forma,
Allí, los lazos terrenales rotos,
Breves horas habita de la idea
    El mundo silencioso?

¿Y ríe y llora, y aborrece y ama,
Y guarda un rastro de dolor y el gozo,
Semejante al que deja cuando cruza
    El cielo un meteoro?

¡Yo no sé si ese mundo de visiones
Vive fuera o va dentro de nosotros;
Pero sé que conozco a muchas gentes
    A quienes no conozco!

«NO DIGAIS QUE AGOTADO SU TESORO...»

No digáis que agotado su tesoro,
De asuntos falta, enmudeció la lira:
Podrá no haber poetas; pero siempre
    Habrá poesía.

Mientras las ondas de la luz al beso
    Palpiten encendidas;
Mientras el sol las desgarradas nubes
    De fuego y oro vista;

Mientras el aire en su regazo lleve
    Perfumes y armonías;
Mientras haya en el mundo primavera
    ¡Habrá poesía!

Mientras la ciencia a descubrir no alcance
    Las fuentes de la vida,
Y en el mar o en el cielo haya un abismo
    Que al cálculo resista;
Mientras la Humanidad siempre avanzando
    No sepa a do camina;
Mientras haya un misterio para el hombre,
    ¡Habrá poesía!

Mientras sintamos que se alegra el alma,
    Sin que los labios rían;
Mientras se llore sin que el llanto acuda
    A nublar la pupila;
Mientras el corazón y la cabeza
    Batallando prosigan;
Mientras haya esperanzas y recuerdos,
    ¡Habrá poesía!

Mientras haya unos ojos que reflejen
    Los ojos que los miran,
Mientras responda el labio suspirando
    Al labio que suspira;
Mientras sentirse puedan en un beso
    Dos almas confundidas;
Mientras exista una mujer hermosa,
    ¡Habrá poesía!

«ESPIRITU SIN NOMBRE...»

    Espíritu sin nombre,
Indefinible esencia,
Yo vivo con la vida
Sin forma de la idea.
    Yo nado en el vacío,
Del sol tiemblo en la hoguera,
Palpito entre las sombras
Y floto con las nieblas.

Yo soy el fleco de oro
De la lejana estrella;
Yo soy de la alta luna
La luz tibia y serena.

Yo soy la ardiente nube
Que en el ocaso ondea;
Yo soy del astro errante
La luminosa estela.

Yo soy nieve en las cumbres,
Soy fuego en las arenas,
Azul onda en los mares,
Y espuma en las riberas.

En el laúd soy nota,
Perfume en las violetas,
Fugaz llama en las tumbas,
Y en las ruinas hiedra.

Yo atrueno en el torrente,
Y silbo en la centella,
Y ciego en el relámpago,
Y rujo en la tormenta.

Yo río en los alcores,
Susurro en la alta hierba,
Suspiro en la onda pura
Y lloro en la hoja seca.

Yo ondulo entre los átomos
Del humo que se eleva,
Y al cielo lento sube
En espiral inmensa.

Yo, en los dorados hilos
Que los insectos cuelgan,
Me mezclo entre los árboles
En la ardorosa siesta.

Yo corro entre las ninfas
Que en la corriente fresca
Del cristalino arroyo
Desnudas juguetean.

Yo en bosque de corales,
Que alfombran blancas perlas,
Persigo en el océano
Las náyades ligeras.

Yo en las cavernas cóncavas
Do el sol nunca penetra,
Mezclándome a los gnomos,
Contemplo sus riquezas.

Yo busco de los siglos
Las ya borradas huellas
Y sé de esos imperios
De que ni el nombre queda.

Yo sigo en raudo vértigo
Los mundos que voltean,
Y mi pupila abarca
La creación entera.

Yo sé de esas regiones
A do un rumor no llega
Y donde informes astros
De vida un soplo esperan.

Yo soy sobre el abismo
El puente que atraviesa;
Yo soy la ignota escala
Que el cielo une a la tierra.

Yo soy el invisible
Anillo que sujeta
El mundo de la forma
Al mundo de la idea.

Yo, en fin, soy ese espíritu,
Desconocida esencia,
Perfume misterioso
De que es vaso el poeta.

«VOLVERAN LAS OSCURAS GOLONDRINAS...»

Volverán las oscuras golondrinas
En tu balcón los nidos a colgar,
Y, otra vez, con el ala a sus cristales
Jugando llamarán.
Pero aquéllas que el vuelo refrenaban
Tu hermosura y mi dicha a contemplar,
Aquéllas que aprendieron nuestros nombres...
Esas... ¡no volverán!

Volverán las tupidas madreselvas
De tu jardín las tapias a escalar,
Y otra vez a la tarde, aun más hermosas,
Sus flores se abrirán;
Pero aquéllas cuajadas de rocío
Cuyas gotas mirábamos temblar
Y caer, como lágrimas del día...
Esas... ¡no volverán!

Volverán del amor a tus oídos
Las palabras ardientes a sonar;
Tú corazón de su profundo sueño
Tal vez despertará;
Pero mudo y absorto y de rodillas,
Como se adora a Dios ante su altar,
Como yo te he querido..., desengáñate,
¡Así no te querrán!

VICENTE WENCESLAO QUEROL

EN NOCHEBUENA

A mis ancianos padres.

I

Un año más en el hogar paterno
celebramos la fiesta del Dios-Niño,
símbolo augusto del amor eterno
cuando cubre los montes el invierno
con su manto de armiño.

II

Como en el día de la fausta boda
o en el que el santo de los padres llega,
la turba alegre de los niños juega,
y en la ancha sala la familia toda
de noche se congrega.

III

La roja lumbre de los troncos brilla
del pequeño dormido en la mejilla
que con tímido afán su madre besa;
y se refleja alegre en la vajilla
de la dispuesta mesa.

IV

A su sobrino, que lo escucha atento,
mi hermana dice el pavoroso cuento,
y mi otra hermana la canción modula
que, o bien surge vibrante, o bien ondula
    prolongada en el viento.

V

Mi madre tiende las rugosas manos
al nieto que huye por la blanda alfombra;
hablan de pie mi padre y mis hermanos,
mientras yo, recatándome en la sombra,
    pienso en hondos arcanos.

VI

Pienso que de los días de ventura
las horas van apresurando el paso,
y que empaña el Oriente niebla oscura,
cuando aun el rayo trémulo fulgura,
    último del ocaso.

VII

¡Padres míos, mi amor! ¡Cómo envenena
las breves dichas el temor del daño!
Hoy presidís nuestra modesta cena,
pero en el porvenir... yo sé que un año
    vendrá sin Nochebuena.

VIII

Vendrá, y las que hoy son risas y alborozo
serán muda ficción y hondo sollozo.
No cantará mi hermana, y mi sobrina
no escuchará la historia peregrina
    que le da miedo y gozo.

IX

No dará nuestro hogar rojos destellos
sobre el limpio cristal de la vajilla,
y, si alguien osa hablar, será de aquellos
que hoy honran nuestra fiesta tan sencilla
        con sus blancos cabellos.

X

Blancos cabellos cuya amada hebra
es cual corona de laurel de plata,
mejor que esas coronas que celebra
la vil lisonja, la ignorancia acata,
        y el infortunio quiebra.

XI

¡Padres míos, mi amor! Cuando contemplo
la sublime bondad de vuestro rostro,
mi alma a los trances de la vida templo,
y ante esa imagen para orar me postro,
        cual me postro en el templo.

XII

Cada arruga que surca ese semblante
es del trabajo la profunda huella,
o fué un dolor de vuestro pecho amante.
La historia fiel de una época distante
        puedo leer yo en ella.

XIII

La historia de los tiempos sin ventura
en que luchasteis con la adversa suerte,
y en que, tras negras horas de amargura,
mi madre se sintió más noble y pura
        y mi padre más fuerte.

XIV

Cuando la noche toda en la cansada
labor tuvisteis vuestros ojos fijos,
y, al venceros el sueño a la alborada,
fuerzas os dió posar vuestra mirada
  en los dormidos hijos.

XV

Las lágrimas correr una tras una
con noble orgullo por mi faz yo siento,
pensando que hayan sido, por fortuna,
esas honradas manos mi sustento
  y esos brazos mi cuna.

XVI

¡Padres míos, mi amor! Mi alma quisiera
pagaros hoy lo que en mi edad primera
sufristeis sin gemir, lenta agonía,
y que cada dolor de entonces fuera
  germen de una alegría.

XVII

Entonces vuestro mal curaba el gozo
de ver al hijo convertirse en mozo,
mientras que al verme yo en vuestra presencia
siento mi dicha ahogada en el sollozo
  de una temida ausencia.

XVIII

Si el vigor juvenil volver de nuevo
pudiese a vuestra edad, ¿por qué estas penas?
Yo os daría mi sangre de mancebo,
tornando así con ella a vuestras venas
  esta vida que os debo.

XIX

Que de tal modo la aflicción me embarga
pensando en la posible despedida,
que imagino ha de ser tarea amarga
llevar la vida, como inútil carga,
        después de vuestra vida.

XX

Ese plazo fatal, sordo, inflexible,
miro acercarse con profundo espanto,
y en dudas grita el corazón sensible;
«Si aplacar al destino es imposible,
        ¿para qué amarnos tanto?»

XXI

Para estar juntos en la vida eterna
cuando acabe esta vida transitoria;
si Dios, que el curso universal gobierna,
nos devuelve en el cielo esta unión tierna,
        yo no aspiro a más gloria.

XXII

Pero, en tanto, buen Dios, mi mejor palma
será que prolonguéis la dulce calma
que hoy nuestro hogar en su recinto encierra;
para marchar yo solo por la tierra
        no hay fuerzas en mi alma.

TEODORO LLORENTE

UN RAMO DE CLAVELES Y AZUCENAS

Un ramo de claveles y azucenas
me pusiste en la mesa en que escribía:
Dios, remunerador de acciones buenas,
te pague la merced, dulce hija mía.

Como al enfermo, a quien la fiebre mata
el fresco manantial, cual los fulgores
del sol al ciego, para mí fue grata
la bendita limosna de esas flores.
Miro sobre mi mesa amontonados
el viejo in-folio, de pesada glosa,
los librejos del día, aún no cortados,
el vulgar expediente, ¡horrenda prosa!
La carta insulsa, el memorial prolijo,
el libelo procaz, de amargas hieles,
y entre el fárrago aquel, ¡oh regocijo!
tu ramo de azucenas y claveles.
El me dice: ¡alegría! ¡Primavera!
¡Efluvios del jardín! ¡Luz de la aurora!
¡Soplo vital que al mundo regenera!
¡Naturaleza, siempre creadora!
Mi espíritu, rendido bajo el peso
de insoluble cuestión, de acerva duda;
mi desmayado corazón, opreso
por la contienda de la vida, ruda;
mi orgullosa conciencia, a la que llamo,
y en el trance fatal hallo indecisa,
cálmanse todos al mirar el ramo
do pusiste tu amor y tu sonrisa.
Mi ser inunda el bienhechor aroma
purificando el alma; y al instante,
como sol puesto que de nuevo asoma,
la perdida ilusión surge triunfante.
Brilla a mis ojos plácida alborada,
y llena, con sus trinos hechiceros,
mi fantasía, selva enmarañada,
un tropel de calandrias y jilgueros.

ROSALIA DE CASTRO

«CENICIENTAS LAS AGUAS; LOS DESNUDOS...»

Cenicientas las aguas; los desnudos
Arboles y los montes, cenicientos;
Parda la bruma que los vela y pardas

Las nubes que atraviesan por el cielo;
Triste, en la tierra, el color gris domina,
¡El color de los viejos!
    De cuando en cuando de la lluvia el sordo
Rumor suena, y el viento
Al pasar por el bosque
Silba o finge lamentos
Tan extraños, tan hondos y dolientes,
Que parece que llaman por los muertos.
    Seguido del mastín que helado tiembla,
El labrador, cubierto
Con su capa de juncos, cruza el monte;
El campo está desierto,
Y tan sólo en los charcos que negrean
Del ancho prado entre el verdor intenso
Posa el vuelo la blanca gaviota,
Mientras graznan los cuervos.
    Yo, desde mi ventana,
Que azotan los airados elementos,
Regocijada y pensativa escucho
El discorde concierto
Simpático a mi alma...
    ¡Oh mi amigo el invierno!
Mil y mil veces bien venido seas.
Mi sombío y adusto compañero;
¿No eres acaso el precursor dichoso
Del tibio mayo y del abril risueño?
¡Ah, si el invierno triste de la vida,
Como tú de las flores y los céfiros,
También precursor fuera de la hermosa
Y eterna primavera de mis sueños!

«SU CIEGA Y LOCA FANTASIA...»

    Su ciega y loca fantasía
                corrió arrastrada por el vértigo,
tal como arrastra las arenas
                el huracán en el desierto.

    Y cual halcón que cae herido,
                en la laguna pestilente,
cayó en el cieno de la vida,
                rotas las alas para siempre.

Mas aun sin alas cree o sueña
            que cruza el aire, los espacios,
y aun entre el lodo se ve limpio,
            cual de la nieve el copo blanco.

LAS CAMPANAS

Yo las amo, yo las oigo
cual oigo el rumor del viento,
el murmurar de la fuente
o el balido del cordero.
Como los pájaros, ellas,
tan pronto asoma en los cielos
el primer rayo del alba,
le saludan con sus ecos.
Y en sus notas, que van prolongándose
por los llanos y los cerros,
hay algo de candoroso,
de apacible y de halagüeño.
Si por siempre enmudecieran,
¡qué tristeza en aire y en cielo!,
¡qué silencio en las iglesias!,
¡qué extrañeza entre los muertos!

«DICEN QUE NO HABLAN LAS PLANTAS...»

Dicen que no hablan las plantas, ni las fuentes, ni
                                        [los pájaros,
ni el onda, con sus rumores, ni con su brillo los as-
                                        [tros.
Lo dicen; pero no es cierto, pues siempre cuando yo
                                        [paso
de mí murmuran y exclaman:
—Ahí va la loca, soñando
con la eterna primavera de la vida y de los campos,
y ya bien pronto, bien pronto, tendrá los cabellos
                                        [canos
y ve temblando, aterida, que cubre la escarcha el pra-
                                        [do.—

Hay canas en mi cabeza; hay en los prados escarcha;
mas yo prosigo soñando, pobre, incurable sonámbula,

con la eterna primavera de la vida que se apaga
y la perenne frescura de los campos y las almas,
aunque los unos se agostan y aunque las otras se
                                                    [abrasan.

¡Astros y fuentes y flores!, no murmuréis de mis sue-
                                                    [ños;
sin ellos, ¿cómo admiraros, ni cómo vivir sin ellos?

ANTONIO FERNANDEZ GRILO

LAS ERMITAS DE CORDOBA

Hay de mi alegre sierra
sobre las lomas
unas casitas blancas
como palomas.
  Les dan dulces esencias
los limoneros,
los verdes naranjales
y los romeros.
  ¡Allí junto a las nubes
la alondra trina,
allí tiende sus brazos
la cruz divina!
  ¡La vista arrebatada
vuela en su anhelo
del llano a las ermitas;
de ellas, al cielo!
  Allí olvidan las almas
sus desengaños;
allí cantan y rezan
los ermitaños.
  ¡El agua que allí oculta
se precipita,
dicen los cordobeses
que está bendita!
  ¡Prestan a aquellos nidos
luz los querubes,
guirnaldas las estrellas,
mantos las nubes!

¡Muy alta está la cumbre!
¡La cruz muy alta!
Para llegar al cielo,
¡cuán poco falta!

¡Puso Dios en los mares
flores de perlas;
en las conchas, joyeros
donde esconderlas;

en el agua del bosque,
frescos murmullos:
de abril en las auroras,
rojos capullos;

arpas del paraíso
puso en las aves;
en las húmedas aúreas,
himnos suaves,

y para dirigirle
preces benditas,
puso altares y flores
en las ermitas!

¡Las cuestas por el mundo
dan pesadumbre
a los que desde el llano
van a la cumbre!

Subid adonde el monje
reza y trabaja;
¡más larga es la vereda
cuando se baja!

¡Ya se envuelva la noche.
ya el sol alumbre,
buscad a los que rezan
sobre esa cumbre!

¡Ellos de santos mares
van tras el puerto;
caravana bendita
de aquel desierto!

Forman música blanda
de un campanario;
de semillas campestres
santo rosario;

de una gruta en el monte,
plácido asilo;
de una tabla olvidada,
lecho tranquilo;

de legumbres y frutas,
pobres manjares,
parten con los mendigos
en sus altares.
 ¡Allí la cruz consuela,
la tumba advierte,
allí pasa la vida
junto a la muerte!
 Por los ojos que finge
la calavera,
ven el mundo... y su vana
pompa altanera.
 ¡Calavera sombría,
que en bucles bellos
adornaron un día
ricos cabellos!
 Esos huecos oscuros,
que se ensancharon,
fueron ojos que vieron
y que lloraron.
 ¡Por esas agrietadas
formas vacías,
penetraron del mundo
las armonías!
 ¿Qué resta ya del libre,
mágico anhelo,
con que esa frente altiva
se alzaba al cielo?
 ¡La huella polvorosa
de un ser extraño
adornando la mesa
de un ermitaño!
 Aquí, en la solitaria
celda escondida,
un cráneo dice: ¡Muerte!
Y una cruz: ¡Vida!

 ¡Muy alta está la cumbre!
¡La cruz muy alta!
¡Para llegar al cielo,
cuán poco falta!

RICARDO GIL

TRISTITIA RERUM

Abierto está el piano...
Ya no roza el marfil aquella mano
más blanca que el marfil.
La tierna melodía
que a media voz cantaba, todavía
descansa en el atril.

En el salón desierto
el polvo ha penetrado y ha cubierto
los muebles que ella usó;
y de la chimenea,
sobre el rojo tapiz no balancea
su péndola el reló;

la aguja, detenida
en la hora cruel de su partida,
otra no marcará.
Junto al hogar ya frío,
tiende sus brazos el sillón vacío
que esperándola está.

El comenzado encaje,
en un rincón espera quien trabaje
su delicada red...
La mustia enredadera
se asoma por los vidrios y la espera
moribunda de sed...

De su autor preferido,
la obra, en el pasaje interrumpido,
conserva la señal...
Aparece un instante
del espejo en el fondo su semblante...
Ha mentido el cristal.

En pavorosa calma
creciendo van las sombras... En mi alma
van creciendo también.

Por el combate rudo,
· vencido al fin, sobre el piano mudo
vengo a apoyar mi sien.

Al golpear mi frente
la madera, sus cuerdas, tristemente,
comienzan a vibrar...
En la caja sonora
brota un sordo rumor... Alguien que llora
al verme a mí llorar...

Es un largo lamento
al que se liga conocido acento,
que se aleja veloz...
En la estancia sombría
suena otra vez la tierna melodía
que ella cantaba siempre a media voz.

MANUEL REINA

TUS OJOS

Son tus ojos, mi bien, negros diamantes
en que relumbra el sol del mediodía;
ojos llenos de erótica poesía,
de llamas y promesas embriagantes.
Tus ojos son espejos fulgurantes
que reflejan la hermosa Andalucía
con su pompa, su gracia y alegría,
sus campos y sus cielos deslumbrantes.
Cuando me asomo a tus pupilas bellas,
miro vergeles, árabes palacios,
mares de plata y luz, noches de estrellas,
patios floridos, ferias bulliciosas,
la Giralda riendo en los espacios,
y el amor sobre céspedes y rosas.

SALVADOR RUEDA

LA SANDIA

Cual si de pronto se entreabriera el día,
despidiendo una intensa llamarada,
por un acero fúlgido rasgada
mostró su carne roja la sandía.
Carmín incandescente parecía
la larga y deslumbrante cuchillada,
como boca encendida y desatada
en frescos borbotones de alegría.
Tajada tras tajada señalando
las fue el hábil cuchillo separando
vivas a la ilusión como ningunas.
Las separó la mano de repente
y de improviso decoró la fuente
un círculo de rojas medias lunas.

EL CONDOR

Cual si recia catapulta lo lanzara de los suelos,
sube y sube en anchos círculos sobre montes y pai-
[sajes;

balancín son sus dos alas dividiendo los celajes
que se encumbran y se encumbran a romper más altos
[velos.
Como un arco de sí mismo, lo disparan sus dos vue-
[los
con la furia zumbadora de sus combos varillajes,
y aún más alto va rasgando los azules cortinajes
hasta alzarse a la rotonda deslumbrante de los cielos.
Allí lanza un grito heroico como canto de victoria,
y otra vez aún sube y sube tras lograr la altiva gloria
de mirar lo que en el fondo de los astros hay escrito.
A estrellarse en Dios va recto por innúmeras escalas,
pero entonces Dios lo coge por las puntas de las alas
¡y lo cuelga cual milagro del azul de lo infinito!

MIGUEL DE UNAMUNO

LA ORACION DEL ATEO

Oye mi ruego Tú, Dios que no existes,
y en tu nada recoge estas mis quejas,
Tú que a los pobres hombres nunca dejas
sin consuelo de engaño. No resistes

a nuestro ruego y nuestro anhelo vistes.
Cuando Tú de mi mente más te alejas,
más recuerdo las plácidas consejas
con que mi ama endulzóme noches tristes.

¡Qué grande eres, mi Dios! Eres tan grande
que no eres sino Idea; es muy angosta
la realidad por mucho que se expande

para abarcarte. Sufro yo a tu costa,
Dios no existente, pues si Tú existieras
existiría yo también de veras.

EN MI CUADRAGESIMOSEXTO ANIVERSARIO

29-IX-10

Ahora que ya por fin gané la cumbre,
a mis ojos la niebla cubre el valle

y no distingo a dónde va la calle
de mi descenso. Con la pesadumbre
   de los agüeros vuelvo hacia la lumbre
que mengua la mirada. Que se acalle
te pido esta mi ansión y que tu dalle
siegue al cabo, Señor, toda mi herrumbre.
   Cuando puesto ya el sol contra mi frente
me amaguen de la noche las tinieblas,
Tú, Señor de mis años, que clemente
   mis esperanzas con recuerdos pueblas,
confórmate al bajar de la pendiente;
de las nieblas salí, vuelvo a las nieblas.

«LEER, LEER, LEER, VIVIR LA VIDA...»

   Leer, leer, leer, vivir la vida
      que otros soñaron.
Leer, leer, leer, el alma olvida
      las cosas que pasaron.
   Se quedan las que quedan, las ficciones,
      las flores de la pluma,
las olas, las humanas creaciones,
      el poso de la espuma.
Leer, leer, leer; ¿seré lectura
      mañana también yo?
¿Seré mi creador, mi criatura,
      seré lo que pasó?

AL PERRO «REMO»

   Cuando pone en mi pecho sus patas
y me mira a los ojos el perro,
las raicillas del alma me tiemblan,
      ¡temblor agorero!

   Me acongoja la muda pregunta,
de sus ojos el líquido ensueño;
ni le queda dolor en al alma,
      ¡tan sólo silencio!

En el lánguido humor de sus niñas
se me encara perlático espejo
de un ayer tan lejano que se unce
    a un mañana eterno.

¡Ay la cárcel de carne en que duerme
la divina conciencia!, ¡ay el sueño
de una sombra que mira en los ojos
    del trágico perro!

¿No es acaso mi Dios que al mirarme
desde lo hondo del alma de «Remo»
con la cruz de la carne me hostiga
    mi eterno deseo?

Cuando pone en mi pecho sus patas
y en mis ojos sus ojos el perro...
«¡Dios mío, Dios mío, por qué me has dejado!»,
    clamó el Nazareno.

LA SIMA

La hondura de la Sima, no su anchura,
nos da que estremecer en el sendero
al ir a dar el salto derechero
con las muletas, ¡Dios!, de la fe pura;
    el salto que nos lleve en derechura
del todo de la nada pasajero
a la nada del todo duradero
sin estrellas que le hagan de envoltura.
    Tinieblas es la luz donde hay luz sola,
mar sin fondo, sin haz y sin ribera,
sin brisa de aire que levante en ola
    la vida, nuestra vida verdadera;
la vida, esa esperanza que se inmola
y vive así, inmolándose, en espera.

ANTE UN RIZO DE MI CABELLERA DE NIÑO

¿Este rizo es un recuerdo,
o es todo recuerdo un rizo?
¿Es un sueño o un hechizo?
En tal encuentro me pierdo.

Siendo niño, la tijera
maternal —¡tiempo que pasa!—
me lo cortó, y en la casa
queda, reliquia agorera.
    «¡Fue mío!», dice mi mente.
¿Mío? ¡Si no lo era yo!...
Todo esto ya se pasó;
¡si nos quedara el presente!
    Es la reliquia de un muerto
náufrago en mar insondable.
¡Qué misterio inabordable
el que me aguarda en el puerto!
    Este rizo es una garra
que me desgarra en pedazos...
¡Madre! ¡Llévame en tus brazos
hasta trasponer la barra!

EUCARISTIA

Amor de Ti nos quema, blanco cuerpo;
amor que es hambre, amor de las entrañas;
hambre de la palabra creadora
que se hizo carne; fiero amor de vida
que no se sacia con abrazos, besos,
ni con enlace conyugal alguno.
Sólo comerte nos apaga el ansia,
pan de inmortalidad, carne divina.
Nuestro amor entrañado, amor hecho hambre,
¡oh Cordero de Dios!. manjar te quiere;
quiere saber sabor de tus redaños,
comer tu corazón, y que su pulpa
como maná celeste se derrita
sobre el ardor de nuestra seca lengua:
que no es gozar en Ti: es hacerte nuestro,
carne de nuestra carne, y tus dolores
pasar para vivir muerte de vida.
Y tus brazos abriendo como en muestra
de entregarte amoroso nos repites:
«¡Venid, comed, tomad: éste es mi cuerpo!»
Carne de Dios, Verbo encarnado, encarna
nuestra divina hambre carnal de Ti.

«¡AY!, BISONTE DE ALTAMIRA...»

¡Ay!, bisonte de Altamira,
te tragó el león de España;
fue por hambre, no por saña,
y el león ahora delira
porque en su sangre te lleva,
troglodítico bisonte,
bestia salvaje en el monte,
sueño mágico en la cueva.
El león sueña contigo,
con tu melena y tus cuernos;
sueña el león tus eternos
hechizos como un castigo.
Que tú le abrasas la entraña,
¡ay, bisonte de Altamira!,
y el pobre león delira,
y con él delira España.
Mistagógico bisonte
del cielo de la caverna,
protoibérica taberna,
tinieblas por horizonte;
¿a qué luz de íntimo fuego
te trazó segura mano
de soñador soberano
que aún nos enturbia el sosiego?
Pobre león, cómo lloras,
que el sol el soñar te quita,
y la sangre se te irrita
mientras recuerdos devoras.

RAMON DEL VALLE-INCLAN

LOS POBRES DE DIOS

Por los caminos florecidos
va la caravana de los desvalidos,
ciegos, leprosos y tullidos.
No tienen albergue en la noche fría,
no tienen yantar a la luz del día,
por eso son hijos de Santa María.

El polvo quema sus llagas rojas,
sus oraciones son congojas:
van entre el polvo como las hojas.

Van por caminos de sementeras,
caminos verdes entre las eras,
en donde cantan las vaqueras.

> COMO CHOVE MIUDIÑO,
> COMO MIUDIÑO CHOVE,
> POL'A BANDA DE LAIÑO,
> POL'A BANDA DE LESTROVE.

GARROTE VIL

¡Tan! ¡Tan! ¡Tan! Canta el martillo,
el garrote alzando están,
canta en el campo un cuclillo,
y las estrellas se van
al compás del estribillo
con que repica el martillo:
        ¡Tan! ¡Tan! ¡Tan!
El patíbulo destaca
trágico, nocturno y gris,
la ronda de la petaca
sigue a la ronda de anís,
pica tabaco la faca,
y el patíbulo destaca
sobre el alba flor de lis.

Aspera copla remota
que rasguea un guitarrón
se escucha. Grito de jota
del morapio peleón.
El cabileño patriota
canta la canción remota
de las glorias de Aragón.

Apicarada pelambre
al pie del garrote vil,
se solaza muerta de hambre.
Da vayas al alguacil,
y con un rumor de enjambre
acoge hostil la pelambre
a la hostil Guardia Civil.

Un gitano vende churros
al socaire de un corral,
asoman flautistas burros
las orejas al bardal,
y en el corro de baturros
el gitano de los churros
beatifica al criminal.

El reo espera en capilla,
reza un clérigo en latín,
llora un vela amarilla,
y el sentenciado da fin
a la amarilla tortilla
de yerbas. Fue a la capilla
la cena del cafetín.

Canta en la plaza el martillo,
el verdugo gana el pan,
un paño enluta el banquillo.
Como el paño es catalán,
se está volviendo amarillo
al son que canta el martillo:
　　　¡Tan! ¡Tan! ¡Tan!

MANUEL MACHADO

ADELFOS

Yo soy como las gentes que a mi tierra vinieron
—soy de la raza mora, vieja amiga del Sol—,
que todo lo ganaron y todo lo perdieron.
Tengo el alma de nardo del árabe español.

Mi voluntad se ha muerto una noche de luna
en que era muy hermoso no pensar ni querer...
Mi ideal es tenderme, sin ilusión alguna...
De cuando en cuando un beso y un nombre de mujer.

En mi alma, hermana de la tarde, no hay contornos,
...y la rosa simbólica de mi única pasión
es una flor que nace en tierras ignoradas
y que no tiene aroma, ni forma, ni color.

Besos, ¡pero no darlos! ¡Gloria, la que me deben;
que todo, como un aura se venga para mí!
Que las olas me traigan y las olas me lleven,
y que jamás me obliguen el camino a elegir.

¡Ambición! no la tengo. ¡Amor! no lo he sentido.
No ardí nunca en un fuego de fe ni gratitud.
Un vago afán de arte tuve... Ya lo he perdido.
Ni el vicio me seduce, ni adoro la virtud.
    De mi alta aristocracia, dudar jamás se pudo.
No se ganan, se heredan, elegancia y blasón.
...Pero el lema de casa, el mote del escudo,
es una nube vaga que eclipsa un vano sol.
    Nada os pido. Ni os amo, ni os odio. Con dejarme,
lo que hago por vosotros hacer podéis por mí.
...Que la vida se tome la pena de matarme,
ya que yo no me tomo la pena de vivir!...
    Mi voluntad se ha muerto una noche de luna
en que era muy hermoso no pensar ni querer...
De cuando en cuando un beso, sin ilusión ninguna,
¡El beso generoso que no he de devolver!

CANTARES

    Vino, sentimiento, guitarra y poesía...
hacen los cantares de la patria mía...
Cantares...
Quien dice cantares, dice Andalucía.
    A la sombra fresca de la vieja parra
un mozo moreno rasguea la guitarra...
Cantares...
Algo que acaricia y algo que desgarra.
    La prima que canta, el bordón que llora...
Y el tiempo callado se va hora tras hora.
Cantares...
Son dejos fatales de la raza mora.
    No importa la vida, que ya está perdida,
y después de todo, ¿qué es eso, la vida?...
Cantares...
Cantando la pena, la pena se olvida.
    Madre pena, suerte, pena, madre, muerte.
ojos negros, negros, y negra la suerte...
Cantares...
En ellos el alma del alma se vierte.
    Cantares. Cantares de la patria mía;
cantares son sólo los de Andalucía.
Cantares...
No tiene más notas la guitarra mía.

MORIR, DORMIR...

—Hijo, para descansar
es necesario dormir,
no pensar,
no sentir,
no soñar...
—Madre, para descansar,
morir.

ANTONIO MACHADO

«FUE UNA CLARA TARDE, TRISTE Y SOÑOLIENTA...»

Fue una clara tarde, triste y soñolienta,
del lento verano. La hiedra asomaba
al muro del parque, negra y polvorienta...
La fuente sonaba.
　　Rechinó en la vieja cancela mi llave;
con agrio ruido abrióse la puerta
de hierro mohoso y, al cerrarse, grave
golpeó el silencio de la tarde muerta.
　　En el solitario parque, la sonora
copla borbollante del agua cantora,
me guió a la fuente, que alegre vertía
sobre el blanco mármol su monotonía.
　　La fuente cantaba: ¿Te recuerda, hermano,
un sueño lejano mi canto presente?...
Fue una tarde lenta del lento verano.
　　Respondí a la fuente:
No recuerdo, hermana,
mas sé que tu copla presente es lejana.
　　Fue esta misma tarde: mi cristal vertía
como hoy sobre el mármol su monotonía.
¿Recuerdas, hermano?... Los mirtos talares,
que ves, sombreaban los claros cantares
que escuchas. Del rubio color de la llama,
el fruto maduro pendía en la rama,
lo mismo que ahora. ¿Recuerdas, hermano?...
Fue esta misma lenta tarde de verano.

—No sé qué me dice tu copla riente
de ensueños lejanos, hermana la fuente.
Yo sé que tu claro cristal de alegría
ya supo del árbol la fruta bermeja;
yo sé que es lejana la amargura mía
que sueña en la tarde de verano vieja.
Yo sé que tus bellos espejos cantores
copiaron antiguos delirios de amores:
mas cuéntame, fuente de lengua encantada,
cuéntame mi alegre leyenda olvidada.
—Yo no sé leyendas de antigua alegría,
sino historias viejas de melancolía.
Fue una clara tarde del lento verano...
Tú venías solo con tu pena, hermano;
tus labios besaron tu linfa serena,
y, en la clara tarde, dijeron tu pena.
Dijeron tu pena tus labios que ardían;
la sed que ahora tienen, entonces tenían.
—Adiós para siempre, la fuente sonora,
del parque dormido eterna cantora.
Adiós para siempre; tu monotonía,
fuente es más amarga que la pena mía.
Rechinó en la vieja cancela mi llave;
con agrio ruido abrióse la puerta
de hierro mohoso y, al cerrarse, grave
sonó en el silencio de la tarde muerta.

«YO VOY SOÑANDO CAMINOS...»

Yo voy soñando caminos
de la tarde. ¡Las colinas
doradas, los verdes pinos,
las polvorientas encinas!...
¿A dónde el camino irá?
Yo voy cantando, viajero
a lo largo del sendero...
—La tarde cayendo está—,
«En el corazón tenía
la espina de una pasión;
logré arrancármela un día:
ya no siento el corazón.»
Y todo el campo un momento
se queda, mudo y sombrío,

meditando. Suena el viento
en los álamos del río.
La tarde más se oscurece;
y el camino que serpea
y débilmente blanquea,
se enturbia y desaparece.
Mi cantar vuelve a plañir:
«Aguda espina dorada,
quién te pudiera sentir
en el corazón clavada.»

«ME DIJO UN ALBA DE LA PRIMAVERA...»

Me dijo un alba de la primavera:
Yo florecí en tu corazón sombrío
ha muchos años, caminante viejo
que no cortas las flores del camino.
Tu corazón de sombra ¿acaso guarda
el viejo aroma de mis viejos lirios?
¿Perfuman aún mis rosas la alba frente
del hada de tu sueño adamantino?
Respondí a la mañana:
Sólo tienen cristal los sueños míos.
Yo no conozco el hada de mis sueños
ni sé si está mi corazón florido.
Pero si aguardas la mañana pura
que ha de romper el vaso cristalino,
quizás el hada te dará tus rosas
mi corazón tus lirios.

«LLAMO A MI CORAZON UN CLARO DIA...»

Llamó a mi corazón, un claro día,
con un perfume de jazmín, el viento.
—A cambio de este aroma,
todo el aroma de tus rosas quiero.
—No tengo rosas; flores
en mi jardín no hay ya; todas han muerto.
—Me llevaré los llantos de las fuentes,
las hojas amarillas y los mustios pétalos.
Y el viento huyó... Mi corazón sangraba...
Alma, ¿qué has hecho de tu pobre huerto?

«TARDE TRANQUILA, CASI...»

Tarde tranquila, casi
cón placidez del alma,
para ser joven, para haberlo sido
cuando Dios quiso, para
tener algunas alegrías... lejos
y poder dulcemente recordarlas.

«¡COLINAS PLATEADAS...!»

¡Colinas plateadas,
grises alcores, cárdenas roquedas
por donde traza el Duero
su curva de ballesta
en torno a Soria, oscuros encinares,
ariscos pedregales, calvas sierras,
caminos blancos y álamos del río,
tardes de Soria, mística y guerrera,
hoy siento por vosotros, en el fondo
del corazón, tristeza,
tristeza que es amor! ¡Campos de Soria
donde parece que las rocas sueñan,
conmigo vais! ¡Colinas plateadas,
grises alcores, cárdenas roquedas!

«HE VUELTO A VER LOS ALAMOS DORADOS...»

He vuelto a ver los álamos dorados,
álamos del camino en la ribera
del Duero, entre San Polo y San Saturio,
tras las murallas viejas
de Soria, —barbacana
hacia Aragón, en castellana tierra—.
Estos chopos del río, que acompañan
con el sonido de sus hojas secas
el son del agua, cuando el viento sopla,
tienen en sus cortezas
grabadas iniciales que son nombres
de enamorados, cifras que son fechas.
¡Alamos del amor que ayer tuvisteis
de ruiseñores vuestras ramas llenas;

álamos que seréis mañana liras
del viento perfumado en primavera;
álamos del amor cerca del agua
que corre y pasa y sueña,
álamos de las márgenes del Duero,
conmigo vais, mi corazón os lleva!

«¡OH SI! CONMIGO VAIS, CAMPOS DE SORIA...»

¡Oh sí! Conmigo vais, campos de Soria,
tardes tranquilas, montes de violeta,
alamedas del río, verde sueño
del suelo gris y de la parda tierra,
agria melancolía
de la ciudad decrépita,
me habéis llegado al alma,
¿o acaso estabais en el fondo de ella?

A JOSE MARIA PALACIO

Palacio, buen amigo,
¿está la primavera
vistiendo ya las ramas de los chopos
del río y los caminos? En la estepa
del alto Duero, Primavera tarda,
¡pero es tan bella y dulce cuando llega!...
¿Tienen los viejos olmos
algunas hojas nuevas?
Aún las acacias estarán desnudas
y nevados los montes de las sierras.
¡Oh mole del Moncayo, blanca y rosa,
allá, en el cielo de Aragón, tan bella!
¿Hay zarzas florecidas
entre las grises peñas,
y blancas margaritas
entre la fina hierba?
Por esos campanarios
ya habrán ido llegando las cigüeñas.
Habrá trigales verdes,
y mulas pardas en las sementeras,
y labriegos que siegan los tardíos
con las lluvias de abril. Ya las abejas
libarán del tomillo y el romero.

¿Hay ciruelos en flor? ¿Quedan violetas?
Furtivos cazadores, los reclamos
de la perdiz bajo las capas luengas,
no faltarán. Palacio, buen amigo,
¿tienen ya ruiseñores las riberas?
Con los primeros lirios
y las primeras rosas de las huertas,
en una tarde azul, sube al Espino,
al alto Espino donde está su tierra...,

Baeza, 24 abril 1913

PROVERBIOS Y CANTARES

¿Para qué llamar caminos
a los surcos del azar?
Todo el que camina anda,
como Jesús, sobre el mar.

Ayer soñé que veía
a Dios y que a Dios hablaba;
y soñé que Dios me oía...
Después soñé que soñaba.

¡Oh fe del meditabundo!
¡Oh fe después del pensar!
Sólo si viene un corazón al mundo
rebosa el vaso humano y se hincha el mar.

Bueno es saber que los vasos
nos sirven para beber;
lo malo es que no sabemos
para qué sirve la sed.

Ya hay un español que quiere
vivir y a vivir empieza,
entre una España que muere
y otra España que bosteza.
Españolito que vienes
al mundo, te guarde Dios.
Una de las dos Españas
ha de helarte el corazón.

El ojo que ves no es
ojo porque tú lo veas;
es ojo porque te ve.

Hoy es siempre todavía.

No es el yo fundamental
eso que busca el poeta,
sino el tú esencial.

Se miente más de la cuenta
por falta de fantasía:
también la verdad se inventa.

¿Tu verdad? No, la Verdad,
y ven conmigo a buscarla.
La tuya, guárdatela.

APUNTES

I

Desde mi ventana,
¡campo de Baeza,
a la luna clara!

¡Montes de Cazorla,
Aznaitín y Mágina!

¡De luna y de piedra
también los cachorros
de Sierra Morena!

II

Sobre el olivar,
se vio a la lechuza
volar y volar.

Campo, campo, campo.
Entre los olivos,
los cortijos blancos.

Y la encina negra,
a medio camino,
de Ubeda a Baeza.

III

Por un ventanal
entró la lechuza
en la catedral.

San Cristobalón
la quiso espantar,
al ver que bebía
del velón de aceite
de Santa María.

La Virgen habló:
Déjala que beba,
San Cristobalón.

IV

Sobre el olivar,
se vio a la lechuza
volar, y volar.

A Santa María
un ramito verde
volando traía.

¡Campo de Baeza,
soñaré contigo
cuando no te vea!

V

Dondequiera vaya
José de Mairena
lleva su guitarra.

«¿POR QUE, DECISME, HACIA LOS ALTOS LLANOS...»

¿Por qué, decísme, hacia lo saltos llanos
huye mi corazón de esta ribera,
las sombres de los muertos encinares,
y en tierra labradora y marinera
suspiro por los yermos castellanos?
Nadie elige su amor. Llevóme un día
mi destino a los grises calvijares
donde ahuyenta al caer la nieve fría
las sombras de los muertos encinares.
De aquel trozo de España, alto y roquero,
hoy traigo a ti, Guadalquivir florido,
una mata del áspero romero.
Mi corazón está donde ha nacido
no a la vida, al amor, cerca del Duero...
¡El muro blanco y el ciprés erguido!

«HOY, CON LA PRIMAVERA...»

Hoy, con la primavera,
soñé que un fino cuerpo me seguía
cual dócil sombra. Era
mi cuerpo juvenil, el que subía
de tres en tres peldaños la escalera.
—Hola, galgo de ayer. (Su luz de acuario
trocaba el hondo espejo
por agria luz sobre un rincón de osario.)
—¿Tú conmigo, rapaz?
                              —Contigo, viejo.
Soñé la galería
al huerto de ciprés y limonero;
tibias palomas en la piedra fría,
en el cielo de añil rojo pandero,
y en la mágica angustia de la infancia
la vigilia del ángel más austero.
La ausencia y la distancia
volví a soñar con túnicas de aurora;
firme en el arco tenso la saeta
del mañana, la vista aterradora
de la llama prendida en la espoleta
de su granada.

¡Oh Tiempo, oh Todavía
preñado de inminencias,
tú me acompañas en la senda fría,
tejedor de esperanzas e impaciencias!

«TU POETA...»

Tu poeta
piensa en ti. La lejanía
es de limón y violeta,
verde el campo todavía.
Conmigo vienes, Guiomar;
nos sorbe la serranía.
De encinar en encinar
se va fatigando el día.

El tren devora y devora
día y rïel. La retama
pasa en sombra; se desdora
el oro en el Guadarrama.
Porque una diosa y su amante
huyen juntos, jadeante,
los sigue la luna llena.
El tren se esconde y resuena
dentro de un monte gigante.

Campos yermos, cielo alto.
Tras los montes de granito
y otros montes de basalto,
ya es la mar y el infinito.
Juntos vamos; libres somos.
Aunque el Dios, como en el cuento
fiero rey, cabalgue a lomos
del mejor corcel del viento,
aunque nos jure, violento,
su venganza,
aunque ensille el pensamiento,
libre amor, nadie lo alcanza.

Hoy te escribo en mi celda de viajero,
a la hora de una cita imaginaria.
Rompe el iris al aire el aguacero
y al monte su tristeza planetaria.

Sol y campanas en la vieja torre.
¡Oh, tarde viva y quieta
que opuso al **panta rhey** su **nada corre,**
tarde niña que amaba tu poeta!
¡Y día adolescente
cuando pensaste a Amor, junto a la fuente,
—ojos claros y músculos morenos—,
besar tus labios y apresar tus senos!
Todo a esta luz de abril se transparenta;
todo en el hoy de ayer, el Todavía
que en sus maduras horas
el tiempo canta y cuenta,
se funde en una sola melodía,
que es un coro de tardes y de auroras.
A ti, Guiomar, esta nostalgia mía.

LA MUERTE DEL NIÑO HERIDO

Otra vez en la noche... Es el martillo
de la fiebre en las sienes bien vendadas
del niño. —¡Madre, el pájaro amarillo!
¡las mariposas negras y moradas!
—Duerme, hijo mío. — Y la manita oprime
la madre, junto al lecho. —¡Oh flor de fuego!
¿quién ha de helarte, flor de sangre, dime?
Hay en la pobre alcoba olor de espliego;
fuera, la oronda luna que blanquea
cúpula y torre a la ciudad sombría.
Invisible avión moscardonea.
—¿Duermes, oh dulce flor de sangre mía?
El cristal del balcón repiquetea.
—¡Oh, fría, fría, fría, fría, fría!

JUAN RAMON JIMENEZ

«POR EL JARDIN FLORECIDO...»

Por el jardín florecido,
ella reía y cantaba,

cojiendo rosas y rosas,
en el sol de la mañana.
  Yo, ansioso, toda mi frente
llanto sin salir, miraba
el cielo azul del rocío
que aún temblaba de las ramas
—consuelo para mis ojos
locos, que se imajinaban
que aquellas gotas del cielo
caían de su nostaljia—;
y para que ella no viera
la tristeza de mi alma,
intentando ahogar sus voces,
también reía y cantaba.
  ¡Y ella se fue con sus rosas,
y yo me fui con mis lágrimas,
detrás de ella, en la gloria
de aquella mañana májica!

«—NO ERA NADIE. EL AGUA. —¿NADIE?...»

  —No era nadie. El agua. —¿Nadie?
¿Que no es nadie el agua? —No
hay nadie. Es la flor. —¿No hay nadie?
Pero ¿no es nadie la flor?
  —No hay nadie. Era el viento. —¿Nadie?
¿No es el viento nadie? —No
hay nadie. Ilusión. —¿No hay nadie?
¿Y no es nadie la ilusión?

«VIENTO NEGRO, LUNA BLANCA...»

> (Par délicatesse
> j'ai perdu ma vie.
> A. Rimbaud.)

  Viento negro, luna blanca.
Noche de Todos los Santos.
Frío. Las campanas todas
de la tierra están doblando.
  El cielo, duro. Y su fondo
da un azul iluminado

de abajo, al romanticismo
de los secos campanarios.
    Faroles, flores, coronas
—¡campanas que están doblando!—
...Viento largo, luna grande,
noche de Todos los Santos.
...Yo voy muerto, por la luz
agria de las calles; llamo
con todo el cuerpo a la vida;
quiero que me quieran; hablo
a todos los que me han hecho
mudo, y hablo sollozando,
roja de amor esta sangre
desdeñosa de mis labios.
    ¡Y quiero ser otro, y quiero
tener corazón, y brazos
infinitos, y sonrisas
inmensas, para los llantos
aquellos que dieron lágrimas
por mi culpa!
            ...Pero, ¿acaso
puede hablar de sus rosales
un corazón sepulcrado?
    —¡Corazón, estás bien muerto!
¡Mañana es tu aniversario!—
    Sentimentalismo, frío.
La ciudad está doblando.
Luna blanca, viento negro.
Noche de Todos los Santos.

CUARTO

    ¡Qué quietas están las cosas,
y qué bien se está con ellas!
Por todas partes, sus manos
con nuestras manos se encuentran.
    ¡Cuántas discretas caricias,
qué respeto por la idea;
cómo miran, estasiadas,
el ensueño que uno sueña!
    ¡Cómo les gusta lo que a uno
le gusta; cómo se esperan,
y, a nuestra vuelta, qué dulces
nos sonríen, entreabiertas!

¡Cosas —amigas hermanas;
mujeres—, verdad contenta,
que nos devolvéis, celosas,
las más fugaces estrellas!

EL VIAJE DEFINITIVO

...Y yo me iré. Y se quedarán los pájaros
cantando;
y se quedará mi huerto, con su verde árbol
y con su pozo blanco.

Todas las tardes, el cielo será azul y plácido;
y tocarán, como esta tarde están tocando,
las campanas del campanario.

Se morirán aquellos que me amaron;
y el pueblo se hará nuevo cada año;
y en el rincón aquel de mi huerto florido y encalado,
mi espíritu errará, nostáljico...

Y yo me iré; y estaré solo, sin hogar, sin árbol
verde, sin pozo blanco,
sin cielo azul y plácido...
Y se quedarán los pájaros cantando.

LA COJITA

La niña sonríe: «¡Espera,
voy a cojer la muleta!»
Sol y rosas. La arboleda,
movida y fresca, dardea
limpias luces verdes. Gresca
de pájaros, brisas nuevas.
La niña sonríe: «¡Espera,
voy a cojer la muleta!»
Un cielo de ensueño y seda,
hasta el corazón se entra.
Los niños, de blanco, juegan,
chillan, sudan, llegan:
          «...menaaa¡»

La niña sonríe: «¡Espeeera,
voy a cojer la muleta!»
   Saltan sus ojos. Le cuelga,
jirando, falsa, la pierna.
Le duele el hombro. Jadea
contra los chopos y ríe: «¡Espera,
voy a cojer la muleta!»
   ¡Mas los pájaros no esperan;
los niños no esperan! Yerra
la primavera. Es la fiesta
del que corre y del que vuela...
La niña sonríe: «¡Espera,
voy a cojer la muleta!»

TRASCIELO DEL CIELO AZUL

   ¡Qué miedo el azul del cielo!
¡Negro!
¡Negro de día, en agosto!
¡Qué miedo!
   ¡Qué espanto en la siesta azul!
¡Negro!
¡Negro en las rosas y el río!
¡Qué miedo!
   ¡Negro, de día, en mi tierra
—¡negro!—
sobre las paredes blancas!
¡Qué miedo!

A MI ALMA

   Siempre tienes la rama preparada
para la rosa justa; andas alerta
siempre, el oído cálido en la puerta
de tu cuerpo, a la flecha inesperada.
   Una onda no pasa de la nada,
que no se lleve de tu sombra abierta
la luz mejor. De noche, estás despierta
en tu estrella, a la vida desvelada.
   Signo indeleble pones en las cosas.
Luego, tornada gloria de las cumbres,
revivirás en todo lo que sellas.

Tu rosa será norma de las rosas;
tu oír, de la armonía; de las lumbres
tu pensar; tu velar, de las estrellas.

SOLEDAD

(1 de febrero)

En ti estás todo, mar, y sin embargo,
¡qué sin ti estás, qué solo,
qué lejos, siempre, de ti mismo!
Abierto en mil heridas, cada instante,
cual mi frente
tus olas van, como mis pensamientos,
y vienen, van y vienen,
besándose, apartándose,
en un eterno conocerse,
mar, y desconocerse.
Eres tú, y no lo sabes,
tu corazón te late, y no lo siente...
¡Qué plenitud de soledad, mar solo!

«¡INTELIJENCIA, DAME...!»

¡Intelijencia, dame
el nombre exacto de las cosas!
...Que mi palabra sea
la cosa misma,
creada por mi alma nuevamente.
Que por mí vayan todos
los que no las conocen, a las cosas;
que por mí vayan todos
los que ya las olvidan, a las cosas;
que por mí vayan todos
los mismos que las aman, a las cosas...
¡Intelijencia, dame
el nombre exacto, y tuyo,
y suyo, y mío, de las cosas!

SU SITIO FIEL

Las nubes y los árboles se funden
y el sol les trasparenta su honda paz.
Tan grande es la armonía del abrazo,
que la quiere gozar también el mar,
el mar que está tan lejos, que se acerca,
que ya se oye latir, que huele ya.
El cerco universal se va apretando,
y ya en toda la hora azul no hay más
que la nube, que el árbol, que la ola,
síntesis de la gloria cenital.
El fin está en el centro. Y se ha sentado
aquí, su sitio fiel, la eternidad.
Para esto hemos venido. (Cae todo
lo otro, que era luz provisional.)
Y todos los destinos aquí salen,
aquí entran, aquí suben, aquí están.
Tiene el alma un descanso de caminos
que han llegado a su único final.

REQUIEM

Cuando todos los siglos vuelven,
anocheciendo, a su belleza,
sube al ámbito universal
la unidad honda de la tierra.
Entonces nuestra vida alcanza
la alta razón de su existencia:
todos somos reyes iguales
en la tierra, reina completa.
Le vemos la sien infinita,
le escuchamos la voz inmensa,
nos sentimos acumulados
por sus dos manos verdaderas.
Su mar total es nuestra sangre,
nuestra carne es toda su piedra,
respiramos su aire uno,
su fuego único nos incendia.
Ella está con nosotros todos,
y todos estamos con ella;
ella es bastante para darnos
a todos la sustancia eterna.

Y tocamos el cenit último
con la luz de nuestras cabezas
y nos detenemos seguros
de estar en lo que no se deja.

ARBOLES HOMBRES

Ayer tarde
volvía yo con las nubes
que entraban bajo rosales
(grande ternura redonda)
entre los troncos constantes.
La soledad era eterna
y el silencio inacabable.
Me detuve como un árbol
y oí hablar a los árboles.
El pájaro solo huía
de tan secreto paraje,
solo yo podía estar
entre las rosas finales.
Yo no quería volver
en mí, por miedo de darles
disgusto de árbol distinto
a los árboles iguales.
Los árboles se olvidaron
de mi forma de hombre errante,
y, con mi forma olvidada,
oía hablar a los árboles.
Me retardé hasta la estrella.
En vuelo de luz suave
fui saliéndome a la orilla,
con la luna ya en el aire.
Cuando yo ya me salía
vi a los árboles mirarme.
Se daban cuenta de todo,
y me apenaba dejarles.
Y yo los oía hablar,
entre el nublado de nácares,
con blando rumor, de mí.
Y ¿cómo desengañarles?
¿Cómo decirles que no,
que yo era sólo el pasante,
que no me hablaran a mí?

No quería traicionarles.
Y ya muy tarde, ayer tarde,
oí hablarme a los árboles.

EL NOMBRE CONSEGUIDO DE LOS NOMBRES

Si yo, por ti, he creado un mundo para ti,
dios, tú tenías seguro que venir a él,
y tú has venido a él, a mí seguro,
porque mi mundo todo era mi esperanza.
Yo he acumulado mi esperanza
en lengua, en nombre hablado, en nombre escrito;
a todo yo le había puesto nombre
y tú has tomado el puesto
de toda esta nombradía.
Ahora puedo yo detener ya mi movimiento,
como la llama se detiene en ascua roja
con resplandor de aire inflamado azul,
en el ascua de mi perpetuo estar y ser;
ahora yo soy ya mi mar paralizado,
el mar que yo decía, mas no duro,
paralizado en ondas de conciencia en luz
y vivas hacia arriba todas, hacia arriba.
Todos los nombres que yo puse
al universo que por ti me recreaba yo,
se me están convirtiendo en uno y en un
dios.
El dios que es siempre al fin,
el dios creado y recreado y recreado
por gracia y sin esfuerzo.
El Dios. El nombre conseguido de los nombres.

CON MI MITAD ALLI

¡Mi plata aquí en el sur, en este sur,
conciencia en plata lucidera, palpitando
en la mañana limpia,
cuando la primavera saca flor a mis entrañas!

Mi plata, aquí, respuesta de la plata
que soñaba esta plata en la mañana limpia
de mi Moguer de plata,

de mi Puerto de plata,
de mi Cádiz de plata,
niño yo triste soñeando siempre
el ultramar, con la ultratierra, el ultracielo.
    Y el ultracielo estaba aquí
con esta tierra, la ultratierra,
este ultramar, con este mar;
y aquí, en este ultramar, mi hombre encontró,
norte y sur, su conciencia plenitente,
porque ésta le faltaba.
    Y estoy alegre de alegría llena,
con mi mitad allí, mi allí, complementándome,
pues que ya tengo mi totalidad,
la plata mía aquí en el sur, en este sur.

LEON FELIPE

ROMERO SOLO...

    Ser en la vida romero,
romero sólo que cruza siempre caminos nuevos.
Ser en la vida romero,
sin más oficio, sin otro nombre y sin pueblo.
Ser en la vida romero, romero..., sólo romero.
    Que no hagan callo las cosas ni en el alma ni en el
                                                    [cuerpo.
Pasar por todo una vez, una vez sólo y ligero,
ligero, siempre ligero.
    Que no se acostumbre el pie a pisar el mismo suelo,
ni el tablado de la farsa, ni la losa de los templos
para que nunca recemos
como el sacristán los rezos,
ni como el cómico viejo
digamos los versos.
    La mano ociosa es quen tiene más fino el tacto en
                                                    [los dedos,
decía el príncipe Hamlet, viendo
cómo cavaba una fosa y cantaba al mismo tiempo
un sepulturero.

No sabiendo los oficios los haremos con respeto.
Para enterrar a los muertos
como debemos
cualquiera sirve, cualquiera... menos un sepulturero.
Un día todos sabemos
hacer justicia. Tan bien como el Rey hebreo
la hizo Sancho el escudero
y el villano Pedro Crespo.
    Que no hagan callo las cosas ni en el alma ni en el
                                                    [cuerpo.
Pasar por todo una vez, una vez sólo y ligero,
ligero, siempre ligero.
    Sensibles a todo viento
y bajo todos los cielos,
poetas, nunca cantemos
la vida de un mismo pueblo
ni la flor de un solo huerto.
Que sean todos los pueblos
y todos los huertos nuestros.

PIE PARA EL NIÑO DE VALLECAS DE VELAZQUEZ

            Bacía, yelmo, halo.
      Este es el orden, Sancho.

    De aquí no se va nadie.
Mientras esta cabeza rota
del Niño de Vallecas exista,
de aquí no se va nadie. Nadie.
Ni el místico ni el suicida.
Antes hay que deshacer este entuerto,
antes hay que resolver este enigma.
Y hay que resolverlo entre todos,
y hay que resolverlo sin cobardía,
sin huir
con unas alas de percalina
o haciendo un agujero
en la tarima.
De aquí no se va nadie. Nadie.
Ni el místico ni el suicida.
Y es inútil,
inútil toda huída
(ni por abajo ni por arriba).

Se vuelve siempre. Siempre.
Hasta que un día (¡un buen día!)
el yelmo de Mambrino
—halo ya, no yelmo ni bacía—
se acomode a las sienes de Sancho
y a las tuyas y a las mías,
como pintiparado,
como hecho a la medida.
Entonces nos iremos todos
por las bambalinas:
Tú y yo y Sancho y el Niño de Vallecas
y el místico y el suicida.

NO HE VENIDO A CANTAR

No he venido a cantar, podéis llevaros la guitarra.
No he venido tampoco, ni estoy aquí arreglando mi
    expediente para que me canonicen cuando muera.
He venido a mirarme la cara en las lágrimas que
    caminan hacia el mar,
por el río
y por la nube...
y en las lágrimas que se esconden
en el pozo,
en la noche
y en la sangre.
He venido a mirarme la cara en todas las lágrimas del
    mundo.
Y también a poner una gota de azogue, de llanto, una
    gota siquiera de mi llanto
en la gran luna de este espejo sin límites, donde me
    miren y se reconozcan los que vengan.
He venido a escuchar otra vez esta vieja sentencia
    en las tinieblas:
Ganarás el pan con el sudor de tu frente
    y la luz con el dolor de tus ojos.
Tus ojos son las fuentes del llanto y de la luz.

JOSE MORENO VILLA

LA VERDAD

Un renglón hay en el cielo para mí.
Lo veo, lo estoy mirando;
no lo puedo traducir,
es cifrado.
Lo entiendo con todo el cuerpo;
no sé hablarlo.

OBSERVACIONES CON JACINTA

Mira, peliculera Jacinta,
mira bien lo que tiene por nariz el elefante.
Mira lo que necesitamos para sentarnos;
mira la casa inmensa que tiene lo que llamamos rey.
Mira esto de dormir, levantarse, dormir y levantarse;
mira la mujer y el hombre que contratan no separar-
    se jamás;
mira al canalla, dueño de nuestro globo;
mira cómo la flor tierna sale del suelo duro;
mira que de los palos de los árboles
nacen comestibles aromáticos.
Mira que del cielo puro nos llegan
agua, rayo, luz, frío, calor, piedras, nieves.
Absurdo y misterio en todo, Jacinta.

«NO PENSAMOS VENIR, NOS TRAJERON LAS ONDAS...»

No pensamos venir, nos trajeron las ondas.
Acaso aquellas mismas que empujaron un día
el germen errabundo de nuestro nacimiento.
Ya estamos en la playa nueva. La misma arena;
el mismo rizo acompasado de la dulce orilla;
los mismos vagorosos pájaros que en la otra.
Pisamos tierra adentro y hallamos en las casas
semblantes, palabras, utensilios y afanes
casi gemelos a los del mundo dejado.
¿Un espejismo? El viento arrastra madreselva,
jara, clavel y rosa, pino laurel y espliego.

Todo lo que flotaba en los campos remotos.
Es verdad que en el cielo nocturno nos miran
otros ojos de luz con sus nuevos y arcanos signos.
Pero la verdad de éstos y aquéllos es la misma.
Son cuerpos en espera de algo, de la hora
del aflojamiento total, de la hora cero, cero y cero,
del segundo parado en la garganta de la muerte.
Mi tumba sé cuál es, pero ¿y la tumba de la estrella?
La carne va a la tierra, pero la tierra ¿adónde?
La tierra se traga la carne día y noche.
Pan de volcán, pan de ceniza, pan de lava
suspenso en aire alto, electrizado y persistente
busca nuestras entrañas para hacernos de piedra.
El destino es ser piedra. El águila de Juan
después de enormes giros será piedra del monte.
Y el toro de San Juan y el león de San Marcos.
Pero ser carne es también nuestro destino.
Y volverá la piedra a sentirse con alas,
con mugido de toro y manos de león.
Nos trajeron las ondas; nos llevarán las mismas.
Y quien se muera aquí será llevado el alma
a dormir en el gran Escorial de su cuna
hasta que, piedra o polvo, pase a cuerpos hispanos.

PEDRO SALINAS

«EL ALMA TENIAS...»

   El alma tenías
tan clara y abierta,
que yo nunca pude
entrarme en tu alma.
Busqué los atajos
angostos, los pasos
altos y difíciles...
A tu alma se iba
por caminos anchos.
Preparé alta escala
—soñaba altos muros
guardándote el alma—
pero el alma tuya

estaba sin guarda
de tapial ni cerca.
Te busqué la puerta
estrecha del alma,
pero no tenía,
de franca que era,
entradas tu alma.
¿En dónde empezaba?
¿Acababa, en dónde?
Me quedé por siempre
sentado en las vegas
lindes de tu alma.

FE MIA

No me fío de la rosa
de papel,
¡tantas veces que la hice
yo con mis manos!
Ni me fío de la otra
rosa verdadera,
hija del sol y sazón,
la prometida del viento.
De ti, que nunca te hice,
de ti, que nunca te hicieron,
de ti me fío, redondo
seguro azar.

UNDERWOOD GIRLS

Quietas, dormidas están,
las treinta redondas blancas.
Entre todas
sostienen el mundo.
Míralas aquí en su sueño,
como nubes,
redondas, blancas y dentro
destinos de trueno y rayo,
destinos de lluvia lenta,
de nieve, de viento, signos.
Despiértalas,
con contactos saltarines

de dedos rápidos, leves,
como a músicas antiguas.
Ellas suenan otra música:
fantasías de metal
valses duros, al dictado.
Que se alcen desde siglos
todas iguales, distintas
como las olas del mar
y una gran alma secreta.
Que se crean que es la carta,
la fórmula como siempre.
Tú alócate
bien los dedos, y las
raptas y las lanzas,
a las treinta, eternas ninfas
contra el gran mundo vacío,
blanco en blanco.
Por fin a la hazaña pura,
sin palabras sin sentido,
ese, zeda, jota, i...

«NO...»

No.
Tengo que vivirlo dentro,
me lo tengo que soñar.
Quitar el color, el número,
el aliento todo fuego,
con que me quemó al decírmelo.
Convertir todo en acaso,
en azar puro, soñándolo.
Y así, cuando se desdiga
de lo que entonces me dijo,
no me morderá el dolor
de haber perdido una dicha
que yo tuve entre mis brazos,
igual que se tiene un cuerpo.
Creeré que fue soñado.
Que aquello, tan de verdad,
no tuvo cuerpo, ni nombre.
Que pierdo
una sombra, un sueño más.

«¡QUE ALEGRIA, VIVIR...!»

   ¡Qué alegría, vivir
sintiéndose vivido!
Rendirse
a la gran certidumbre, oscuramente,
de que otro ser, fuera de mí, muy lejos,
me está viviendo.
Que cuando los espejos, los espías
—azogues, almas cortas—, aseguran
que estoy aquí, yo inmóvil,
con los ojos cerrados y los labios,
negándome al amor
de la luz, de la flor y de los nombres,
la verdad trasvisible es que camino
sin mis pasos, con otros,
allá lejos, y allí
estoy buscando flores, luces, hablo.
Que hay otro ser por el que miro el mundo
porque me está queriendo con sus ojos.
Que hay otra voz con la que digo cosas
no sospechadas por mi gran silencio;
y es que también me quiere con su voz.
La vida —¡qué transporte ya!—, ignorancia
de lo que son mis actos, que ella hace,
en que ella vive, doble, suya y mía.
Y cuando ella me hable
de un cielo oscuro, de un paisaje blanco,
recordaré
estrellas que no vi, que ella miraba,
y nieve que nevaba allá en su cielo.
Con la extraña delicia de acordarse
de haber tocado lo que no toqué
sino con esas manos que no alcanzo.

«MUNDO DE LO PROMETIDO...»

   Mundo de lo prometido,
agua.
Todo es posible en el agua.

   Apoyado en la baranda,
el mundo que está detrás

en el agua se me aclara,
y lo busco
en el agua, con los ojos,
con el alma, por el agua.
La montaña, cuerpo en rosa
desnuda, dura de siglos,
se me enternece en lo verde
líquido, rompe cadenas,
se escapa,
dejando atrás su esqueleto,
ella fluyente, en el agua.
Los troncos rectos del árbol
entregan
su rectitud, ya cansada,
a las curvas tentanciones
de su reflejo en las ondas.
Y a las ramas, en enero,
—rebrillos de sol y espuma—,
les nacen hojas de agua.
Porque en el alma del río
no hay inviernos:
de su fondo le florecen
cada mañana, a la orilla
tiernas primaveras blandas.
Los vastos fondos del tiempo,
de las distancias, se alisan
y se olvidan de su drama:
separar.
Todo se junta y se aplana.
El cielo más alto vive
confundido con la yerba,
como en el amor de Dios.
Y el que tiene amor remoto
mira en el agua, a su alcance,
imagen, voz, fabulosas
presencias de lo que ama.
Las órdenes terrenales
su filo embotan en ondas,
se olvidan de que nos mandan;
podemos, libres, querer
lo querido, por el agua.
Oscilan los imposibles,
tan trémulos como cañas
en la orilla, y a la rosa

y a la vida se le pierden
espinas que se clavaban.
De recta que va, de alegre,
el agua hacia su destino,
el terror de lo futuro
en su ejemplo se desarma:
si ella llega, llegaremos,
ella, nosotros, los dos,
al gran término del ansia.
Lo difícil en la tierra,
por la tierra,
triunfa gozoso en el agua.
Y mientras se están negando
—no constante, terrenal—
besos, auroras, mañanas,
aquí, sobre el suelo firme,
el río seguro canta
los imposibles posibles,
de onda en onda, las promesas
de las dichas desatadas.

Todo lo niega la tierra,
pero todo se me da
en el agua, por el agua.

EL CONTEMPLADO

Tema

De mirarte tanto y tanto,
del horizonte a la arena,
despacio,
del caracol al celaje,
brillo a brillo, pasmo a pasmo,
te he dado nombre: los ojos
te lo encontraron, mirándote.
Por las noches,
soñando que te miraba,
al abrigo de los párpados
maduró sin yo saberlo,
este nombre tan redondo
que hoy me descendió a los labios.

Y lo dicen asombrados
de lo tarde que lo dicen.
¡Si era fatal el llamártelo!
¡Si antes de la voz, ya estaba
en el silencio tan claro!
¡Si tú has sido para mí,
desde el día
que mis ojos te estrenaron,
el Contemplado, el constante
Contemplado!

EL PAJARO

    ¿El pájaro? ¿Los pájaros?
¿Hay sólo un solo pájaro en el mundo
que vuela con mil alas, y que canta
con incontables trinos, siempre solo?
¿Son tierra y cielo espejos? ¿Es el aire
espejo del aire, y el gran pájaro
único multiplica
su soledad en apariencias miles?
(¿Y por eso
le llamamos, los pájaros?)
¿O quizá no hay un pájaro?
¿Y son ellos,
fatal plural inmenso, como el mar,
bandada innúmera, oleaje de alas,
donde la vista busca y quiere el alma
distinguir la verdad del solo pájaro,
de su ausencia sin fin, del uno hermoso?

JORGE GUILLEN

MAS ALLA

    (El alma vuelve al cuerpo,
Se dirige a los ojos
Y choca) —¡Luz! Me invade
Todo mi ser. ¡Asombro!

Intacto aún, enorme,
Rodea el tiempo... Ruidos
Irrumpen. ¡Cómo saltan
Sobre los amarillos.

Todavía no agudos
De un sol hecho ternura
de rayo alboreado
Para estancia difusa,

Mientras van presentándose
Todas las consistencias
Que al disponerse en cosas
Me limitan, me centran!

¿Hubo un caos? Muy lejos
De su origen, me brinda
Por entre hervor de luz
Frescura en chispas. ¡Día!

Una seguridad
Se extiende, cunde, manda,
El esplendor aploma
La insinuada mañana.

Y la mañana pesa,
Vibra sobre mis ojos,
Que volverán a ver
Lo extraordinario: todo.

Todo está concentrado
Por siglos de raíz
Dentro de este minuto,
Eterno y para mí.

Y sobre los instantes
Que pasan de continuo
Voy salvando el presente,
Eternidad en vilo.

Corre la sangre, corre
Con fatal avidez.
A ciegas acumulo
Destino: quiero ser.

Ser, nada más. Y basta.
Es la absoluta dicha.
¡Con la esencia en silencio
Tanto se identifica!

¡Al azar de las suertes
Unicas de un tropel
Surgir entre los siglos,
Alzarse con el ser,

Y a la fuerza fundirse
Con la sonoridad
Más tenaz: sí, sí, sí,
La palabra del mar!

Todo me comunica,
Vencedor, hecho mundo,
Su brío para ser
De veras real, en triunfo.

Soy, más, estoy. Respiro.
Lo profundo es el aire.
La realidad me inventa,
Soy su leyenda. ¡Salve!

BEATO SILLON

   ¡Beato sillón! La casa
Corrobora su presencia
Con la vaga intermitencia
De su vocación en masa
A la memoria. No pasa
Nada. Los ojos no ven,
Saben. El mundo está bien
Hecho. El instante lo exalta
A marea, de tan alta,
De tan alta, sin vaivén.

DESNUDO

   Blancos, rosas... Azules casi en veta,
      retraídos, mentales.

Puntos de luz latente dan señales
    de una sombra secreta.
Pero el color, infiel a la penumbra,
    se consolida en masa.
Yacente en el verano de la casa,
    una forma se alumbra.
Claridad aguzada entre perfiles,
    de tan puros tranquilos
que cortan y aniquilan con sus filos
    las confusiones viles.
Desnuda está la carne. Su evidencia
    se resuelve en reposo.
Monotonía justa: prodigioso
    colmo de la presencia.
¡Plenitud inmediata, sin ambiente,
    del cuerpo femenino!
Ningún primor: ni voz ni flor. ¿Destino?
    ¡Oh absoluto presente!

LAS DOCE EN EL RELOJ

  Dije: ¡Todo ya pleno!
Un álamo vibró.
Las hojas plateadas
Sonaron con amor.
Los verdes eran grises,
El amor era sol.
Entonces, mediodía,
Un pájaro sumió
Su cantar en el viento
Con tal adoración
Que se sintió cantada
Bajo el viento la flor
Crecida entre las mieses,
Más altas. Era yo,
Centro en aquel instante
De tanto alrededor,
Quien lo veía todo
Completo para un dios.
Dije: Todo, completo.
¡Las doce en el reloj!

EL CIELO ES AZUL

ARDOR

Ardor. Cornetines suenan
Tercos, y en las sombras chispas
Estallan. Huele a un metal
Envolvente. Moles. Vibran
Extramuros despoblados
En torno a casas henchidas
De reclusión y de siesta.
En sí la luz se encarniza.
¿Para quién el sol? Se juntan
Los sueños de las avispas.
¿Quedará el ardor a solas
Con la tarde? Paz vacía:
Cielo abandonado al cielo,
Sin un testigo, sin línea.
Pero sobre un redondel
Cae de repente y se fija,
Redonda, compacta, muda,
La expectación. Ni respira.
¡Qué despejado lo azul,
Qué gravitación tranquila!
Y en el silencio se cierne
La unanimidad del día,
Que ante el toro estupefacto
Se reconcentra amarilla.
¡Ardor: reconcentración
De espíritus en sus dichas!
Bajo agosto van los seres
Profundizándose en minas.
¡Calientes minas del ser,
Calientes de ser! Se ahíncan,
Se obstinan profundamente
Masas en bloque. ¡Canícula
De bloques iluminados,
Plenarios, para más vida!
Todo en el ardor va a ser,
Amor, lo que más sería.
—¡Ser más, ser lo más y ahora,
Alzarme a la maravilla
Tan mía, que está aquí ya,
Que me rige! La luz guía.

LOS INTRANQUILOS

Somos los hombres intranquilos
        En sociedad.
Ganamos, gozamos, volamos.
        ¡Qué malestar!
El mañana asoma entre nubes
        De un cielo turbio
Con alas de arcángeles-átomos
        Como un anuncio.
Estamos siempre a la merced
        De una cruzada.
Por nuestras venas corre sed
        De catarata.
Así vivimos sin saber
        Si el aire es nuestro.
Quizá muramos en la calle,
        Quizá en el lecho.
Somos entre tanto felices.
        Seven o'clock.
Todo es bar y delicia oscura.
        ¡Televisión!

TREBOLES

«La muerte». Más tajante: «death».
No es menos penoso que rime,
Si tarda en llegar, con «vejez».
Un año más, un año menos.
Tras poco día, noche vieja:
Tu filo, San Silvestre. Henos
Con la amenaza que no ceja.
He soñado cosas extrañas:
Escondiéndome su sentido
Me extraviaban por sus marañas.
¿Quién seré, quién soy, quién he sido?
Y se me escapa la vida
Ganando velocidad
Como piedra en su caída.

LAS ANIMAS

Montones de supervivientes
Miran el mundo de los vivos,
Que con sus barcos y sus puentes
Intentan servirles de estribos.
Después de aflicción y trabajo,
—La vida más corta fue larga—
Cayeron mucho más abajo.
Sólo errores son ya su carga.
Los muertos añoran la tierra
De los hombres nunca divinos,
Y sufren, sufren. ¿Se les cierra
La salida a humanos destinos?
Ese fuego no será eterno.
También el verdugo se cansa,
Y está sumiso a buen gobierno.
Eternidad con Dios es mansa.
Mientras, montones de difuntos
Tienden a los vivos las manos,
Las memorias. ¡Ah, todos juntos,
Y humanos, humanos, humanos!

EL VENCEDOR

No más desgana displicente.
Que el maravilloso deseo
Te impulse por la gran pendiente
Donde triunfarás como Anteo.
No hay contacto que desaliente.
Alegría del sol hermana
¿Ya nunca se despertará?
¿Hoy no vale más que mañana?
¿Acá no puede más que allá?
Tú vences si el deseo gana.

GERARDO DIEGO

GUITARRA

Habrá un silencio verde
todo hecho de guitarras destrenzadas

La guitarra es un pozo
con viento en vez de agua.

EL CIPRES DE SILOS

Enhiesto surtidor de sombra y sueño
que acongojas el cielo con tu lanza.
Chorro que a las estrellas casi alcanza
devanando a sí mismo en loco empeño.
    Mástil de soledad, prodigio isleño;
flecha de fe, saeta de esperanza.
Hoy llegó a ti, riberas del Arlanza,
peregrina al azar, mi alma sin dueño.
    Cuando te vi, señero, dulce, firme,
qué ansiedades sentí de diluirme
y ascender como tú, vuelto en cristales,
    como tú, negra torre de arduos filos,
ejemplo de delirios verticales,
mudo ciprés en el fervor de Silos.

NOCTURNO

Están todas

    También las que se encienden en las noches de
                                          [moda

Nace del cielo tanto humo
que ha oxidado mis ojos

Son sensibles al tacto las estrellas
No sé escribir a máquina sin ellas

Ellas lo saben todo
Graduar el mar febril
y refrescar mi sangre con su nieve infantil

La noche ha abierto el piano
y yo las digo adiós con la mano.

VIACRUCIS: PENULTIMA ESTACION

    He aquí helados, cristalinos,
sobre el virginal regazo,
muertos ya para el abrazo,
aquellos miembros divinos.

Huyeron los asesinos.
Qué soledad sin colores.
Oh, Madre mía, no llores.
Cómo lloraba María.
la llaman desde aquel día
la virgen de los Dolores.
¿Quién fue el escultor que pudo
dar morbidez al marfil?
¿Quién apuró su buril
en el prodigio desnudo?
Yo, Madre mía, fui el rudo
artífice, fui el profano
que modelé con mi mano
ese triunfo de la muerte
sobre el cual tu piedad vierte
cálidas perlas en vano.

VALLE VALLEJO

Albert Samain diría Vallejo dice
Gerardo Diego enmudecido dirá mañana
y por una sola vez Piedra de estupor
y madera dulce de establo querido amigo
hermano en la persecución gemela de los
sombreros desprendidos por la velocidad de los as-
                                        [tros

Piedra de estupor y madera noble de establo
constituyen tu temeraria materia prima
anterior a los decretos del péndulo y a la
creación secular de las golondrinas
Naciste en un cementerio de palabras
una noche en que los esqueletos de todos los verbos
                                    [intransitivos
proclamaban la huelga del te quiero para siempre
                                    [siempre siempre
una noche en que la luna lloraba y reía y lloraba
y volvía a reír y a llorar
jugándose a sí misma a cara o cruz
Y salió cara y tú viviste entre nosotros

Desde aquella noche muchas palabras apenas nacidas
                        [fallecieron repentinamente

tales como Caricia Quizás Categoría Cuñado Cata-
                                        [clismo
Y otras nunca jamás oídas se alumbraron sobre la
                                        [tierra
así como Madre Mira Moribundo Melquisedec Mi-
                                        [lagro
y todas las terminadas en un rabo inocente
Vallejo tú vives rodeado de pájaros a gatas
en un mundo que está muerto requetemuerto y po-
                                        [drido
Vives tú con tus palabras muertas y vivas
Y gracias a que tú vives nosotros desahuciados acerta-
                             [mos a levantar los párpados
para ver el mundo tu mundo con la mula y
el hombre guillermosecundario y la tiernísima niña y
los cuchillos que duelen en el paladar
Porque el mundo existe y tú existes y nosotros pro-
                                        [bablemente
terminaremos por existir
si tú te empeñas y cantas y voceas
en tu valiente vae Vallejo

CUMBRE DE URBION

Es la cumbre, por fin, la última cumbre.
Y mis ojos en torno hacen la ronda
y cantan el perfil, a la redonda,
de media España y su fanal de lumbre.

Leve es la tierra. Toda pesadumbre
se desvanece en cenital rotonda.
Y al beso y tacto de infinita onda
duermen sierras y valles su costumbre.

Geología yacente, sin más huellas
que una nostalgia trémula de aquellas
palmas de Dios palpando su relieve.

Pero algo, Urbión, no duerme en tu nevero,
que entre pañales de tu virgen nieve
sin cesar nace y llora el niño Duero.

SUCESIVA

Déjame acariciarte lentamente,
déjame lentamente comprobarte,

ver que eres de verdad, un continuarte
de ti misma a ti misma extensamente.
　　Onda tras onda irradian de tu frente
y, mansamente, apenas sin rizarte,
rompen sus diez espumas al besarte
de tus pies en la playa adolescente.
　　Así te quiero, fluida y sucesiva,
manantial tú de ti, agua furtiva,
música para el tacto perezosa.
　　Así te quiero, en límites pequeños,
aquí y allá, fragmentos, lirio, rosa,
y tu unidad después, luz de mis sueños.

TORERILLO EN TRIANA

Torerillo en Triana
　　frente a Sevilla.
Cántale a la Sultana
　　tu seguidilla.
Sultana de mis penas
　　y mi esperanza.
Plaza de las arenas
　　de la Maestranza.
Arenas amarillas,
　　palcos de oro.
Quién viera a las mulillas
　　llevarme el toro.
Relumbrar de faroles
　　por mí encendidos.
Y un estallido de oles
　　en los tendidos.
Arenal de Sevilla,
　　Torre del Oro.
Azulejo a la orilla
　　del río moro.
Azulejo bermejo,
　　sol de la tarde.
No mientas, azulejo,
　　que soy cobarde.
Guadalquivir tan verde
　　de aceite antiguo.
Si el barquero me pierde
　　yo me santiguo.

La puente no la paso,
  no la atravieso.
Envuelto en oro y raso
  no se hace eso.
Ay, río de Triana,
  muerto entre luces,
no embarca la chalana
  los andaluces.
Ay, río de Sevilla,
  quién te cruzase
sin que mi zapatilla
  se me mojase.
Zapatilla escotada
  para el estribo.
Media rosa estirada
  y alamar vivo.
Tabaco y oro. Faja
  salmón. Montera.
Tirilla verde baja
  por la chorrera.
Capote de paseo.
  Seda amarilla.
Prieta para el toreo
  la taleguilla.
La verónica cruje.
  Suenan caireles.
Que nadie la dibuje.
  Fuera pinceles.
Banderillas al quiebro.
  Cose el miura
el arco que le enhebro
  con la cintura.
Torneados en rueda
  tres naturales.
Y una hélice de seda
  con arrabales.
Me perfilo. La espada.
  Los dedos mojo.
Abanico y mirada.
  Clavel y antojo.
En hombros por tu orilla,
  Torre del Oro.
En tu azulejo brilla
  sangre de toro.

Si salgo en la Maestranza,
    te bordo un manto,
Virgen de la Esperanza,
    de Viernes Santo.
Adiós, torero nuevo,
    Triana y Sevilla,
que a Sanlúcar me llevo
    tu seguidilla.

LA TROMPA

Bailarina en la mina de una punta
        sobre el polvo o la palma,
libras al sol el vértigo del alma
        que por su Dios pregunta.
El verdugo te ciñe tu cilicio
        Atando al cuello el nudo,
pero, al dejar tu ámbito desnudo,
        amar es ya tu oficio.
Amar en puro éxtasis quietista,
        Cuerpo místico en trance,
amar con toda el alma y sin balance
        y edificar mi vista.
Cuántos segundos infinitos dura
        el zumbar de un trompa
Oh, América del Sur, nadie te rompa.
        Te alza mi mano pura.
Tan rápida es tu gloria sin raíces,
        tan simultánea y fija,
que no se ve tu piel de áspera lija
        y horribles cicatrices.
Sólo una vida, un alma, un cuerpo, un voto,
        que en el aire te ofreces
Mas si la mano inclino ya, te meces
        como una flor de loto.
Cuando por fin desmayas y amplificas
        tus últimas mudanzas,
quién sabrá descifrar las esperanzas
        que en mi palma rubricas.

FEDERICO GARCIA LORCA

CANCION DEL JINETE

Córdoba.
Lejana y sola.

Jaca negra, luna grande,
y aceitunas en mi alforja.
Aunque sepa los caminos
yo nunca llegaré a Córdoba.

Por el llano, por el viento,
jaca negra, luna roja.
La muerte me está mirando
desde las torres de Córdoba.

¡Ay qué camino tan largo!
¡Ay mi jaca valerosa!
¡Ay que la muerte me espera,
antes de llegar a Córdoba!

Córdoba.
Lejana y sola.

ARBOLE, ARBOLE

Arbolé, arbolé
seco y verdé.

La niña del bello rostro
está cogiendo aceituna.
El viento, galán de torres,
la prende por la cintura.
Pasaron cuatro jinetes,
sobre jacas andaluzas
con trajes de azul y verde,
con largas capas oscuras.
«Vente a Córdoba, muchacha.»
La niña no los escucha.
Pasaron tres torerillos
delgaditos de cintura,

con trajes color naranja
y espadas de plata antigua.
«Vente a Sevilla, muchacha.»
La niña no los escucha.
Cuando la tarde se puso
morada, con luz difusa,
pasó un joven que llevaba
rosas y mirtos de luna.
«Vente a Granada, muchacha.»
Y la niña no lo escucha.
La niña del bello rostro
sigue cogiendo aceituna,
con el brazo gris del viento
ceñido por la cintura.

Arbolé, arbolé
seco y verdé.

MUERTE DE ANTOÑITO EL CAMBORIO

Voces de muerte sonaron
cerca del Guadalquivir.
Voces antiguas que cercan
voz de clavel varonil.
Les clavó sobre las botas
mordiscos de jabalí.
En la lucha daba saltos
jabonados de delfín.
Bañó con sangre enemiga
su corbata carmesí,
pero eran cuatro puñales
y tuvo que sucumbir.
Cuando las estrellas clavan
rejones al agua gris,
cuando los erales sueñan
verónicas de alhelí,
voces de muerte sonaron
cerca del Guadalquivir.
—Antonio Torres Heredia,
Camborio de dura crin,
moreno de verde luna,
voz de clavel varonil:
¿Quién te ha quitado la vida
cerca del Guadalquivir?

—Mis cuatro primos Heredias,
hijos de Benamejí.
Lo que en otros no envidiaban,
ya lo envidiaban en mí.
Zapatos color corinto,
medallones de marfil,
y este cutis amasado
con aceituna y jazmín.
—¡Ay, Antoñito el Camborio,
digno de una Emperatriz!
Acuérdate de la Virgen
porque te vas a morir.
—¡Ay, Federico García,
llama a la Guardia Civil!
Ya mi talle se ha quebrado
como caña de maíz.

Tres golpes de sangre tuvo
y se murió de perfil.
Viva moneda que nunca
se volverá a repetir.
Un ángel marchoso pone
su cabeza en un cojín.
Otros de rubor cansado
encendieron un candil.
Y cuando los cuatro primos
llegan a Benamejí,
voces de muerte cesaron
cerca del Guadalquivir.

BALADILLA DE LOS TRES RIOS

    El río Guadalquivir
va entre naranjos y olivos.
Los dos ríos de Granada
bajan de la nieve al trigo.

¡Ay, amor
que se fue y no vino!

El río Guadalquivir
tiene las barbas granates.
Los dos ríos de Granada,
uno llanto y otro sangre.

¡Ay, amor
que se fue por el aire!

Para los barcos de vela
Sevilla tiene un camino.
Por el agua de Granada
Sólo reman los suspiros.

¡Ay, amor
que se fue y no vino!

Guadalquivir, alta torre
y viento en los naranjales.
Darro y Genil, torrecillas
muertas sobre los estanques.

¡Ay, amor
que se fue por el aire!

¡Quién dirá que el agua lleva
un fuego fatuo de gritos!

¡Ay, amor
que se fue y no vino!

Lleva azahar, lleva olivas
¡Andalucía! a los mares.

¡Ay, amor
que se fue por el aire!

FALSETA

   ¡Ay, petenera gitana!
¡Yayay petenera!
Tu entierro no tuvo niñas
buenas.
Niñas que le dan a Cristo Muerto
sus guedejas,
y llevan blancas mantillas
en las ferias.
Tu entierro fue de gente
siniestra.

Gente con el corazón
en la cabeza,
que te siguió llorando
por las callejas.
¡Ay, petenera gitana!
¡Yayay petenera!

JUAN BREVA

Juan Breva tenía
cuerpo de gigante
y voz de niña.
Nada como su trino.
Era la misma
pena cantando
detrás de una sonrisa.
Evoca los limonares
de Málaga la dormida,
y hay en su llanto dejos
de sal marina.
Como Homero, cantó
ciego. Su voz tenía
algo de mar sin luz
y naranja exprimida.

CAMINO

Cien jinetes enlutados,
¿dónde irán
por el cielo yacente
del naranjal?
Ni a Córdoba ni a Sevilla
llegarán.
Ni a Granada la que suspira
por el mar.
Esos caballos soñolientos
los llevarán
al laberinto de las cruces
donde tiembla el cantar.
Con siete ayes clavados,
¿dónde irán
los cien jinetes andaluces
del naranjal?

LA SANGRE DERRAMADA

¡Que no quiera verla!

Dile a la luna que venga,
que no quiero ver la sangre
de Ignacio sobre la arena.

¡Que no quiero verla!

La luna de par en par.
Caballo de nubes quietas,
y la plaza gris del sueño
con sauces en las barreras.
¡Que no quiero verla!
Que mi recuerdo se quema.
¡Avisad a los jazmines
con su blancura pequeña!

¡Que no quiero verla!

La vaca del viejo mundo
pasaba su triste lengua
sobre un hocico de sangres
derramadas en la arena,
y los toros de Guisando,
casi muerte y casi piedra,
mugieron como dos siglos
hartos de pisar la tierra.
No.
¡Que no quiero verla!
Por las gradas sube Ignacio
con toda su muerte a cuestas.
Buscaba el amanecer,
y el amanecer no era.
Busca su perfil seguro,
y el sueño lo desorienta.
Buscaba su hermoso cuerpo
y encontró su sangre abierta.
¡No me digáis que la vea!
No quiero sentir el chorro
cada vez con menos fuerza;
ese chorro que ilumina
los tendidos y se vuelca

sobre la pana y el cuero
de muchedumbre sedienta.
¡Quién me grita que me asome!
¡No me digáis que la vea!

No se cerraron sus ojos
cuando vio los cuernos cerca,
pero las madres terribles
levantaron la cabeza.
Y a través de las ganaderías,
hubo un aire de voces secretas
que gritaban a toros celestes,
mayorales de pálida niebla.
No hubo príncipe en Sevilla
que comparársele pueda,
ni espada como su espada
ni corazón tan de veras.
Como un río de leones
su maravillosa fuerza,
y como un torso de mármol
su dibujada prudencia.
Aire de Roma andaluza
le doraba la cabeza
donde su risa era un nardo
de sal y de inteligencia.
¡Qué gran torero en la plaza!
¡Qué buen serrano en la sierra!
¡Qué blando con las espigas!
¡Qué duro con las espuelas!
¡Qué tierno con el rocío!
¡Qué deslumbrante en la feria!
¡Qué tremendo con las últimas
banderillas de tiniebla!

Pero ya duerme sin fin.
Ya los musgos y la hierba
abren con dedos seguros
la flor de su calavera.
Y su sangre ya viene cantando:
cantando por marismas y praderas,
resbalando por cuernos ateridos,
vacilando sin alma por la niebla,
tropezando con miles de pezuñas
como un larga, oscura, triste lengua,

para formar un charco de agonía
junto al Guadalquivir de las estrellas.
¡Oh blanco muro de España!
¡Oh negro toro de pena!
¡Oh sangre dura de Ignacio!
¡Oh ruiseñor de sus venas!
No.
¡Que no quiero verla!
Que no hay cáliz que la contenga,
que no hay golondrinas que se la beban,
no hay escarcha de luz que la enfríe,
no hay canto ni diluvio de azucenas,
no hay cristal que la cubra de plata.
No.
¡¡Yo no quiero verla!!

NIÑA AHOGADA EN EL POZO

(Granada y Newburg)

Las estatuas sufren con los ojos
por la oscuridad de los ataúdes,
pero sufren mucho más
por el agua que no desemboca.
...que no desemboca.

El pueblo corría por las almenas,
rompiendo las cañas de los pescadores.
Pronto. Los bordes, de prisa.
Y croaban las estrellas tiernas.
...que no desemboca.

Tranquila en mi recuerdo. Astro. Círculo. Meta.
Lloras por las orillas de un ojo de caballo.
...que no desemboca.

Pero nadie en lo oscuro podrá darte distancia,
sino afilado límite, porvenir de diamante.
...que no desemboca.

Mientras la gente busca silencios de tu almohada
tú lates para siempre definida en tu anillo.
...que no desemboca.

Eterna en los finales de unas ondas que aceptan
combate de raíces y soledad prevista.
...que no desemboca.

Ya vienen por las rampas, ¡levántate del agua!
Cada punto de luz te dará una cadena.
...que no desemboca.

Pero el pozo te alarga manecitas de musgo,
insospechada ondina de su casta ignorancia.
...que no desemboca.

No, que no desemboca. Agua fija en un punto
respirando con todos los violines sin cuerdas
en la escala de las heridas y los edificios deshabi-
[tados.
Agua que no desemboca.

GACELA DEL AMOR CON CIEN AÑOS

Suben por la calle
los cuatro galanes.
        ¡Ay, ay, ay, ay!

Por la calle abajo
van los tres galanes.
        ¡Ay, ay, ay!

Se ciñen el talle
esos dos galanes.
        ¡Ay, ay!

Cómo vuelve el rostro
un galán y el aire.
        ¡Ay!

En los arrayanes
se pasea nadie.

CASIDA DE LA MUJER TENDIDA

Verte desnuda es recordar la tierra.
La tierra lisa, limpia de caballos.
La tierra sin mi junco, forma pura
cerrada al porvenir: confín de plata.

Verte desnuda es comprender el ansia
de la lluvia que busca débil talle,
o la fiebre del mar de inmenso rostro
sin encontrar la luz de su mejilla.
La sangre sonará por las alcobas
y vendrá con espada fulgurante,
pero tú no sabrás dónde se ocultan
el corazón del sapo o la violeta.
Tu vientre es una lucha de raíces,
tus labios son un alba sin contorno;
bajo las rosas tibias de la cama,
los muertos gimen esperando turno.

EN LA MUERTE DE JOSE DE CIRIA Y ESCALANTE

¿Quién dirá que te vio, y en qué momento?
¡Qué dolor de penumbra iluminada!
Dos voces suenan: el reloj y el viento,
mientras flota sin ti la madrugada.
Un delirio de nardo ceniciento
invade tu cabeza delicada.
¡Hombre!¡Pasión! ¡Dolor de luz! Memento
Vuelve hecho luna y corazón de nada.
Vuelve hecho luna: con mi propia mano
lanzaré tu manzana sobre el río
turbio de rojos peces de verano.
Y tú arriba, en lo alto, verde y frío,
¡olvídate! Y olvida el mundo vano,
delicado Giocondo, amigo mío.

RAFAEL ALBERTI

«EL MAR, LA MAR...»

El mar. La mar.
El mar. ¡Sólo la mar!
¿Por qué me trajiste, padre,
a la ciudad?
¿Por qué me desenterraste
del mar?

En sueños, la marejada
me tira del corazón.
Se lo quisiera llevar.
Padre, ¿por qué me trajiste
acá?

«SI MI VOZ MURIERA EN TIERRA...»

Si mi voz muriera en tierra,
llevadla al nivel del mar
y dejadla en la ribera.

Llevadla al nivel del mar
y nombradla capitana
de un blanco bajel de guerra.

¡Oh mi voz condecorada
con la insignia marinera:
sobre el corazón un ancla
y sobre el ancla una estrella
y sobre la estrella el viento
y sobre el viento la vela!

MALVA-LUNA-DE-YELO

Las floridas espaldas ya en la nieve,
y los cabellos de marfil al viento.
Agua muerta en la sien, el pensamiento
color halo de luna cuando llueve.

¡Oh, qué clamor bajo del seno breve,
qué palma al aire el solitario aliento!
¡Qué témpano, cogido al firmamento,
el pie descalzo, que a morir se atreve!

Brazos de mar, en cruz, sobre la helada
bandeja de la noche; senos fríos,
de donde surte, yerta, la alborada;

¡oh piernas como dos celestes ríos,
Malva-luna-de-yelo, amortajada
bajo los mares de los ojos míos!

DE ARANDA DE DUERO A PEÑARANDA DE DUERO

¡Castellanos de Castilla,
nunca habéis visto la mar!
¡Alerta, que en estos ojos
del sur y en este cantar
yo os traigo toda la mar!
¡Miradme, que pasa el mar!

JOSELITO EN SU GLORIA

Llora, Giraldilla mora,
lágrimas en tu pañuelo.
Mira cómo sube al cielo
la gracia toreadora.

Niño de amaranto y oro,
cómo llora tu cuadrilla
y cómo llora Sevilla,
despidiéndote del toro.

—Tu río, de tanta pena,
deshoja sus olivares
y riega los azahares
de su frente, por la arena.

—Díle adiós, torero mío.
díle adiós a mis veleros
y adiós a mis marineros,
que ya no quiero ser río.

Cuatro arcángeles bajaban
y, abriendo surcos de flores,
al rey de los matadores
en hombros se lo llevaban.

—Virgen de la Macarena
mírame tú, cómo vengo,
tan sin sangre que ya tengo
blanca mi color morena.

Mírame así, chorreado
de un borbotón de rubíes
que ciñe de carmesíes
rosas mi talle quebrado.

Ciérrame con tus collares
lo cóncavo de esta herida,
¡que se me escapa la vida
por entre los alamares!

¡Virgen del Amor, clavada,
igual que un toro, en el seno!
Pon a tu espadita bueno
y dale otra vez su espada.

Que pueda, Virgen que pueda
volver con sangre a Sevilla
y al frente de mi cuadrilla
lucirme por la Alameda.

GUIA ESTIVAL DEL PARAISO. (PROGRAMA DE FESTEJOS)

Hotel de Dios: pulsado por los trenes
y buques. Parque al sur. Ventiladores.
Automóvil al mar y los andenes.

San Rafael, plumado, a la Cantina,
chófer de los colgantes corredores,
por un sorbete lleva, sin propina.

¡Al Bar de los Arcángeles! De lino,
las cofias de las frentes, y las alas,
de sidra y plumas de limón y vino.

Por una estrella de metal, las olas
satinan el marfil de las escalas
áureas de las veloces pianolas.

¡Campo de Aviación! Los serafines,
la Vía Láctea enarenada, vuelan
la gran Copa del Viento y los Confines.

Y en el Estadio de la Luna, fieros,
gimnastas de las nieves, se revelan,
jabalinas y discos, los luceros.

¡Reina de las barajas! Por los lagos
de Venus, remadora, a los castillos
del Pim-Pam-Púm de los tres Reyes Magos.

Carreras de las vírgenes cometas
en cinta, alrededor de los anillos
saturnales, de alcol las bicicletas.

¡Funicular al Tiro de Bujías!
¡Submarino al Vergel de los Enanos,
y al Naranjal de Alberti, los tranvías!

Hotel de Dios: pulsado por los trenes
y buques. *Hall* al sur. Americanos
refrescos. Auto al mar y los andenes.

LOS DOS ANGELES

Angel de luz, ardiendo,
¡ah, ven!, y con tu espada
incendia los abismos donde yace
mi subterráneo ángel de las nieblas.
    ¡Oh espadazo de las sombras!
Chispas múltiples,
clavándose en mi cuerpo,
en mis alas sin plumas,
en lo que nadie ve,
vida.
    Me estás quemando vivo.
Vuela ya de mí, oscuro
Luzbel de las canteras sin auroras,
de los pozos sin agua,
de las simas sin sueño,
ya carbón del espíritu,
sol, luna.
    Me duelen los cabellos
y las ansias. ¡Oh, quémame!
¡Más, más, sí, sí, más! ¡Quémame!
    ¡Quémalo, ángel de luz, custodio mío,
tú que andabas llorando por las nubes,
tú, sin mí, tú, por mí,
ángel frío de polvo, ya sin gloria,
volcado en las tinieblas!
    ¡Quémalo, ángel de luz,
quémame y huye!

EL TORO DE LA MUERTE

Negro toro, nostálgico de heridas,
corneándole al agua sus paisajes,
revisándole cartas y equipajes
a los trenes que van a las corridas.
    ¿Qué sueñas en tus cuernos, qué escondidas
ansias les arrebolan los viajes,
qué sistema de riegos y drenajes
ensayan en la mar tus embestidas?
    Nostálgico de un hombre con espada,
de sangre femoral y de gangrena,
ni el mayoral ya puede detenerte.

Corre, toro, a la mar, embiste, nada,
y a un torero de espuma, sal y arena,
ya que intentas herir, dale la muerte.

«HACE FALTA ESTAR CIEGO...»

Hace falta estar ciego,
tener como metidas en los ojos raspaduras de vidrio,
cal viva,
arena hirviendo,
para no ver la luz que salta en nuestros actos,
que ilumina por dentro nuestra lengua,
nuestra diaria palabra.
Hace falta querer morir sin estela de gloria y ale-
[gría,
sin participación en los himnos futuros,
sin recuerdo en los hombres que juzguen el pasado
sombrío de la Tierra.
Hace falta querer ya en vida ser pasado,
obstáculo sangriento,
cosa muerta,
seco olvido.

MEXICO

(EL INDIO)

Todavía más fino, aún más fino, más fino,
casi desvaneciéndose de pura transparencia,
de pura delgadez como el aire del Valle.
Es como el aire.
De pronto suena a hojas,
suena a seco silencio, a terrible protesta de árboles,
de ramas que prevén los aguaceros.
Es como los aguaceros.
Se apaga como ojo de lagarto que sueña,
garra dulce de tigre que se volviera hoja,
lumbre débil de fósforo al abrirse una puerta.
Es como lumbre.
Lava antigua volcánica rodando,
color de hoyo con ramas que se queman,
tierra impasible al temblor de la tierra.
Es como tierra.

(MUELLE DEL RELOJ)

A través de una niebla caporal de tabaco
miro el río de Francia,
moviendo escombros tristes, arrastrando ruinas
por el pesado verde ricino de sus aguas.
Mis ventanas
ya no dan a los álamos y los ríos de España.
  Quiero mojar la mano en tan espeso frío
y parar lo que pasa
por entre ciegas bocas de piedra, dividiendo
subterráneas corrientes de muertos y cloacas.
Mis ventanas
ya no dan a los álamos y los ríos de España.
  Miro una lenta piel de toro desollado,
sola, descuartizada,
sosteniendo cadáveres de voces conocidas,
sombra abajo, hacia el mar, hacia una mar sin barcas.
Mis ventanas
ya no dan a los álamos y los ríos de España.
  Desgraciada viajera fluvial que de mis ojos
desprendidos arrancas
eso que de sus cuencas desciende como río
cuando el llanto se olvida de rodar como lágrima.
Mis ventanas
ya no dan a los álamos y los ríos de España.

RETORNOS DE LA INVARIABLE POESIA

  ¡Oh poesía hermosa, fuerte y dulce,
mi solo mar al fin, que siempre vuelve!
¿Cómo vas a dejarme, cómo un día
pude, ciego, pensar en tu abandono?

Tú eres lo que me queda, lo que tuve,
desde que abrí a la luz, sin comprenderlo.
Fiel en la dicha, fiel en la desgracia,
de tu mano en la paz,
y en el estruendo triste
de la sangre y la guerra, de tu mano.

Yo dormía en las hojas, yo jugaba
por las arenas verdes de los ríos

subiendo a las veletas de las torres
y a la nevada luna mis trineos.
Y eran tus alas invisibles, era
su soplo grácil quien me conducía.

¿Quién tocó con sus ojos los colores,
quién a las líneas contagió su aire,
y quién, cuando el amor, puso en su flecha
un murmullo de fuentes y palomas?
Luego, el horror, la vida en el espanto,
la juventud ardiendo en sacrificio.
¿Qué sin ti el héroe, qué su pobre muerte
sin el súbito halo de relámpagos
con que tú lo coronas e iluminas?

¡Oh, hermana de verdad, oh compañera,
conmigo, desterrada,
conmigo, golpeado y alabado,
conmigo, perseguido;
en la vacilación, firme, segura,
en la firmeza, animadora, alegre,
buena en el odio necesario, buena
y hasta feliz en la melancolía!
¿Qué no voy a esperar de ti en lo que me falte
de júbilo o tormento? ¿Qué no voy
a recibir de ti, di, que no sea
sino para salvarme, alzarme, conferirme?
Me matarán quizás y tú serás mi vida,
viviré más que nunca y no serás mi muerte.
Porque por ti yo he sido, yo soy música,
ritmo veloz, cadencia lenta, brisa
de los juncos, vocablo de la mar, estribillo
de las más simples cigarras populares.
Porque por ti soy tú y seré por ti sólo
lo que fuiste y serás para siempre en el tiempo.

POR ENCIMA DEL MAR, DESDE LA ORILLA
AMERICANA DEL ATLANTICO

¡Si yo hubiera podido, oh Cádiz, a tu vera,
hoy, junto a ti, metido en tus raíces,
hablarte como entonces,
como cuando descalzo por tus verdes orillas
iba a tu mar robándole caracoles y algas!

Bien lo merecía, yo sé que tú lo sabes,
por haberte llevado tantos años conmigo,
por haberte cantado casi todos los días,
llamando siempre Cádiz a todo lo dichoso,
lo luminoso que me aconteciera.

Siénteme cerca, escúchame
igual que si mi nombre, si todo yo tangible,
proyectado en la cal hirviente de tus muros,
sobre tus farallones hundidos o en los huecos
de tus antiguas tumbas o en las olas te hablara.
Hoy tengo muchas cosas, muchas más que decirte.

Yo sé que lo lejano,
sí, que lo más lejano, aunque se llame
Mar de Solís o Río de la Plata,
no hace que los oídos
de tu siempre dispuesto corazón no me oigan.
Por encima del mar voy de nuevo a cantarte.

JUAN JOSE DOMENCHINA

HASTIO

Hastío —pajarraco
de mis horas—. ¡Hastío!
Te ofrendo mi futuro.

A trueque de los ocios
turbios que me regalas,
mi porvenir es tuyo.

No aguzaré las ramas
de mi intelecto, grave.
No forzaré mis músculos.

¡Como un dios, a la sombra
de mis actos —en germen,
sin realidad—, desnudo!

¡Como un dios —indolencia
comprensiva—, en la cumbre
rosada de mi orgullo!

¡Como un dios, solo y triste!
¡Como un dios, triste y solo!
¡Como un dios, solo y único!

DONCEL POSTUMO

Caliente amarillo: luto
de la faz desencajada;
contraluz que es atributo
y auge de presunta nada,
muerte! Por la hundida ojera
se asoma la calavera,
ojo avizor de un secreto
que estudia bajo la piel
su salida de doncel
póstumo: don de esqueleto.

«VENIMOS DE LA NOCHE, DE LA SOMBRA...»

Venimos de la noche, de la sombra
polvorienta, del odio rescoldado
a fuego lento, por la lenta alfombra
de la ceniza —polvo, triturado
   residuo de un pasado que se nombra
con un nombre pretérito y dejado
de Dios, y que, tendido, desescombra
la sombra de su sueño derrumbado.
   Venimos de la muerte sobre un resto
de vida que aún arrastra en su caída
su dispersada voluntad sin puesto.
   ¡Polvo en el polvo del camino, huida
sin fin! Venimos de la muerte en esto
—polvo en el polvo— que llamamos vida.

MAÑANA SERA DIOS

Esta yacija, donde se desploma
noche a noche el despojo de mí mismo,
no es cauce para el sueño, sino abismo
al que mi angustia de caer se asoma.

La sábana, que cubre y que no toma
la forma de mi cuerpo, en su mutismo,
sin un pliegue de amor, dice lo mismo
que mi despego y en el mismo idioma.

...Mañana será Dios, y su porfía
sacudirá, violenta, al mal dormido
con su irrupción de polvo o nuevo día.

Aquí no hay alta noche, y, tras la hora
más oscura de un cielo descendido,
se enciende el sol, de pronto, sin aurora.

DAMASO ALONSO

COMO ERA

> ¿Cómo era, Dios mío, cómo era?
> JUAN RAMÓN JIMÉNEZ

La puerta, franca.
          Vino queda y suave.
Ni materia ni espíritu. Traía
una ligera inclinación de nave
y una luz matinal de claro día.

No era de ritmo, no era de armonía
ni de color. El corazón la sabe,
pero decir cómo era no podría
porque no es forma, ni en la forma cabe.

Lengua, barro mortal, cincel inepto,
deja la flor intacta del concepto
en esta clara noche de mi boda.

Y canta mansamente, humildemente,
la sensación, la sombra, el accidente,
mientras Ella me llena el alma toda.

SUEÑO DE LAS DOS CIERVAS

¡Oh terso claroscuro del durmiente!
Derribadas las lindes, fluyó el sueño.
Sólo el espacio.

Luz y sombra, dos ciervas velocísimas,
huyen hacia la hontana de aguas frescas,
centro de todo.
    ¿Vivir no es más que el roce de su viento?
Fuga del viento, angustia, luz y sombra:
forma de todo.
    Y las ciervas, las ciervas incansables,
flechas emparejadas hacia el hito,
huyen y huyen.
    El árbol del espacio. (Duerme el hombre).
Al fin de cada rama hay una estrella.
Noche: los siglos.

ORACION POR LA BELLEZA DE UNA MACHACHA

    Tú le diste esa ardiente simetría
de los labios, con brasa de tu hondura,
y en dos enormes cauces de negrura,
simas de infinidad, luz de tu día;
    esos bultos de nieve, que bullía
al soliviar del lino la tersura,
y, prodigios de exacta arquitectura,
dos columnas que cantan tu armonía.
    ¡Ay, tú, Señor, le diste esa ladera
que en un álabe dulce se derrama,
miel secreta en el humo entretorado!
    ¿A qué tu poderosa mano espera?
Mortal belleza eternidad reclama.
¡Dales la eternidad que le has negado!

INSOMNIO

Madrid es una ciudad de más de un millón de cadáve-
res (según las últimas estadísticas).
A veces en la noche yo me revuelco y me incorporo
en este nicho en el que hace 45 años que me pudro,
y paso largas horas oyendo gemir al huracán, o la-
drar los perros, o fluir blandamente la luz de la
luna.
Y paso largas horas gimiendo como el huracán (la-
drando como un perro enfurecido, fluyendo como
la leche de la ubre caliente de una gran vaca ama-
rilla.

Y paso largas horas preguntándole a Dios, pregun-
   tándole por qué se pudre lentamente mi alma,
por qué se pudren más de un millón de cadáveres en
   esta ciudad de Madrid,
por qué mil millones de cadáveres se pudren lenta-
   mente en el mundo.
Dime, ¿qué huerto quieres abonar con nuestra podre-
   dumbre?
¿Temes que se te sequen los grandes rosales del día,
las tristes azucenas letales de tus noches?

MONSTRUOS

   Todos los días rezo esta oración
al levantarme:

Oh Dios,
no me atormentes más.
Dime qué significan
estos espantos que me rodean.
Cercado estoy de monstruos
que mudamente me preguntan,
igual, igual que yo les interrogo a ellos.
Que tal vez te preguntan,
lo mismo que yo en vano perturbo
el silencio de tu invariable noche
con mi desgarradora interrogación.
Bajo la penumbra de las estrellas
y bajo la terrible tiniebla de la luz solar,
me acechan ojos enemigos,
formas grotescas me vigilan,
colores hirientes lazos me están tendiendo:
¡son monstruos,
estoy cercado de monstruos!

   No me devoran.
Devoran mi reposo anhelado,
me hacen ser una angustia que se desarrolla a
   sí misma,
me hacen hombre,
monstruo entre monstruos.
No, ninguno tan horrible
como este Dámaso frenético,

como este amarillo ciempiés que hacia ti clama
con todos sus tentáculos enloquecidos,
como esta bestia inmediata
transfundida en una angustia fluyente,
no, ninguno tan mostruoso
como esta alimaña que brama hacia ti,
como esta desgarrada incógnita
que ahora te increpa con gemidos articulados,
que ahora te dice:
«Oh Dios,
no me atormentes más,
dime qué significan
estos monstruos que me rodean
y este espanto íntimo que hacia ti gime en la
    noche».

HOMBRE Y DIOS

Hombre es amor. Hombre es un haz, un centro
donde se anuda el mundo. Si Hombre falla,
otra vez el vacío y la batalla
del primer caos y el Dios que grita «¡Entro!»
Hombre es amor, y Dios habita dentro
de ese pecho y, profundo, en él se acalla;
con esos ojos fisga, tras la valla,
su creación, atónitos de encuentro.
Amor-Hombre, total rijo sistema
yo (mi Universo). ¡Oh Dios, no me aniquiles
tú, flor inmensa que en mi insomnio creces!
Yo soy tu centro para ti, tu tema
de hondo rumiar, tu estancia y tus pensiles.
Si me deshago, tú desapareces.

A UN RIO LE LLAMABAN CARLOS

(Charles River, Cambridge, Massachusetts.)

Yo me senté en la orilla:
quería preguntarte, preguntarme tu secreto;
convencerme de que los ríos resbalan hacia un anhelo
    y viven;
y que cada uno nace y muere distinto (lo mismo que
    a ti te llaman Carlos).

Quería preguntarte, mi alma quería preguntarte
por qué anhelas, hacia qué resbalas, para qué vives.
Dímelo, río,
y dime, di, por qué te llaman Carlos.
   Ah, loco, yo, loco, quería saber qué eras, quién eras
(género, especie)
y qué eran, qué significaban «fluir», «fluido», «fluen-
te»; qué instante era tu instante;
cuál de tus mil reflejos, tu reflejo absoluto;
yo quería indagar el último recinto de tu vida;
tu unicidad, esa alma de agua única,
por la que te conocen por Carlos.
   Carlos es una tristeza, muy mansa y gris, que fluye
entre edificios nobles, a Minerva sagrados,
y entre hangares que anuncios y consignas coronan.
Y el río fluye y fluye, indiferente.
A veces, suburbana, verde, una sonrisilla
de hierba se distiende, pegada a la ribera.
Yo me he sentado allí, sobre la hierba quemada del
   invierno, para pensar por qué los ríos
siempre anhelan futuro, como tú lento y gris.
Y para preguntarte por qué te llaman Carlos.
   Y tú fluías, fluías, sin cesar, indiferente,
y no escuchabas a tu amante extático,
que te miraba preguntándote,
como miramos a nuestra primera enamorada para
   saber si le fluye un alma por los ojos,
y si en su sima el mundo será todo luz blanca,
o si acaso su sonreír es sólo eso: una boca amarga
   que besa.
Así te preguntaba, como le preguntamos a Dios en la
   sombra de los quince años,
entre fiebres oscuras y los días —qué verano— tan
   lentos.
Yo quería que me revelaras el secreto de la vida
y de tu vida, y por qué te llamaban Carlos.
   Yo no sé por qué me he puesto tan triste, contem-
      plando el fluir de este río.
Un río es agua, lágrimas: mas no sé quién las llora.
El río Carlos es una tristeza gris, mas no sé quién la
   llora.
Pero sé que la tristeza es gris y fluye.
Porque sólo fluye en el mundo la tristeza.
Todo lo que fluye es lágrimas.

Todo lo que fluye es tristeza, y no sabemos de dónde
viene la tristeza.
Como yo no sé quién te llora, río Carlos,
como yo no sé por qué eres una tristeza
ni por qué te llaman Carlos.
Era bien de mañana cuando yo me he sentado a
contemplar el misterio fluyente de este río,
y he pasado muchas horas preguntándome, pregun-
tándote.
Preguntando a este río, gris lo mismo que un dios;
preguntándome, como se le pregunta a un dios triste:
¿qué buscan los ríos?, ¿qué es un río?
Dime, dime qué eres, qué buscas,
río, y por qué te llaman Carlos.
Y ahora me fluye dentro una tristeza,
un río de tristeza gris,
con lentos puentes grises, como estructuras funerales
grises.
Tengo frío en el alma y en los pies.
Y el sol se pone.
Ha debido pasar mucho tiempo.
Ha debido pasar el tiempo lento, lento, minutos, si-
glos, eras.
Ha debido pasar toda la pena del mundo, como un
tiempo lentísimo.
Han debido pasar todas las lágrimas del mundo, como
un río indiferente.
Ha debido pasar mucho tiempo, amigos, míos, mucho
tiempo
desde que yo me senté aquí en la orilla, a orillas de
esa tristeza, de ese
río al que le llamaban Dámaso, digo, Carlos.

BUSQUEDA DE LA LUZ. ORACION

                                            Yo digo
«forma». Y ellos extienden en silencio las manos
sarmentosas, y palpan con amor: tiernamente
intuyen, «ven» (a su manera). Yo les digo
«perspectiva», «relieve», y acarician los planos
de las mesas, o siguen las paredes y tocan
largamente la esquina. Se sonríen, comprenden
algo. Pero si digo «luz», se quedan absortos,
inclinan la cabeza, vencidos: no me entienden.

Saben, sí, que con luz los hombres van de prisa;
sin ella, como ciegos, a tientas; que la luz
es un agua más suave que llena los vacíos
y rebota en lo lleno de las cosas, o acaso
las traspasa muy dulcemente.

                                        Díos mío, no
sabemos de tu esencia ni tus operaciones.
¿Y tu rostro? Nosotros inventamos imágenes
para explicarte, oh Dios inexplicable: como
los ciegos con la luz. Si en nuestra ciega noche
se nos sacude el alma con anhelos o espantos,
es tu mano de pluma o tu garra de fuego
que acaricia o flagela. No sabemos quién eres,
cómo eres. Carecemos de los ojos profundos
que pueden verte, oh Dios. Como el ciego en su poza,
para la luz. ¡Oh ciegos, todos! ¡Todos, sumidos
en tiniebla!

                            Los ciegos me preguntan «¿Cómo es
la luz»? Y yo querría pintarles, inventarles
qué plenitud es, cómo se funde con el cuerpo,
con el alma, llenándonos, embriaguez exacta
mediodía, mar llena, enorme flor sin pétalos,
mosto, delicias, escaparate de mil joyas
brillantes, cobertura del mundo hermoso, ingrávida
vibración exquisita. No, no saben, no pueden
comprender. Digo «rojo», «azul», «verde». No saben.
«Color»: no saben. Nunca recibió su cerebro
esa inundación súbita, ese riego glorioso
—bocanadas de luz, dicha, gloria, colores—
que me traspasa ahora: ahora que abro mis párpados.
Maravilla sin límites: mar, cielo azul, follajes,
prados verdes, llanuras agostadas; la nieve
ardiendo entre las rosas rojas; o labios rojos
con sorbete de nieve.
                                Bendito seas, Dios mío.

Apiádate, Señor, de los ciegos, y dales
felicidad. No pido la tuya, la del éxtasis
invariable y blanco. Felicidad terrena
te pido. Engáñales —más que a los otros hombres—,
dales tus vinos suaves, leche y miel de tus granjas,
hasta que puedan verte. Hazlos niños del todo,
que jueguen y que rían. Embriágalos, palpando.

Que no sepan, Señor, tú puedes convertirles
su gran miseria en dicha. Ilumina los pozos
profundos donde nunca rayo de luz ha herido.
Oh inventor, crea, invéntales otra luz sin retina.
Hazlos pozos radiantes, noches iluminadas.

VICENTE ALEIXANDRE

TORO

Esa mentira o casta.
Aquí, mastines, pronto; paloma, vuela; salta, toro,
toro de luna o miel que no despega.
Aquí, pronto; escapad, escapad; sólo quiero,
sólo quiero los bordes de la lucha.

Oh tú, toro hermosísimo, piel sorprendida,
ciega suavidad como un mar hacia adentro,
quietud, caricia, toro, toro de cien poderes,
frente a un bosque parado de espanto al borde.

Toro o mundo que no,
que no muge. Silencio;
vastedad de esta hora. Cuerno o cielo ostentoso,
toro negro que aguanta caricia, seda, mano.

Ternura delicada sobre una piel de mar
mar brillante y caliente, anca pujante y dulce,
abandono asombroso del bulto que deshace
sus fuerzas casi cósmicas como leche de estrellas.
Mano inmensa que cubre celeste toro en tierra.

UNIDAD EN ELLA

Cuerpo feliz que fluye entre mis manos,
rostro amado donde contemplo el mundo,
donde graciosos pájaros se copian fugitivos,
volando a la región donde nada se olvida.

Tu forma externa, diamante o rubí duro,
brillo de un sol que entre mis manos deslumbra,
cráter que me convoca con su música íntima,
con esa indescifrable llamada de tus dientes.

Muero porque me arrojo, porque quiero morir,
porque quiero vivir en el fuego, porque este aire de
[fuera
no es mío, sino el caliente aliento
que si me acerco quema y dora mis labios desde un
[fondo.
Deja, deja que mire, teñido del amor,
enrojecido el rostro por tu purpúrea vida,
deja que mire el hondo clamor de tus entrañas
donde muero y renuncio a vivir para siempre.
Quiero amor o la muerte, quiero morir del todo,
quiero ser tú, tu sangre, esa lava rugiente
que regando encerrada bellos miembros extremos
siente así los hermosos límites de la vida.
Este beso en tus labios como una lenta espina,
como un mar que voló hecho un espejo,
como el brillo de un ala,
es todavía unas manos, un repasar de tu crujiente
[pelo,
un crepitar de luz vengadora,
luz o espada mortal que sobre mi cuello amenaza,
pero que nunca podrá destruir la unidad de este
[mundo.

SOY EL DESTINO

Sí, te he querido como nunca.

¿Por qué besar tus labios, si se sabe que la muerte
está próxima,
si se sabe que amar es sólo olvidar la vida,
cerrar los ojos a lo oscuro presente
para abrirlos a los radiantes límites de un cuerpo?
Yo no quiero leer en los libros una verdad que poco
a poco sube como un agua,
renuncio a ese espejo que dondequiera las montañas
ofrecen,
pelada roca donde se refleja mi frente
cruzada por unos pájaros cuyo sentido ignoro.

No quiero asomarme a los ríos donde los peces colo-
rados con el rubor de vivir,
embisten a las orillas límites de su anhelo,

ríos de los que unas voces inefables se alzan,
signos que no comprendo echado entre los juncos.

No quiero, no; renuncio a tragar ese polvo, esa tie-
dolorosa, esa arena mordida,   [rra
esa seguridad de vivir con que la carne comulga
cuando comprende que el mundo y este cuerpo
ruedan como ese signo que el celeste ojo no entiende.

No quiero, no, clamar, alzar la lengua,
proyectarla como esa piedra que se estrella en la fren-
                                                [te,
que quiebra los cristales de esos inmensos cielos
tras los que nadie escucha el rumor de la vida.

Quiero vivir, vivir como la yerba dura,
como el cierzo o la nieve, como el carbón vigilante,
como el futuro de un niño que todavía no nace,
como el contacto de los amantes cuando la luna los
  ignora.

Soy la música que bajo tantos cabellos
hace el mundo en su vuelo misterioso,
pájaro de inocencia que con sangre en las alas
va a morir en un pecho oprimido.

Soy el destino que convoca a todos los que aman,
mar único al que vendrán todos los radios amantes
que buscan su centro, rizados por el círculo
que gira como la rosa rumorosa y total.

Soy el caballo que enciende su crin contra el pelado
  viento,
soy el león torturado por su propia melena,
la gacela que teme al río indiferente,
el avasallador tigre que despuebla la selva,
el diminuto escarabajo que también brilla en el día.

Nadie puede ignorar la presencia del que vive,
del que en pie en medio de las flechas gritadas,
muestra su pecho transparente que no impide mirar,
que nunca será cristal a pesar de su claridad,
por que si acercáis vuestras manos, podréis sentir la
  sangre.

LAS AGUILAS

El mundo encierra la verdad de la vida,
aunque la sangre mienta melancólicamente
cuando como mar sereno en la tarde
siente arriba el batir de las águilas libres.

Las plumas de metal,
las garras poderosas,
ese afán del amor o la muerte,
ese deseo de beber en los ojos con un pico de hierro,
de poder al fin besar lo exterior de la tierra,
vuela como el deseo,
como las nubes que a nada se oponen,
como el azul radiante, corazón ya de afuera
en que la libertad se ha abierto para el mundo.
Las águilas serenas
no serán nunca esquifes,
no serán sueño o pájaro,
no serán caja donde olvidar lo triste,
donde tener guardando esmeraldas u ópalos.

El sol que cuaja en las pupilas,
que a las pupilas mira libremente,
es ave inmarcesible, vencedor de los pechos
donde hundir su furor contra un cuerpo amarrado.

Las violentas alas
que azotan rostros como eclipses,
que parten venas de zafiro muerto,
que seccionan la sangre coagulada,
rompen el viento en mil pedazos,
mármol o espacio impenetrable
donde una mano muerta detenida
es el claror que en la noche fulgura.

Aguilas como abismos,
como montes altísimos,
derriban majestades, troncos polvorientos,
esa verde hiedra que en los muslos
finge la lengua vegetal casi viva.

Se aproxima el momento en que la dicha consista
en desvestir de piel a los cuerpos humanos,

en que el celeste ojo victorioso
vea sólo a la tierra como sangre que gira.

Aguilas de metal sonorísimo,
arpas furiosas con su voz casi humana,
cantan la ira de amar los corazones,
amarlos con las garras estrujando su muerte.

CRIATURAS EN LA AURORA

Vosotros conocisteis la generosa luz de la inocencia.

Entre las flores silvestres recogisteis cada mañana
el último, el pálido eco de la postrer estrella.
Bebisteis ese cristalino fulgor,
que como una mano purísima
dice adiós a los hombres detrás de la fantástica pre-
    sencia montañosa.
Bajo el azul naciente,
entre las luces nuevas, entre los puros céfiros prime-
                                              [ros,
que vencían a fuerza de candor a la noche,
amanecisteis cada día, porque cada día la túnica casi
    húmeda
se desgarraba virginalmente para amaros,
desnuda, pura, invïolada.

Aparecisteis entre la suavidad de las laderas,
donde la yerba apacible ha recibido eternamente el
    beso instantáneo de la luna.
Ojo dulce, mirada repentina para un mundo estreme-
    cido
que se tiende inefable más allá de su misma apa-
    riencia.

La música de los ríos, la quietud de las alas,
esas plumas que todavía con el recuerdo del día se
    plegaron para el amor, como para el sueño,
entonaban su quietísimo éxtasis
bajo el mágico soplo de la luz,
luna ferviente que aparecida en el cielo
parece ignorar su efímero destino transparente.

La melancólica inclinación de los montes
no significaban el arrepentimiento terreno
ante la inevitable mutación de las horas:
era más bien la tersura, la mórbida superficie del
    mundo
que ofrecía su curva como un seno hechizado.
Allí vivisteis. Allí cada día presenciasteis la tierra,
la luz, el calor, el sondear lentísimo
de los rayos celestes que adivinaban las formas,
que palpaban tiernamente las laderas, los valles,
los ríos con su ya casi brillante espada solar,
acero vívido que guarda aún, sin lágrimas, la amari-
    llez tan íntima,
la plateada faz de la luna retenida en sus ondas.

Allí nacían cada mañana los pájaros,
sorprendentes, novísimos, vividores, celestes.
Las lenguas de la inocencia
no decían palabras:
entre las ramas de los altos álamos blancos
sonaban casi también vegetales, como el soplo en las
    frondas.
¡Pájaros de la dicha inicial, que se abrían
estrenando sus alas, sin perder la gota virginal del
    rocío!

Las flores salpicadas, las apenas brillantes floreci-
    llas del soto,
eran blandas, sin grito, a vuestras plantas desnudas.
Yo os vi, os presentí cuando el perfume invisible
besaba vuestros pies, insensibles al beso.

¡No crueles: dichosos! En las cabezas desnudas
brillaban acaso las hojas iluminadas del alba.
Vuestra frente se hería, ella misma, contra los rayos
    dorados, recientes, de la vida, del sol, del amor, del
    silencio bellísimo.
No había lluvia, pero unos dulces brazos
parecían presidir a los aires,
y vuestros cuellos sentían su hechicera presencia,
mientras decíais palabras a las que el sol naciente
    daba magia de plumas.
No, no es ahora cuando la noche va cayendo,
también con la misma dulzura pero con un levísimo
    vapor de ceniza,

cuando yo correré tras vuestras sombras amadas.
Lejos están las inmarchitas horas matinales,
imagen feliz de la aurora impaciente,
tierno nacimiento de la dicha en los labios,
en los seres vivísimos que yo amé en vuestras már-
genes.

El placer no tomaba el temeroso nombre de placer,
ni el turbio espesor de los bosques hendidos,
sino la embriagadora nitidez de las cañadas abiertas
donde la luz se desliza con sencillez de pájaro.

Por eso os amo, inocentes, amorosos seres mortales
de un mundo virginal que diariamente se repetía
cuando la vida sonaba en las gargantas felices
de las aves, los ríos, los aires y los hombres.

EN LA PLAZA

Hermoso es, hermosamente humilde y confiante, vi-
    vificador y profundo,
sentirse bajo el sol, entre los demás, impelido,
llevado, conducido, mezclado, rumorosamente arras-
    trado.

No es bueno
quedarse en la orilla
como el malecón o como el molusco que quiere calcá-
reamente imitar a la roca.
Sino que es puro y sereno arrasarse en la dicha
de fluir y perderse,
encontrándose en el movimiento con que el gran cora-
zón de los hombres palpita extendido.
Como ése que vive ahí, ignoro en qué piso,
y le he visto bajar por unas escaleras
y adentrarse valientemente entre la multittud y per-
derse.
La gran masa pasaba. Pero era reconocible el diminu-
to corazón afluido.
Allí, ¿quién lo reconocería? Allí con esperanza, con re-
solución o con fe, con temeroso denuedo,
con silenciosa humildad, allí él también
transcurría.

Era una gran plaza abierta, y había olor de exis-
tencia.
Un olor a gran sol descubierto, a viento rizándolo,
un gran viento que sobre las cabezas pasaba su mano,
su gran mano que rozaba las frentes unidas y las re-
confortaba.

Y era el serpear que se movía
como un único ser, no sé si desvalido, no sé si pode-
[roso,
pero existente y perceptible, pero cubridor de
la tierra.

Allí cada uno puede mirarse y puede alegrarse y
puede reconocerse.
Cuando, en la tarde caldeada, solo en tu gabinete,
con los ojos extraños y la interrogación en la boca,
quisieras algo preguntar a tu imagen,

no te busques en el espejo,
en un extinto diálogo en que no te oyes.
Baja, baja despacio y búscate entre los otros.
Allí están todos, y 'tú entre ellos.
Oh, desnúdate y fúndete, y reconócete.

Entra despacio, como el bañista que, temeroso, con
mucho amor y recelo al agua,
introduce primero sus pies en la espuma,
y siente el agua subirle, y ya se atreve, y casi ya se de-
cide.
Y ahora con el agua en la cintura todavía no se confía.
Pero él extiende sus brazos, abre al fin sus dos brazos
y se entrega completo.
Y allí fuerte se reconoce, y crece y se lanza,
y avanza y levanta espumas, y salta y confía,
y hiende y late en las aguas vivas, y canta, y es joven.
Así, entra con pies desnudos. Entra en el hervor, en
la plaza.
Entra en el torrente que te reclama y allí sé tú mismo.
¡Oh pequeño corazón diminuto, corazón que quiere
latir
para ser él también el unánime corazón que le al-
canza!

OLEO («NIÑO DE VALLECAS»)

A veces ser humano es difícil. Se nació casi al borde.
Helo aquí, y casi mira. Desde su estar inmóvil rompe
    el aire
y asoma súbito a este frente: aquí es asombro.
Pues está y os contempla, o más, pide ser visto, y
    más: mirado, salvo.
Tiene su pelo mixto, cubriendo desigual la enorme
    masa,
y luego, más despacio, la mano de quien aquí lo puso
    trazó lenta la frente,
la inerte frente que sería y no fuese,
no era. La hizo despacio como quien traza un mundo
a oscuras, sin iluminación posible,
piedra en espacios que nació sin vida
para rodar externamente yerta.
Pero esa mano sabia, humana, más despacio lo hizo,
aquí lo puso como materia, y dándole
su calidad con tanto amor que más verdad sería:
sería más luces, y luz daba esa piedra.
La frente muerta dulcemente brilla,
casi riela en la penumbra, y vive.
Y enorme vela sobre unos ojos mudos,
horriblemente dulces, al fondo de su estar, vítreos
    sin lágrima.
    La pesada cabeza, derribada hacia atrás, mira, no
        mira,
pues nada ve. La boca está entreabierta;
sólo por ella alienta, y los bracitos cortos juegan, ríen,
mientras la cara grande muerta, ofrécese.
    La mano aquí lo pintó, lo acarició
y más: lo respetó, existiendo.
Pues era. Y la mano apenas lo resumió exaltando
su dimensión veraz. Más templó el aire,
lo hizo más verdadero en su oquedad posible
para el ser, como una onda que límites se impone
y dobla suavemente en sus orillas.
    Si le miráis le veréis hoy ardiendo
como en húmeda luz, todo él envuelto
en verdad, que es amor, y ahí adelantado, aducido,
pidiendo, suplicando sin voz: pide ser salvo.
Miradle, sí: salvadle. El fía en el hombre.

LUIS CERNUDA

«NO DECIA PALABRA...»

No decía palabras,
Acercaba tan sólo un cuerpo interrogante,
Porque ignoraba que el deseo es una pregunta
Cuya respuesta no existe,
Una hoja cuya rama no existe,
Un mundo cuyo cielo no existe.

La angustia se abre paso entre los huesos,
Remonta por las venas
Hasta abrirse en la piel,
Surtidores de sueño
Hechos carne en interrogación vuelta a las nubes.
Un roce al paso,
Una mirada fugaz entre las sombras,
Bastan para que el cuerpo se abra en dos,
Avido de recibir en sí mismo
Otro cuerpo que sueñe;
Mitad y mitad, sueño y sueño, carne y carne;
Iguales en figura, iguales en amor, iguales en deseo.
Aunque sólo sea una esperanza,
Porque el deseo es pregunta cuya respuesta nadie
    sabe.

«YO FUI...»

Yo fui.

Columna ardiente, luna de primavera.
Mar dorado, ojos grandes.

Busqué lo que pensaba;
Pensé, como al amanecer en sueño lánguido,
Lo que pinta el deseo en días adolescentes.

Canté, subí,
Fui luz un día
Arrastrado en la llama.

Como un golpe de viento
Que deshace la sombra,
Caí en lo negro,
En el mundo insaciable.

He sido.

HIMNO A LA TRISTEZA

Fortalecido estoy contra tu pecho
De augusta piedra fría,
Bajo tus ojos crepusculares,
Oh madre inmortal.
Desengañada alienta en ti mi vida,
Oyendo en el pausado retiro nocturno
Ligeramente resbalar las pisadas
De los días juveniles, que se alejan
Apacibles y graves, en la mirada,
Con una misma luz, compasión y reproche;
Y van tras ellos como irisado humo
Los sueños creados con mi pensamiento,
Los hijos del anhelo y la esperanza.
La soledad poblé de seres a mi imagen
Como un dios aburrido;
Los amé si eran bellos,
Mi compañía les di cuando me amaron,
Y ahora como ese mismo dios aislado estoy,
Inerme y blanco tal una flor cortada.
Olvidándome voy en este vago cuerpo,
Nutrido por las hierbas leves
Y las brillantes frutas de la tierra,
El pan y el vino alados,
En mi nocturno lecho a solas.

Hijo de tu leche sagrada,
El esbelto mancebo
Hiende con pie inconsciente
La escarpada colina,
Salvando con la mirada en ti
El laurel frágil y la espina insidiosa.

Al amante aligeras las atónitas horas
De su soledad, cuando en desierta estancia

La ventana, sobre apacible naturaleza,
Bajo una luz lejana,
Ante sus ojos nebulosos traza
Con renovado encanto verdeante
La estampa inconsistente de su dicha perdida.

Tú nos devuelves vírgenes las horas
Del pasado, fuertes bajo el hechizo
De tu mirada inmensa,
Como guerrero intacto
En su fuerza desnudo tras de broquel broncíneo,
Serenos vamos bajo los blancos arcos del futuro.

Ellos, los dioses, alguna vez olvidan
El tosco hilo de nuestros trabajados días,
Pero tú, celeste donadora recóndita,
Nunca los ojos quitas de tus hijos
Los hombres, por el mal hostigados.

Viven y mueren a solas los poetas,
Restituyendo en claras lágrimas
La polvorienta agua salobre,
Y en alta gloria resplandeciente
La esquiva ojeada del magnate henchido,

Mientras sus nombres suenan
Con el viento en las rocas,
Entre el hosco rumor de torrentes oscuros,
Allá por los espacios donde el hombre
Nunca puso sus plantas.

¿Quién sino tú cuida sus vidas, les da fuerzas
Para alzar la mirada entre tanta miseria,
En la hermosura perdidos ciegamente?
¿Quén sino tú, amante y madre eterna?

Escucha como avanzan las generaciones
Sobre esta remota tierra misteriosa;
Marchan los hombres hostigados
Bajo la yerta sombra de los antepasados,
Y el cuerpo fatigado se reclina
Sobre la misma huella tibia
De otra carne precipitada en el olvido.

Luchamos por fijar nuestro anhelo,
Como si hubiera alguien más fuerte que nosotros,
Que tuviera en memoria nuestro olvido;
Porque dulce será anegarse
En un abrazo inmenso,

Vueltos niebla con luz, agua en la tormenta;
Grato ha de ser aniquilarse,
Marchitas en los labios las delirantes voces.
Pero aún hay algo en mí que te reclama
Conmigo hacia los parques de la muerte
Para acallar el miedo ante la sombra.

¿Dónde floreces tú, como vaga corola
Henchida del piadoso aroma que te alienta
En las nupcias terrenas con los hombres?
No eres hiel ni eres pena, sino amor de la justicia
                                                  [imposible,
Tú, la compasión humana de los dioses.

LA VISITA DE DIOS

Pasada se halla ahora la mitad de mi vida.
El cuerpo sigue en pie y las voces aún giran
Y resuenan con encanto marchito en mis oídos,
Mas los días esbeltos ya se se marcharon lejos;
Sólo recuerdos pálidos de su amor me han dejado.
Como el labrador al ver su trabajo perdido
Vuelve al cielo los ojos esperando la lluvia,
También quiero esperar en esta hora confusa
Unas lágrimas que aviven mi cosecha.
Pero hondamente fijo queda el desaliento,
Como huésped oscuro de mis sueños.
¿Puedo esperar acaso? Todo se ha dado al hombre
Tal distracción efímera de la existencia;
A nada puede unir esta ansia suya que reclama
Una pausa de amor entre la fuga de las cosas.
Vano sería dolerse del trabajo, la casa, los amigos
                                                  [perdidos
En aquel gran negocio demoníaco de la guerra.

Estoy en la ciudad alzada para su orgullo por el rico,
Adonde la miseria oculta canta por las esquinas

O expone dibujos que me arrasan de lágrimas los ojos.
Y mordiendo mis puños con tristeza impotente
Aún cuento mentalmente mis monedas escasas,
Porque un trozo de pan aquí y unos vestidos
Suponen un esfuerzo mayor para lograrlos
Que el de los viejos héroes cuando vencían
Monstruos, rompiendo encantos con su lanza.

La revolución renace siempre, como un fénix
Llameante en el pecho de los desdichados.
Esto lo sabe el charlatán bajo los árboles
De las plazas, y su baba argentina, su cascabel sonoro.
Silbando entre las hojas, encanta al pueblo
Robusto y engañado con maligna elocuencia,
Y canciones de sangre acunan su miseria.

Por mi dolor comprendo que otros inmensos sufren
Hombres callados a quienes falta el ocio
Para arrojar al cielo su tormento. Mas no puedo
Copiar su enérgico silencio, que me alivia
Este consuelo de la voz, sin tierra y sin amigo,
En la profunda soledad de quien no tiene
Ya nada entre sus brazos, sino el aire en torno,
Lo mismo que un navío al alejarse sobre el mar.
¿Adónde han ido las viejas compañeras del hombre?
Mis zurcidoras de proyectos, mis tejedoras de esperan-
Han muerto. Sus agujas y madejas reposan   [zas
Con polvo en un rincón, sin la melodía del trabajo.
Como una sombra aislada al filo de los días,
Voy repitiendo gestos y palabras mientras lejos es-
                                                  [cucho

El inmenso bostezo de los siglos pasados.
El tiempo, ese blanco desierto ilimitado,
Esa nada creadora, amenaza a los hombres
Y con luz inmortal se abre ante los deseos juveniles.
Unos quieren asir locamente su mágico reflejo,
Mas otros le conjuran con un hijo
Ofrecido en los brazos como víctima,
Porque de nueva vida se mantiene su vida
Como el agua del agua llorada por los hombres.

Pero a ti, Dios, ¿con qué te aplacaremos?
Mi sed eras tú, fuiste mi amor perdido,

Mi casa rota, mi vida trabajada, y la casa y la vida
De tantos hombres como yo a la deriva
En el naufragio de un país. Levantados de naipes,
Uno tras otro iban cayendo mis pobres paraísos.
¿Movió tu mano el aire que fuera derribándolos
Y tras ellos, en el profundo abatimiento, en el hondo
[vacío,
Se alza al fin ante mí la nube que oculta tu presencia?

No golpees airado mi cuerpo con tu rayo;
Si el amor no eras tú, ¿quién lo será en tu mundo?
Compadécete al fin, escucha este murmullo
Que ascendiendo llega como una ola
Al pie de tu divina indiferencia.
Mira las tristes piedras que llevamos
Ya sobre nuestros hombros para enterrar tus dones:
La hermosura, la verdad, la justicia, cuyo afán impo-
[sible
Tú solo eras capaz de infundir en nosotros.
Si ellas murieran hoy, de la memoria tú te borrarías
Como un sueño remoto de los hombres que fueron.

GONGORA

El andaluz envejecido que tiene gran razón para su
    orgullo,
El poeta cuya palabra lúcida es como diamante,
Harto de fatigar sus esperanzas por la corte,
Harto de su pobreza noble que le obliga
A no salir de casa cuando el día, sino al atardecer, ya
    que las sombras,

Más generosas que los hombres, disimulan
En la común tiniebla parda de las calles
La bayeta caduca de su coche y el tafetán delgado de
    su traje;
Harto de pretender favores de magnates,
Su altivez humillada por el ruego insistente,
Harto de los años tan largos malgastados
En perseguir fortuna lejos de Córdoba la llana y de su
    muro excelso,
Vuelve al rincón nativo para morir tranquilo y silen-
    cioso.

Ya restituye el alma a soledad sin esperar a nadie
Si no es de su conciencia, y menos todavía
De aquel sol invernal de la grandeza
Que no atempera el frío del desdichado.
Y aprende a desearles buen viaje
A príncipes, virreyes, duques altisonantes,
Vulgo luciente no menos estúpido que el otro;
Ya se resigna a ver pasar la vida tal sueño inconsis-
    tente
Que el alba desvanece, a amar el rincón solo
Adonde conllevar paciente su pobreza,
Olvidando que tantos menos dignos que él, como la
    bestia ávida
Toman hasta saciarse la parte mejor de toda cosa,
Dejándole la amarga, el desecho del paria.

Pero en la poesía encontró siempre, no tan sólo her-
    mosura, sino ánimo,
La fuerza del vivir más libre y más soberbio,
Como un neblí que deja el puño duro para buscar las
    nubes
Traslúcidas de oro allá en el cielo alto.
Ahora el reducto último de su casa y su huerto le al-
    canzan todavía

Las piedras de los otros, salpicaduras tristes
Del aguachirle caro para las gentes
Que forman el común y como público son árbitro de
    gloria.
Ni aun esto Dios le perdonó en la hora de su muerte.
Decretado es al fin que Góngora jamás fuera poeta,
Que amó lo oscuro y vanidad tan sólo le dictó sus
    versos.
Menéndez y Pelayo, el montañés henchido por sus
    dogmas,
No gustó de él y le condena con fallo inapelable.

Viva pues Góngora, puesto que así los otros
Con desdén le ignoraron, menosprecio
Tras del cual aparece su palabra encendida
Como estrella perdida en lo hondo de la noche,
Como metal insomne en las entrañas de la tierra.
Ventaja grande es que esté ya muerto
Y que de muerto cumpla los tres siglos, que así
    pueden

Los descendientes mismos de quienes le insultaban
Inclinarse a su nombre, dar premio al erudito,
Sucesor del gusano, royendo su memoria.
Mas él no transigió en la vida ni en la muerte
Y a salvo puso su alma irreductible
Como demonio arisco que ríe entre negruras.

Gracias demos a Dios por la paz de Góngora vencido;
Gracias demos a Dios por la paz de Góngora exaltado;
Gracias demos a Dios que supo devolverle (como hará
    con nostros),
Nulo al fin, ya tranquilo, entre su nada.

PEREGRINO

   ¿Volver? Vuelva el que tenga,
Tras largos años, tras un largo viaje,
Cansancio del camino y la codicia
De su tierra, su casa, sus amigos,
Del amor que el regreso fiel le espere.

Mas, ¿tú? ¿Volver? Regresar no piensas,
Sino seguir libre adelante,
Disponible por siempre, mozo o viejo,
Sin hijo que te busque, como a Ulises,
Sin Itaca que aguarde y sin Penélope.

Sigue, sigue adelante y no regreses,
Fiel hasta el fin del camino y tu vida,
No eches de menos un destino más fácil,
Tus pies sobre la tierra antes no hollada,
Tus ojos frente a lo antes nunca visto.

EMILIO PRADOS

ALBA RAPIDA

   ¡Pronto, de prisa, mi reino,
que se me escapa, que huye,
que se me va por las fuentes!

¡Qué luces, qué cuchilladas
sobre sus torres enciende!
Los brazos de mi corona,
¡qué ramas al cielo tienden!
¡Qué silencios tumba el alma!
¡Qué puertas cruza la Muerte!
¡Pronto, que el reino se escapa!
¡Que se derrumban mis sienes!
¡Qué remolino en mis ojos!
¡Qué galopar en mi frente!
¡Qué caballos de blancura
mi sangre en el cielo vierte!
Ya van por el viento, suben,
saltan por la luz, se pierden
sobre las aguas...

              Ya vuelven
redondos, limpios, desnudos...
¡Qué primavera de nieve!

Sujetadme el cuerpo, ¡pronto!
¡que se me va!, ¡que se pierde
su reino entre mis caballos!
¡que lo arrastran!, ¡que lo hieren!
¡que lo hacen pedazos, vivo,
bajo sus cascos celestes!
¡Pronto, que el reino se acaba!
¡Ya se le tronchan las fuentes!
¡Ay, limpias yeguas del aire!
¡Ay, banderas de mi frente!
¡Qué galopar en mis ojos!

Ligero, el mundo amanece...

DORMIDO EN LA YERBA

    Todos vienen a darme consejo.
Yo estoy dormido junto a un pozo.

Todos se acercan y me dicen:
—La vida se te va,
y tú te tiendes en la yerba,
bajo la luz más tenue del crepúsculo,

atento solamente
a mirar cómo nace
el temblor del lucero
o el pequeño rumor
del agua, entre los árboles.

Y tú te tiendes sobre la yerba:
cuando ya tus cabellos
comienzan a sentir
más cerca y fríos que nunca,
la caricia y el beso
de la mano constante
y sueño de la luna.

Y tú te tiendes sobre la yerba:
cuando apenas si puedes
sentir en tu costado
el húmedo calor
del grano que germina
y el amargo crujir
de la rosa ya muerta.

Y tú te tiendes sobre la yerba:
cuando apenas si el viento
contiene su rigor,
al mirar en ruina
los muros de tu espalda,
y, el sol, ni se detiene
a levantar tu sangre del silencio.

Todos se acercan y me dicen:
—La vida se te va.
Tú, vienes de la orilla
donde crece el romero y la alhucema
entre la nieve y el jazmín, eternos,
y, es un mar todo espumas
lo que aquí te ha traído
por que nos hables...
Y tú te duermes sobre la yerba.

Todos se acercan para decirme:
—Tú duermes en la tierra
y tu corazón sangra
y sangra, gota a gota

ya sin dolor, encima de tu sueño,
como en lo más oculto
del jardín, en la noche,
ya sin olor, se muere la violeta.
Todos vienen a darme consejo.
Yo estoy dormido junto a un pozo.

Sólo, si algún amigo
se acerca, y, sin pregunta
me da un abrazo entre las sombras:
lo llevo hasta asomarnos
al borde, juntos, del abismo,
y, en sus profundas aguas,
ver llorar a la luna y su reflejo,
que más tarde ha de hundirse
como piedra de oro,
bajo el otoño frío de la muerte.

«HUYO MI CUERPO POR MI CUERPO...»

  Huyó mi cuerpo por mi cuerpo....
(Bebo en el agua limpia de mi espejo.)

  ¡A mi existencia uno mi vida!
(Espejo sin cristal es mi alegría.)

—«AY, TIERRA, TIERRA: ¿QUIETO Y EN MI ME PIERDO?...»

—Ay, tierra, tierra: ¿quieto y en mí me pierdo?
¿en ti no quedo?...
                    —Cállate, amor:
desnudo te hundes, te alzas, y eres centro
de historia, y luz que un pájaro en mí bebe.

—¡Tente, vida!

«APARENTE QUIETUD ANTE TUS OJOS...»

Aparente quietud ante tus ojos,
aquí, esta herida —no hay ajenos límites—,
hoy es el fiel de tu equilibrio estable.

La herida es tuya, el cuerpo en que está abierta
es tuyo, aun yerto y lívido. Ven, toca,
baja, más cerca. ¿Acaso ves tu origen
entrando por tus ojos a esta parte
contraria de la vida? ¿Qué has hallado?
¿Algo que no sea tuyo en permanencia?
Tira tu daga. Tira tus sentidos.
Dentro de ti te engendra lo que has dado,
fue tuyo y siempre es acción continua.
Esta herida es testigo: nadie ha muerto.

MANUEL ALTOLAGUIRRE

PLAYA

   Las barcas de dos en dos,
como sandalias del viento
puestas a secar al sol.

Yo y mi sombra, ángulo recto.
Yo y mi sombra, libro abierto.

Sobre la arena tendido
como despojo del mar
se encuetra un niño dormido.

Yo y mi sombra, ángulo recto.
Yo y mi sombra, libro abierto.

Y más allá, pescadores
tirando de las maromas
amarillas y salobres.

Yo y mi sombra, ángulo recto.
Yo y mi sombra, libro abierto.

EL EGOISTA

   Era dueño de sí, dueño de nada.
Como no era de Dios ni de los hombres.

nunca jinete fue de la blancura,
ni nadador, ni águila.
Su tierra estéril nunca los frondosos
verdores consintió de una alegría,
ni los negros plumajes angustiosos.
Era dueño de sí, dueño de nada.

«ERA MI DOLOR TAN ALTO...»

Era mi dolor tan alto,
que la puerta de la casa,
de donde salí llorando,
me llegaba a la cintura.

¡Qué pequeños resultaban
los hombres que iban conmigo!
Crecí como una alta llama
de tela blanca y cabellos.

Si derribaran mi frente
los toros bravos saldrían,
luto en desorden, dementes,
contra los cuerpos humanos.

Era mi dolor tan alto,
que miraba al otro mundo
por encima del ocaso.

CREPUSCULO

¡Ven que quiero desnudarme!
Ya se fue la luz, y tengo
cansancio de estos vestidos.
¡Quítame el traje! Que crean
que he muerto, porque, desnuda
mientras me velan el sueño,
descanso toda la noche;
porque mañana temprano,
desnuda de mi desnudo,
iré a bañarme en un río,

mientras mi traje con traje
lo guardarán para siempre.
Ven, muerte, que soy un niño,
y quiero que me desnuden,
que se fue la luz y tengo
cansancio de estos vestidos.

NOCHE

El alma es igual que el aire,
Con la luz se hace invisible,
perdiendo su honda negrura.
Sólo en las profundas noches
son visibles alma y aire.
Sólo en las noches profundas.

Que se ennegrezca tu alma
pues quieren verla mis ojos.
Oscurece tu alma pura.
Déjame que sea tu noche,
que enturbie tu trasparencia.
¡Déjame ver tu hermosura!

TRINO

Quiero vivir para siempre
en torre de tres ventanas,
donde tres luces distintas
den una luz a mi alma.

Tres personas y una luz
en esa torre tan alta.

Aquí abajo, entre los hombres,
donde el bien y el mal batallan,
el dos significa pleito,
el dos indica amenaza.

Quiero vivir para siempre
en torre de tres ventanas.

ETERNIDAD

Este jardín donde estoy
siempre estuvo en mí. No existo.
Tanta vida, tal conciencia,
borran mi ser en el tiempo.
Conocer la obra de Dios
es estar con El.

MIGUEL HERNANDEZ

ELEGIA

> *(En Orihuela, su pueblo y el mío,*
> *se me ha muerto como del rayo Ra-*
> *món Sijé, con quien tanto quería.)*

   Yo quiero ser llorando el hortelano
de la tierra que ocupas y estercolas,
compañero del alma, tan temprano.
   Alimentando lluvias, caracolas
y órganos mi dolor sin instrumento,
a las desalentadas amapolas
   daré tu corazón por alimento.
Tanto dolor se agrupa en mi costado,
que por doler me duele hasta el aliento.
   Un manotazo duro, un golpe helado,
un hachazo invisible y homicida,
un empujón brutal te ha derribado.
   No hay extensión más grande que mi herida,
lloro mi desventura y sus conjuntos
y siento más tu muerte que mi vida.
   Ando sobre rastrojos de difuntos,
y sin calor de nadie y sin consuelo
voy de mi corazón a mis asuntos.
   Temprano levantó la muerte el vuelo,
temprano madrugó la madrugada,
temprano estás rodando por el suelo.
   No perdono a la muerte enamorada,
no perdono a la vida desatenta,
no perdono a la tierra ni a la nada.

En mis manos levanto una tormenta
de piedras, rayos y hachas estridentes
sedienta de catástrofes y hambrienta.
    Quiero escarbar la tierra con los dientes,
quiero apartar la tierra parte a parte
a dentelladas secas y calientes.
    Quiero minar la tierra hasta encontrarte
y besarte la noble calavera
y desamordazarte y regresarte.
    Volverás a mi huerto y a mi higuera:
por los altos andamios de las flores
pajareará tu alma colmenera
de angelicales ceras y labores.
Volverás al arrullo de las rejas
de los enamorados labradores.
    Alegrarás la sombra de mis cejas,
y tu sangre se irán a cada lado
disputando tu novia y las abejas.
    Tu corazón, ya terciopelo ajado,
llama a un campo de almendras espumosas
mi avariciosa voz de enamorado.
    A las aladas almas de las rosas
del almendro de nata te requiero,
que tenemos que hablar de muchas cosas,
compañero del alma, compañero.

«COMO EL TORO HE NACIDO PARA EL LUTO...»

Como el toro he nacido para el luto
y el dolor, como el toro estoy marcado
por un hierro infernal en el costado
y por varón en la ingle con un fruto.
    Como el toro lo encuentra diminuto
todo mi corazón desmesurado,
y del rostro del beso enamorado,
como el toro a tu amor se lo disputo.
    Como el toro me crezco en el castigo,
la lengua en corazón tengo bañada
y llevo al cuello un vendaval sonoro.
    Como el toro te sigo y te persigo,
y dejas mi deseo en una espada,
como el toro burlado, como el toro.

«UMBRIO POR LA PENA, CASI BRUNO...»

Umbrío por la pena, casi bruno,
porque la pena tizna cuando estalla,
donde yo no me hallo no se halla
hombre más apenado que ninguno.

Pena con pena y pena desayuno
pena es mi paz y pena mi batalla,
perro que ni me deja ni se calla,
siempre a su dueño fiel, pero importuno.

Cardos, penas me ponen su corona,
Cardos, penas, me azuzan sus leopardos
y no me dejan bueno hueso alguno.

No podrá con la pena mi persona
circundada de penas y de cardos...
¡Cuánto penar para morirse uno!

EL SUDOR

En el mar halla el agua su paraíso ansiado,
y el sudor su horizonte, su fragor, su plumaje.
El sudor es un árbol desbordante y salado,
           un voraz oleaje.
Llega desde la edad del mundo más remota
a ofrecer a la tierra su copa sacudida,
a sustentar la sed y la sal gota a gota,
           a iluminar la vida.
Hijo del movimiento, primo del sol, hermano
de la lágrima, deja rodando por las eras,
del abril al octubre, del invierno al verano,
           áureas enredaderas.
Cuando los campesinos van por la madrugada
a favor de la esteva removiendo el reposo,
se visten una blusa silenciosa y dorada
           de sudor silencioso.
Vestidura de oro de los trabajadores,
adorno de las manos como de las pupilas.
Por la atmósfera esparce sus fecundos olores
           una lluvia de axilas.
El sabor de la tierra se enriquece y madura:
caen los copos del llanto laborioso y oliente,
maná de los varones y de la agricultura,
           bebida de mi frente.

Los que no habéis sudado jamás, los que andáis yertos
en el ocio sin brazos, sin música, sin poros,
no usaréis la corona de los poros abiertos
        ni el poder de los toros.
Viviréis maloliendo, moriréis apagados:
la encendida hermosura reside en los talones
de los cuerpos que mueven sus miembros trabajados
        como constelaciones.
Entregad al trabajo, compañeros, las frentes:
que el sudor, con su espada de sabrosos cristales,
con sus lentos diluvios os hará transparentes,
        venturosos, iguales.

SENTADO SOBRE LOS MUERTOS

    Sentado sobre los muertos
que se han callado en dos meses,
beso zapatos vacíos
y empuño rabiosamente
la mano del corazón
y el alma que lo sostiene.
    Que mi voz suba a los montes
y baje a la tierra y truene,
eso pide mi garganta
desde ahora y desde siempre.
    Acércate a mi clamor,
pueblo de mi misma leche,
árbol que con tus raíces
encarcelado me tienes,
que aquí estoy yo para amarte
y estoy para defenderte
con la sangre y con la boca
como dos fusiles fieles.
    Si yo salí de la tierra,
si yo he nacido de un vientre
desdichado y con pobreza,
no fue sino para hacerme
ruiseñor de las desdichas,
eco de la mala suerte,
y cantar y repetir
a quien escucharme debe
cuanto a penas, cuanto a pobres,
cuanto a tierra se refiere.

Ayer amaneció el pueblo
desnudo y sin qué comer,
y el día de hoy amanece
justamente aborrascado
y sangriento justamente.
En su mano los fusiles
leones quieren volverse:
para acabar con las fieras
que lo han sido tantas veces.
Aunque te faltan las armas,
pueblo de cien mil poderes,
no desfallezcan tus huesos,
castiga a quien te malhiere
mientras que te queden puños,
uñas, saliva, y te queden
corazón, entrañas, tripas,
cosas de varón y dientes.
Bravo como el viento bravo;
leve como el aire leve,
asesina al que asesina,
aborrece al que aborrece
la paz de tu corazón
y el vientre de tus mujeres.
No te hieran por la espalda,
vive cara a cara y muere
con el pecho ante las balas,
ancho como las paredes.
Canto con la voz de luto,
pueblo de mí, por tus héroes:
tus ansias como las mías,
tus desventuras que tienen
del mismo metal el llanto,
las penas del mismo temple,
y de la misma madera
tu pensamiento y mi frente,
tu corazón y mi sangre,
tu dolor y mis laureles.
Antemuro de la nada
esta vida me parece.
Aquí estoy para vivir
mientras el alma me suene,
y aquí estoy para morir,
cuando la hora me llegue,

en los veneros del pueblo
desde ahora y desde siempre.
Varios tragos es la vida
y un solo trago es la muerte.

NANAS DE LA CEBOLLA

    La cebolla es escarcha
cerrada y pobre.
Escarcha de tus días
y de mis noches.
Hambre y cebolla,
hielo negro y escarcha
grande y redonda.
    En la cuna del hambre
mi niño estaba.
Con sangre de cebolla
se amamantaba.
Pero tu sangre,
escarcha de azucar,
cebolla y hambre.
    Una mujer morena
resuelta en luna
se derrama hilo a hilo
sobre la cuna.
Ríete, niño,
que te tragas la luna
cuando es preciso.
    Alondra de mi casa,
ríete mucho.
Es tu risa en los ojos
la luz del mundo.
Ríete tanto,
que mi alma al oírte
bata el espacio.
    Tu risa me hace libre,
me pone alas.
Soledades me quita,
cárcel me arranca.
Boca que vuela,
corazón que en tus labios
relampaguea.

Es tu risa la espada
más victoriosa,
vencedor de las flores
y las alondras.
Rival del sol.
Porvenir de mis huesos
y de mi amor.
La carne aleteante,
súbito el párpado,
el vivir como nunca
coloreado.
¡Cuánto jilguero
se remonta, aletea,
desde tu cuerpo!
Desperté de ser niño:
nunca despiertes.
Triste llevo la boca;
ríete siempre.
Siempre en la cuna,
defendiendo la risa
pluma por pluma.
Ser de vuelo tan alto,
tan extendido,
que tu carne es el cielo
recién nacido.
¡Si yo pudiera
remontarme al origen
de tu carrera!
Al octavo mes ríes
con cinco azahares.
Con cinco diminutas
ferocidades.
Como cinco jazmines
adolescentes.
Frontera de los besos
serán mañana,
cuando en la dentadura
sientas un arma.
Sientas un fuego
correr dientes abajo
buscando el centro.
Vuela, niño, en la doble
luna del pecho;

él, triste de cebolla;
tú, satisfecho.
No te derrumbes.
No sepas lo que pasa
ni lo que ocurre.

GUERRA

La vejez en los pueblos.
El corazón sin dueño.
El amor sin objeto.
La hierba, el polvo, el cuervo.
¿Y la juventud?

En el ataúd.

El árbol, solo y seco.
La mujer, como un leño
de viudez sobre el lecho.
El odio, sin remedio.
¿Y la juventud?

En el ataúd.

Biografías

GONZALO DE BERCEO
(c. 1195-d. de 1264)

Primer poeta castellano de nombre conocido. Fue sacerdote. Nació en Berceo (Logroño). Se ignora dónde murió, pero se sabe que aún vivía en 1264. Se educó en el monasterio de San Millán de la Cogolla. Su primera obra, *Vida de Santo Domingo de Silos,* escrita hacia 1230, es también la primera muestra española del mester de clerecía. Su lenguaje está teñido de dialectismos propios de la Rioja.

JUAN RUIZ, ARCIPRESTE DE HITA
(siglo XIII)

Las pocas noticias que se tienen de su vida proceden de su obra, de carácter autobiográfico, *Libro de buen amor.* Nació en Alcalá de Henares, estudió probablemente en Toledo, y llegó a ser arcipreste de Hita (Guadalajara), cargo que ya no desempeñaba en 1351. Hombre vigoroso, sensual y alegre, fue encarcelado por mandato del cardenal don Gil de Albornoz, arzobispo de Toledo.

SEM TOB
(Siglo XIII)

De este autor no se sabe nada más que fue rabino de Carrión (Palencia) y que dedicó sus *Proverbios* al rey don Pedro el Cruel (1350-1369).

DIEGO HURTADO DE MENDOZA
(?-1404)

Almirante de Castilla y padre del marqués de Santillana. Aparece representado con algunos poemas en el *Cancionero de Palacio* o *Musical*.

ALFONSO ALVAREZ DE VILLASANDINO
(?-c. 1424)

Autor del *Cancionero de Baena*. Era fácil versificador y escribió muchos poemas de encargo por dinero o a cambio de algún favor. Poeta oficial de Enrique II y de sus sucesores, llevó una vida desordenada y se casó dos veces.

MICER FRANCISCO IMPERIAL

Autor del *Cancionero de Baena* e introductor en España de la escuela alegórico-dantesca. Era hijo de un mercader de joyas genovés establecido en Sevilla. *Micer* era tratamiento honorífico de la corona de Aragón, que se aplicó también a los abogados.

IÑIGO LOPEZ DE MENDOZA, MARQUES DE SANTILLANA
(1398-1458)

Nació en Carrión de los Condes (Palencia) y murió en Guadalajara. Hijo del almirante de Castilla don Diego Hurtado de Mendoza y de su esposa doña Leonor de la Vega. Huérfano de padre a los siete años, fue educado por su madre y por su abuela, doña Mencía de Cisneros. Casó con doña Catalina de Figueroa. Intervino activamente en la política de su tiempo, siendo enemigo implacable de don Alvaro de Luna, contra quien escribió el *Doctrinal de privados*. Guerreó contra los moros, tomando a Huelma y otras fortalezas. Por su participación en la batalla de Olmedo, Juan II —a quien combatió en ocasiones— le otorgó el marquesado de Santillana y el condado del Real de Manzanares. Además de político y guerrero fue gran humanista y reunió una magnífica biblioteca. Se anticipó a Boscan y Garcilaso en el cultivo del soneto. Su *Carta-Prohemio al condestable de Portugal* es el tratado más antiguo de crítica literaria en castellano.

JUAN DE MENA
(1411-1456)

Se sabe muy poco de su vida. Nació en Córdoba y murió en Torrelaguna (Madrid). Quedó huérfano muy joven y se educó en su ciudad natal, en Salamanca y en Italia. Fue secretario de cartas latinas de Juan II, veinticuatro de Córdoba y cronista real. Se le han atribuido las *Coplas de ¡Ay, Panadera!* y el primer acto de *La Celestina*.

GOMEZ MANRIQUE
(c. 1412-c. 1490)

Nació en Amusco (Palencia) y murió en Toledo. Hijo del adelantado de León Pedro Manrique y de Leonor de Castilla, fundadora después del convento de Calabazanos (cerca de Palencia), donde se enterró al poeta. Tío de Jorge Manrique. Sobrino del marqués de Santillana y, como éste, enemigo de don Alvaro de Luna. Fue partidario del príncipe don Alfonso y, a su muerte, de la infanta doña Isabel. Tuvo una intensa vida política, asistiendo al pacto de los Toros de Guisando. También participó en las negociaciones sobre la boda de la infanta con don Fernando de Aragón. Desempeñó el cargo de corregidor de Toledo.

JORGE MANRIQUE
(1440-1479)

Nació en Paredes de Nava (Palencia) y murió en Garci-Muñoz (Cuenca). Hijo del maestre don Rodrigo —inmortalizado en las *Coplas*— y de su primera mujer, doña Mencía de Figueroa; sobrino de Gómez Manrique, se dedicó a las letras y a las armas, tomando parte en las banderías de la época, como partidario del príncipe don Alfonso y más tarde de doña Isabel. Casó con doña Guiomar de Castañeda, biznieta del canciller Ayala. Murió de las heridas recibidas frente al castillo de Garci-Muñoz, defendiendo el campo de Calatrava contra el marqués de Villena, enemigo del poder real.

JUAN ALVAREZ GATO
(c. 1435-c. 1500)

De noble familia. Se supone que nació en Madrid, entre 1433 y 1440, ignorándose el lugar y la fecha exacta de su muerte, que unos sitúan en 1496 y otros en 1509. Casó con Catalina Alvarez de Toledo, sirvió a Enrique IV y fue mayordomo de la reina Isabel. Escribió poesías amorosas, satíricas y devotas.

FRAY IÑIGO DE MENDOZA

Se ignoran los lugares y fechas de nacimiento y muerte. Fue franciscano. A juzgar por unas coplas escritas contra

él, debió de gustar mucho de la vida mundanal. Gozó de la
protección de Isabel la Católica, de quien era uno de los
poetas favoritos. Su obra más importante, la *Vita Christi*,
quedó, sin duda, incompleta, pues sólo llega a la degollación
de los inocentes. Escribió también poesías satíricas y didác-
tico-morales.

FRAY AMBROSIO MONTESINO
(?-c. 1512)

Nació en Huete (Cuenca), ignorándose la fecha. Era fran-
ciscano y llegó a obispo de Sarda (Albania) en 1512, murien-
do probablemente ese año o a principios del siguiente.

GARCI SANCHEZ DE BADAJOZ
(c. 1460-c. 1526)

Poeta del *Cancionero general* (1511). Oriundo de Badajoz,
pero nacido probablemente en Ecija (Sevilla). Al parecer, una
vehemente pasión amorosa le llevó a la locura. Era hombre
agudo y chistoso. Sus *Liciones de Job*, parodia sacrílega de
este libro de la Biblia, fue prohibida por la Inquisición.

COMENDADOR ESCRIVA

Valenciano. Poeta del *Cancionero general* (1511). Maestre
racional de Fernando el Católico y embajador suyo en la
Santa Sede (1497). Escrivá debe su fama principalmente a
la poesía incluida aquí, muchas veces glosada «a lo divino»
y «a lo humano».

JUAN DEL ENCINA
(c. 1468-1529)

El «patriarca del teatro español» era hijo de Juan de Fer-
moselle, y adoptó en 1490 el nombre de Encina, probablemente
por Encinas (Salamanca), su lugar natal. Probablemente se
educó también en la universidad salmantina, con Nebrija.
Entró al servicio del duque de Alba y pretendió una plaza de
cantor en Salamanca, que fue otorgada a Lucas Fernández
(1498). Marchó a Roma, donde se le nombró cantor de capi-
lla del papa León X. En 1509 y sin estar ordenado *in sacris*,
ni preocuparse gran cosa de sus deberes eclesiásticos ni de los
cargos —beneficiado de Moerón, priorato de la catedral leo-
nesa— que fue obteniendo y de los que percibió los corres-
pondientes emolumentos, por dispensa de Roma, donde se-
guía viviendo, tomó posesión por poderes del arcedianato
de Málaga, donde se hallaba en 1510 y, tras regresar a Roma,

de nuevo en 1513. En 1519, teniendo ya cincuenta años, se ordenó al fin de sacerdote y fue en peregrinación a Jerusalén, donde dijo su primera misa. A partir de 1523 residió en León, donde murió. Hizo una adaptación en verso castellano de las *Eglogas* de Virgilio. Fue también músico. Muchas de sus mejores poesías líricas proceden de sus obras dramáticas.

LUCAS FERNANDEZ
(c. 1474-1524)

Nació y murió en Salamanca, de cuya catedral fue cantor (1498), además de ser beneficiado de la iglesia de Santo Tomás (1513), y en cuya universidad fue profesor de música (1522) y se graduó de maestro (1526). Sus poesías líricas proceden de sus obras dramáticas, entre las que sobresale el *Auto de la Pasión*.

GIL VICENTE
(d. de 1465-c. 1536)

Los datos sobre este autor son escasos e inciertos. Su cuna se la disputan Lisboa, Bercelos y Guimaraes. Fue músico, poeta y dramaturgo —en portugués y sobre todo en castellano—, además de actor; probablemente también licenciado en Derecho y orfebre. Desempeñó cargos en la corte portuguesa. Sus obras las publicó por primera vez en Lisboa uno de sus dos hijos. La mayoría de sus mejores composiciones líricas proceden de sus obras dramáticas.

JUAN BOSCAN
(c. 1490-1542)

Nació y murió en Barcelona. En la familia Boscán, de noble alcurnia, había mucha tradición literaria. Huérfano de padre desde la niñez, se educó con su madre y con un tío suyo, estudiando después, al parecer, con Lucio Marineo Sículo. Sirvió en la corte del Rey Católico (1514), participó en la expedición a la isla de Rodas (1522), fue ayo del duque de Alba y mantuvo relaciones amistosas con Diego Hurtado de Mendoza, con Andrea Navajero —embajador de Venecia en España (1525), que le animó a introducir en castellano la métrica italiana, y sobre todo con Garcilaso de la Vega. En 1532 acompañó a Carlos v en la expedición de socorro a Viena. En 1539 contrajo matrimonio con doña Ana Girón de Rebolledo, de la que tuvo tres hijas. A la muerte del poeta, sus obras —tres libros— fueron publicadas (con las de Garcilaso) por su viuda.

GARCILASO DE LA VEGA
(1503-1536)

Toledano, hijo segundo del comendador mayor de León en la orden de Santiago, y de doña Sancha de Guzmán, nieta de Fernán Pérez de Guzmán, el autor de *Generaciones y Semblanzas*. Ya en 1520 estaba al servicio del rey —mientras que su hermano mayor, Pedro Laso, era un destacado caudillo comunero— y fue herido en Olías (1521). Participó, como Boscán, en la expedición a la isla de Rodas (1522) y en la campaña de Navarra contra los franceses (1523). En ese año se cruzó como caballero de Santiago en Pamplona. Acompañó a la corte en Valladolid, Burgos, Toledo, etc., hasta 1529. En 1525 se había casado con Elena de Zúñiga, enamorándose al poco de doña Isabel de Freyre (la *Elisa* de sus versos), dama portuguesa de la emperatriz doña Isabel, que no correspondió al poeta. En 1529 y 1530 estuvo en Italia con Carlos v, que fue a recibir la corona imperial. Asistió a la campaña contra Florencia y marchó de embajador extraordinario a la corte de Francia, regresando a Italia en 1531. A pesar de la intercesión del duque de Alba, que lo llevó consigo a Ratisbona (1532), Carlos v lo desterró a una isla del Danubio, por haber sido testigo de una boda que el emperador no aprobaba. Al fin perdonado y, a las órdenes del virrey don Pedro de Toledo, marchó a Nápoles, donde cultivó la vida social y literaria, y donde tuvo amores con una dama desconocida. En 1533 y 1534 estuvo en Barcelona, comisionado por el emperador. Asistió a la jornada de Túnez (1535) y, como maestre de campo, a la campaña de Provenza (1536), donde fue herido en el asalto a la fortaleza de Muy, cerca de Fréjus, muriendo dos semanas más tarde en Niza, asistido por el marqués de Lombay, futuro San Francisco de Borja. Dos años después el cadáver del poeta fue trasladado al panteón familiar en Toledo. Garcilaso fue hombre agraciado física, moral e intelectualmente. Dejó tres églogas, dos elegías, una epístola, cinco canciones, en la más famosa de las caules, «A la flor de Gnido», creó la estrofa llamada «lira», de tanta fortuna en la poesía española, treinta y ocho sonetos, algunas coplas de arte menor y unas pocas poesías en latín. Las obras de Garcilaso fueron publicadas por primera vez en unión de las de Boscán, por la viuda de éste.

GUTIERRE DE CETINA
(a. de 1520-c. 1557)

Nació y se educó en Sevilla. Fue soldado y anduvo por Italia y Alemania. En 1546 pasó a las Indias, muriendo en circunstancias extrañas, no del todo aclaradas. Tuvo amistad con literatos y personajes importantes de la época, y amores con varias damas, entre ellas, quizá, la condesa Laura Gonzaga, pero no se sabe quién sería la dama que le inspiró el famoso madrigal «Ojos claros, serenos...»

SANTA TERESA DE JESUS
(1515-1582)

Teresa de Cepeda y Ahumada, de familia noble, nació en Avila, o quizá en la aldea abulense de Gotarrendura, a cuatro leguas de la capital. Teniendo unos siete años, se escapó de casa, con su hermano, para ir a buscar el martirio en tierra de infieles. Era muy aficionada a los libros de caballerías, y empezó a escribir uno, en colaboración con su hermano. Profesó en el convento carmelitano de la Encarnación de Avila, en 1534. Tras un período de tibieza espiritual, comenzó a sentir el favor divino (1546) y a tener visiones. En 1562 fundó el primer convento reformado: el de San José de Avila. Sus intentos de reforma le acarrearon graves trastornos y disgustos con el poder civil y eclesiástico: su *Vida* (1562) fue denunciada al Santo Oficio; el nuncio, monseñor Sarga, enemigo de los Descalzos, confinó en Toledo a la santa, que fue procesada por la Inquisición de Sevilla, saliendo al fin libre. En 1580 se resolvió formar con los Decalzos una provincia aparte. La vida de la santa estuvo activamente ocupada en luchas, viajes, fundaciones (diecisiete casas). De regreso de la fundación del convento de Burgos, falleció en Alba de Tormes (Salamanca), en donde, tras el traslado temporal de su cuerpo a Avila, y un ruidoso pleito, se conservan sus restos. Los escritos de Santa Teresa (fueron publicados por fray Luis de León en 1588. Su obra lírica auténtica (se le han atribuido poesías que no son, probablemente, suyas) se reduce a unas cuantas composiciones —glosas, villancicos, etc.— de carácter piadoso.

FRAY LUIS DE LEON
(1527-1591)

Nació en Belmonte (Cuenca). Inició sus estudios en Madrid y Valladolid, donde su padre era abogado y consejero real. Hizo la carrera universitaria en Salamanca —donde profesó de agustino en 1544 y alcanzó la licenciatura y maestría en 1560—, Toledo —donde se graduó de bachiller en 1552— y Alcalá. Tuvo por maestros a Juan de Guevara, Domingo de Soto, Melchor Cano y Cipriano de la Huerga. En 1561 fue nombrado catedrático de la universidad salmantina, en la que explicó diversas materias. Tras una enconada disputa a propósito del texto de la Biblia, entre los «hebraístas» —fray Luis, Grajal, Martínez Cantalapiedra— y los «escolásticos» —fray Gallo, León de Castro—, secundados por los dominicos, la Inquisición encarceló a fray Luis y a sus dos compañeros en Valladolid, donde el poeta permaneció de 1572 a 1576, año en que —el 7 de diciembre— el Tribunal Supremo del Santo Oficio lo absolvió con todos los honores. (Grajal y Martínez Cantalapiedra murieron en la cárcel.) Fray Luis renunció a su cátedra en favor de quien la había suplido en ella, y en 1577 se le otorgó la de Teología. En 1578 obtuvo la de Filosofía moral y en 1579 la de Biblia. Hacia 1572 estuvo a punto de ser procesado de nuevo por la Inquisición. Formó parte de la comisión nombrada para la reforma del calendario gregoriano y editó, por encargo del Conscejo Real, las obras de Santa Teresa de Jesús (1578). A petición de la emperatriz María de Austria, comenzó a escribir la biografía de la santa, que quedó incompleta. En 1501 los agustinos lo eligieron provincial de Castilla, muriendo a los pocos días en Madrigal de las Altas Torres (Avila), durante la celebración de un capítulo general de la orden. Sus restos fueron trasladados a Salamanca y reposan en la capilla de su universidad.

SAN JUAN DE LA CRUZ
(1542-1591)

Juan de Yepes y Alvarez nació, de familia humilde, en Fontiveros (Avila), residiendo de niño en Medina del Campo, en cuyo hospital trabajó de enfermero. Estudió con los jesuitas y en 1563 ingresó en el Carmelo con el nombre de fray Juan de San Matías, profesando en 1564 y marchando a la Universidad de Salamanca, donde aparece matriculado hasta 1568, año de su encuentro con Santa Teresa, que lo asoció a su reforma de la orden carmelitana. Tomando el nombre de Juan de la Cruz, fundó el primer convento de Descalzos en Duruelo, desde el cual pasó al de Alcalá y luego a Avila, como profesor del convento de la Encarnación. En 1577 los Calzados lo detuvieron y encarcelaron en un convento de Toledo, del que logró fugarse a los ocho meses, huyendo a Almodóvar del Campo (Ciudad Real). Posteriormente fundó el convento de Baeza (Jaén) y fue definidor general de la orden (1581), prior de Granada y vicario provincial de Andalucía (1585). En 1588 pasó a Avila para fundar el nuevo convento de la orden; intervino también en la fundación de los de Sabiote, Madrid Caravaca, etc. En 1591 se retiró a La Peñuela (Jaén). Murió en Ubeda (Jaén), a consecuencia de unas calenturas. En 1593 sus restos fueron trasladados a Segovia, donde aún reposan. Las obras de San Juan de la Cruz empezaron a publicarse a partir de 1618.

ANONIMO
SONETO A CRISTO CRUCIFICADO

Esta composición ha sido atribuida a San Francisco Javier, San Ignacio de Loyola, Santa Teresa de Jesús, fray Pedro de los Reyes, fray Miguel de Guevara, L. de Vega..., sin pruebas concluyentes a favor de ninguno de dichos autores. Debió de escribirse hacia 1628, en que aparece impresa por primera vez.

FERNANDO DE HERRERA
(1534-1597)

De familia humilde, nació y murió en Sevilla, donde transcurrió recogidamente su vida. Cursó humanidades en el

Estudio de San Miguel y, sin llegar a ordenarse de sacerdote, fue beneficiado de la parroquia de San Andrés, con cuya renta atendió a su sustento. Estuvo apasionadamente enamorado de doña Leonor de Millán, esposa del conde de Gelves, que mantenía en su palacio una importante tertulia literaria. Además de sus poesías amorosas y heroicas, que le granjearon el sobrenombre de «el Divino», dejó unas valiosas *Anotaciones a la obra de Garcilaso* (1580).

FRANCISCO DE ALDANA
(1537-1578)

Nació probablemente en Alcántara (Cáceres). Militar y político, guerreó en Flandes y aconsejó al rey don Sebastián de Portugal sobre la infortunada expedición a Marruecos, muriendo junto al monarca portugués en la batalla de Alcazarquivir. Escribió composiciones heroicas, amorosas —de tipo pastoril— y —las mejores, como la *Epístola a Arias Montano*— ascético-religiosas. Cervantes le llamó «Divino». Sus poesías fueron recogidas y publicadas por un hermano suyo, en dos partes.

JUAN DE TIMONEDA
(?-1583)

Poco se sabe de la vida de Timoneda, valenciano, nacido a principios del siglo XVI. Fue zurrador de pieles y después librero y actor. Casó con Isabel Ferrandis, de la que tuvo tres hijos, uno de los cuales continuó a la muerte del padre su negocio de librería. Publicó canciones en pliegos sueltos y coleccionó romances.

GASPAR GIL POLO

Son escasos los datos biográficos que tenemos de este autor: notario en Valencia (1571-1573), asesor de la Bailía y lugarteniente del maestre racional de este reino. En 1579 renunció a dicho cargo y en 1580 pasó a Barcelona, por asuntos del Patrimonio Real, muriendo en la capital catalana. Fuera de la *Diana enamorada,* no se conocen de él más que unas pocas poesías sueltas.

ANONIMO
EPISTOLA MORAL A FABIO

Fue atribuida primeramente a Francisco de Rioja, y después al capitán Andrés Fernández de Andrada, a Francisco de Medrano, a Bartolomé de Argensola y a Rodrigo Caro. El autor de esta composición, quienquiera que fuese, debió de ser natural o vecino de Sevilla.

FRANCISCO DE LA TORRE

Se carece de datos sobre la vida de este autor. Las reconstrucciones de su biografía, apoyadas en noticias de la obra del autor, carecen de valor probatorio. Las poesías de Francisco de la Torre fueron publicadas por Quevedo en 1631.

MIGUEL DE CERVANTES
(1547-1616)

Nació en Alcalá de Henares, hijo del cirujano Rodrigo de Cervantes y de doña Leonor de Cortinas. Estudió en Valladolid, tal vez con los jesuitas de Sevilla y en el colegio de Juan López de Hoyos en Madrid. En 1569 marchó a Italia, entrando al servicio del cardenal Acquaviva. En 1570 se hizo soldado, participando en la batalla de Lepanto (1571) donde un arcabuzazo le hirió en el pecho y le estropeó la mano izquierda. Después de permanecer seis meses en el hospital de Mesina, asistió a las expediciones de Corfú, Navarino y Túnez. De vuelta a España (1575), para pretender el puesto de capitán, con elogiosas cartas de don Juan de Austria y del virrey de Nápoles, fue apresado por una galera corsaria que lo condujo a Argel, donde estuvo cautivo cinco años, siendo rescatado al fin en 1580, tras varios infructuosos y heroicos intentos de fuga. Ya en Madrid, trató, sin éxito, de abrirse camino como dramaturgo. Tampoco consiguió un cargo en Indias, que había solicitado. En 1584 casó con doña Catalina Salazar y Palacios, hidalga y labradora hacendada, diecinueve años más joven que él, y de la cual vivió muchos años separado. Antes de su matrimonio, tuvo con Ana Franca una hija natural, Isabel de Saavedra. Durante los veinte años que median entre la publicación de *La Galatea* (1585) y la primera parte del *Quijote* (1605), la vida de Cervantes transcurre oscuramente ocupada en modestos cargos administrativos —comisario de abastecimientos para la Invencible, recaudador de impuestos, principalmente por Andalucía—. En 1597 y 1602 fue encarcelado —la última vez en Sevilla— por asunto de cuentas, y excomulgado por conflictos nacidos de sus funciones de alcabalero. De 1603 a 1604 residió en Valladolid, donde fue arrestado con motivo de la muerte, a la puerta de su casa, del caballero Gaspar de Ezpeleta. Murió en Madrid el 23 de abril de 1616, tras una vida llena de amarguras y estrecheces económicas, aliviadas sólo en parte por sus protectores el conde de Lemos y el cardenal-arzobispo de Toledo Bernardo de Sandoval y Rojas.

LUPERCIO LEONARDO DE ARGENSOLA
(1559-1613)

Nació en Barbastro (Zaragoza), estudiando en dicha capital aragonesa y en Huesca. Cronista de Aragón y cronista real. Casó en 1593 con doña Bárbara de Albión, por amor a la cual tomó el nombre de «Bárbaro» en la «Academia poética imitatoria» de Madrid. Secretario del duque de Villahermosa, de la emperatriz María de Austria y del conde de Lemos, a quien, como secretario de Estado y Guerra, acompañó a Italia cuando al conde lo hicieron virrey de Nápoles, ciudad en la que murió el poeta, después de destruir los manuscritos de sus poesías, salvadas en parte por su hijo Gabriel, que las editó con las de Bartolomé Leonardo de Argensola, en 1634. Tradujo varias odas de Horacio y lo mismo en Madrid que en Nápoles desarrolló una intensa actividad literaria, concurriendo asiduamente a las Academias poéticas.

BARTOLOME LEONARDO DE ARGENSOLA
(1562-1631)

Nació —como su hermano Lupercio— en Barbastro (Zaragoza) y murió en Zaragoza. Estudió en Huesca, Zaragoza y Salamanca. A los veintidós años se ordenó de sacerdote y fue nombrado «rector de Villahermosa», nombre con que solían mencionarlo sus contemporáneos. En Madrid fue capellán de la emperatriz María, y fiscal de la «Academia imitatoria». Marchó con Lupercio a Nápoles, acompañando al conde de Lemos en calidad de capellán. A su regreso se le nombró canónigo de la Seo de Zaragoza (1615) y cronista del reino de Aragón. Sus poemas fueron publicados, con los de Lupercio, en 1634. Tradujo salmos y algunas odas de Horacio.

JUAN DE ARGUIJO
(1560-1623)

De familia noble y acaudalada, nació y murió en Sevilla, de cuyo ayuntamiento fue veinticuatro. Los testimonios de sus contemporáneos nos lo presentan como un verdadero Mecenas de los artistas y poetas de la época, llegando a arruinarse y a tener que vivir de la dote de su esposa. Reunía en su casa a poetas y a músicos. El mismo tocaba, al parecer, varios instrumentos.

JOSE DE VALDIVIELSO
(c. 1560-1638)

Nació en Toledo y murió en Madrid. Capellán del cardenal Sandoval y Rojas, de la capilla mozárabe de Toledo y del Cardenal-infante don Fernando de Austria. Amigo de Lope de Vega (a quien asistió en el lecho de muerte) y de Cervantes (cuyas obras informó como censor). Además de poeta fue dramaturgo, destacando en la composición de autos sacramentales, en los que abundan los fragmentos de valor lírico.

LOPE DE VEGA
(1562-1635)

De familia humilde, oriunda de la Montaña, nació y murió
en Madrid. De niño estudió en los Teatinos, y después en Alca-
lá. Estuvo al servicio del obispo de Avila don Jerónimo Man-
rique, y se alistó voluntario en la expedición de don Alvaro
Bazán a las Islas Terceras. Al regreso, se hizo amante de la
actriz Elena Osorio (*Filis*), a pesar de la oposición de la fa-
milia de ésta, que le hizo romper estas relaciones. Lope se
vengó escribiendo unos libros que le acarreó en 1588 el des-
tierro del reino por ocho años. Quebrantándolo en seguida,
raptó en Madrid a Isabel de Urbina (*Belisa*,) haciéndola su
primera mujer. A los pocos días del matrimonio, se alistó
otra vez voluntario en la Invencible. A la vuelta, se instaló
con su esposa en Valencia. En 1590 pasó a ser secretario del
duque de Alba en Alba de Tormes, donde Isabel murió en
1595. Ese mismo año volvió a la corte, y en 1596 fue procesado
por concubinato con Antonia Trilla de Armenta. Por entonces
se enamoró de Micaela de Luján (*Camila Lucinda*), casada
con un comediante. Lope vivió con ella en Toledo y en Sevi-
lla, y a la vez con su segunda mujer —Juana de Guardo, 1598—,
teniendo hijos de ambas. Fue secretario del marqués de Mal-
pica (1596), del conde de Lemos (1598) y del duque de Sessa
(1605- 1635), con el que mantuvo una extensa correspondencia.
En 1610 regresó definitivamente a Madrid. En 1613 se quedó
otra vez viudo. Todavía tuvo otros amoríos: la actriz Lucía
Salcedo *La Loca*, doña Jerónima de Burgos. En 1614 se orde-
nó de sacerdote y en 1616 conoció a Marta de Nevares (*Amari-
lis*), joven casada, la última pasión de su vida, que le causó
grandes conflictos de conciencia. Marta se volvió ciega y loca,
recobrando la vista pero no la razón, y muriendo en 1632. La
fuga de su hija Antonia Clara (habida con Marta), la muerte
de Lope Félix (hijo de Lope y de Micaela de Luján) en una
expedición a Venezuela, y otros sinsabores domésticos amar-
garon los últimos años de su vida.

LUIS DE GONGORA
(1561-1627)

Nació y murió en Córdoba. Estudió en Salamanca, aun-
que tal vez se graduó en Granada. Fue beneficiado de la ca-
tedral cordobesa y comisionado por su cabildo, estuvo en
Galicia, Navarra y las dos Castillas. Sus aficiones, más
mundanas que eclesiásticas, le costaron una acusación ante
el obispo Pacheco, en 1589. El poeta se excusó alegando
que aún no era sacerdote: se ordenó cumplidos ya los
cincuenta años. A partir de este año hizo varios viajes a
Madrid, en donde vivió de 1617 a 1626. Fue capellán hono-
rio de Felipe II y pretendió, sin fruto, otros cargos para
aliviar su penuria. En 1626, desengañado y aquejado de am-
nesia, se retiró a su ciudad natal, donde murió de apople-
jía. Góngora no publicó sus obras en vida, pero circularon
manuscritas, y casi un centenar de poemas fue recogido en

romanceros y antologías de la época, como las *Flores de poetas ilustres* (1605), granjeándole lo mismo fervorosos admiradores que adversarios más o menos enconados, entre otros, Lope de Vega y Quevedo. Las *Obras en verso del Homero español*, publicadas por Juan López de Vicuña, a la muerte del poeta (1627), fueron recogidas por la Inquisición. En 1633 las editó Gonzalo de Hoces y Córdoba.

FRANCISCO DE MEDRANO
(1570-1607)

De familia acomodada, nació y murió en Sevilla. En 1584 ingresó en la Compañía de Jesús, vivió algún tiempo en Salamanca, y en 1602 abandonó la orden. Estuvo en Italia, y cultivó la amistad de los principales poetas sevillanos de su tiempo. Sus poesías se publicaron parcialmente en el volumen de Venegas Saavedra, *Remedios de amor*, Palermo, 1617.

RODRIGO CARO
(1573-1647)

Nació en Utrera (Sevilla) y murió en Sevilla. Estudió en Osuna y quizá también en la citada capital andaluza, en cuyo arzobispado —era sacerdote— desempeñó cargos importantes, y desde la cual mantuvo relación con muchos escritores de su tiempo. Fue arqueólogo y anticuario. Como poeta escribió algunos sonetos, la *Silva a Carmona* y la célebre *Canción a las ruinas de Itálica*, además de hacer algunas traducciones clásicas.

PEDRO DE ESPINOSA
(1578-1650)

Nació en Antequera (Málaga) y murió en Sanlúcar de Barrameda (Cádiz). Estudió cánones o Teología, no se sabe en qué universidad. Estuvo enamorado de la poetisa antequerana Cristobalina Fernández de Alarcón, que en 1606 se casó en segundas nupcias con otro, causando un gran desengaño al poeta, que se retiró a hacer penitencia a la ermita de la Magdalena (próxima a Antequera), y que desde entonces sólo hizo poesía religiosa, con el nombre de Pedro de Jesús, ordenándose de sacerdote en Málaga y retirándose en 1611 a otra ermita de Archidona. Posteriormente estuvo al servicio del conde de Niebla, siendo capellán de la iglesia de la Caridad y rector del colegio de San Ildefonso, de Sanlúcar de Barrameda, donde residió treinta y cinco años. Mantuvo amistad con muchos escritores de su tiempo. Publicó las *Flores de poetas ilustres de España* (Valladolid, 1605), interesante antología de la lírica de los siglos XVI y XVII, en la que figuran muchas composiciones del propio Espinosa. En 1611 Juan Antonio Calderón añadió una *Segunda parte de las Flores de poetas ilustres* (no publicada hasta 1896), donde figuran también poemas de «Pedro de Jesús». La obra maestra de Espinosa es la *Fábula del Genil*. Otras son *Soledad de Pedro Jesús*, *Salmos*, *Sonetos*, etc.

FRANCISCO DE QUEVEDO
(1580-1645)

De familia hidalga, oriunda de la montaña, nació en Madrid. Su padre era secretario de la princesa María, esposa de Maximiliano de Alemania; su madre, camarera de la reina. Quedó huérfano muy pronto, educándose en el ambiente de palacio y haciendo sus primeros estudios con los jesuitas de Madrid. De 1596 a 1600 permaneció en Alcalá aprendiendo lenguas clásicas, francés e italiano. En Valladolid cursó Teología. De 1606 a 1611 residió en Madrid, adonde había vuelto la corte, haciéndose gran amigo del duque de Osuna, a quien acompañó a Italia en 1613. Nombrado Osuna virrey de Nápoles (1616), encargó al poeta de la Hacienda del virreinato. Antes y después de esto, desempeñó importantes misiones políticas y diplomáticas. En 1618 se le concedió el hábito de Santiago. A la caída de Osuna, Quevedo perdió con él el favor real, siendo desterrado a su señorío de la Torre de Juan Abad (1620). Con el advenimiento de Felipe IV y la privanza del conde-duque de Olivares. Quevedo recobró el favor cortesano, acompañando al monarca en viajes por Andalucía y Aragón. En 1632 fue nombrado secretario del rey. En 1634 casó con doña Esperanza de Aragón, señora de Cetina, viuda y con hijos, de la cual se separó en 1636. En 1639, con motivo de un famoso memorial, fue encarcelado en San Marcos de León, donde estuvo hasta la caída de Olivares (1643), retirándose a la Torre de Juan Abad. Murió en Villanueva de los Infantes. Las obras poéticas de Quevedo se publicaron póstumamente, divididas en nueve partes: *El Parnaso español, monte en dos cumbres dividido* (1648: comprende las seis primeras partes) y *Las tres musas últimas castellanas* (1670).

LUIS CARRILLO DE SOTOMAYOR
(1582-1610)

Nació en Córdoba y murió, de veintisiete años, en el Puerto de Santa María (Cádiz). Hijo del presidente del Consejo de Hacienda de Felipe III, estudió en Salamanca, fue Caballero de Santiago, comendador de la Fuente del Maestre y cuatralbo de las galeras de España. Las poesías de Carrillo fueron recogidas y publicadas por su hermano Alonso en Madrid, 1611. La edición salió con tantas erratas que la familia hizo otra en 1613.

JUAN DE TASSIS, CONDE DE VILLAMEDIANA
(1582-1622)

Nació en Lisboa. Se educó en el ambiente palaciego, teniendo por maestro a Luis Tribaldos de Toledo y a Bartolomé Jiménez Patón. Fue correo mayor. En 1601 casó con doña Ana de Mendoza, sobrina del duque del Infantado. Tuvo una juventud muy agitada. Sufrió varios destierros a causa de sus violentas sátiras políticas (contra Lerma, Rodrigo Calderón, Franqueza, el padre Aliaga...) y también por su desmedida afición al juego. Le gustaban asimismo las joyas, las pinturas y los caballos. Y gozaba de prestigio en la Academia a la que asistían Lope de Vega, los Argensolas y otros autores. Marchó con el conde de Lemos a Nápoles —donde brilló como poeta en la Academia de los Ociosos y en diversos torneos. Se cuenta que el 8 de abril de 1622, representándose en Aranjuez la comedia de Villamediana *La gloria de Niquea*, éste incendió el teatro para sacar en brazos a la reina Isabel de Borbón, de la que pasaba por estar enamorado. Villamediana fue asesinado por un desconocido en Madrid, al salir de palacio, en su coche y en compañía de don Luis de Haro, la noche del 21 de agosto de 1622. El crimen se debió a amores inconfesables del conde, y no se cometió a instigación del rey, como supusieron la leyenda y la murmuración.

JUAN DE JAUREGUI
(1583-1641)

Nació en Sevilla y murió en Madrid. Poeta, erudito y crítico, pintor, enemigo de Quevedo y de Góngora, y amigo de Cervantes, a quien retrató, y de Lope de Vega. Casó con Mariana de Loaysa, tras vencer una serie de obstáculos que le llevaron a la cárcel (1611). Estuvo en Roma. En 1629 le hicieron Caballero de Calatrava. Como preceptista escribió contra el culteranismo: *Antídoto contra las Soledades* y *Discurso poético* (1624). Pero influido él mismo por Góngora, defendió a Paravicino en la *Apología por la verdad* (1625). Además de sus poesías originales, tradujo la *Aminta de Tasso* (1607) y la *Farsalia* de Lucano (publicada en 1684).

FRANCISCO DE RIOJA
(1583-1659)

Nació en Sevilla y murió en Madrid. Teólogo, jurista, erudito. Fue bibliotecario de Felipe IV, cronista de Castilla (1624), consejero de la Inquisición y canónigo de Sevilla. A juzgar por el testimonio de sus contemporáneos, era hombre de carácter altanero. Protegido del conde-duque de Olivares, a la caída del favorito, le acompañó a su destierro en Loeches y luego en Toro. Muerto el conde-duque en 1645, Rioja se retiró a su ciudad natal, pero el cabildo sevillano le designó agente suyo en Madrid, en donde volvió a residir desde alrededor de 1654 hasta su muerte. Durante mucho tiempo se le atribuyeron la «Canción a las ruinas de Itálica» y la «Epístola moral a Fabio», de las que está probado que no es autor.

LUIS MARTIN DE LA PLAZA
(1577-1625)

De Antequera (Málaga). Sacerdote. Es uno de los poetas más representados (setenta poemas) en las *Flores de poetas ilustres* de 1605 y 1611. Muchas de sus poesías son realmente versiones del italiano. Tradujo también las *Lacrime di San Pietro*, de Luigi Tansillo. El poema más famoso de Martín de la Plaza (llamado a veces erróneamente Martínez de la Plaza) es el madrigal, imitado de Tasso, «Iba cogiendo flores...»

PEDRO SOTO DE ROJAS
(1584-1658)

Nació y murió en Granada, en cuya universidad se graduó de bachiller en teología (1610). Perteneció, con el nombre de *Ardiente*, a la Academia Salvaje de Madrid (1612), ante la cual dio a conocer su *Discurso sobre la Poética*. Vuelto a Granada, fue canónigo de la iglesia de San Salvador (1616). En 1630, cesando en sus viajes a Madrid, donde había trabado conocimiento con Lope de Vega y con Góngora, se retiró definitivamente a su carmen en el Albaicín, descrito en el *Paraíso cerrado para muchos.*

ESTEBAN MANUEL DE VILLEGAS
(1585-1669)

Nació en Matute y murió en Nájera, pueblos próximos entre sí de la provincia de Logroño. Estudió en Madrid y en Salamanca. Tesorero de rentas reales en Nájera. A los treinta y seis años casó con la joven de quince años Antonia de Leyva Villodas. A los setenta y uno (1650), lo procesó la Inquisición, acusándolo de haber afirmado que sobre el libre albedrío sabía más que los padres de la Iglesia, y por haber escrito sátiras contra las comunidades religiosas. Tras un destierro pasajero, fue indultado y pudo volver a Nájera. Su vanidad le hizo estampar en la portada de sus *Eróticas* un sol naciente y unas estrellitas, con la leyenda: *Me surgente, quid istae?*

GABRIEL DE BOCANGEL
(c. 1608-c. 1658)

Pocos datos biográficos se conocen de este poeta —muy olvidado hasta que Gerardo Diego llamó la atención sobre él

en su *Antología poética en honor de Góngora* (1927) y R. Be-
nítez Claros reeditó su obra. Fue bibliotecario del cardenal-
infante don Fernando, a quien dedicó la *Lira de las musas*.
Destacó como sonetista y como autor de romances.

PEDRO CALDERON DE LA BARCA
(1600-1681)

De noble familia montañesa, nació y murió en Madrid. Se
educó en el Colegio Imperial de los jesuitas en Madrid, mar-
chando a Alcalá (1614) para iniciar estudios eclesiásticos, pro-
seguidos en Salamanca (1615-1620), donde cursó cánones. Inte-
rrumpiendo estos estudios, perteneció probablemente al sé-
quito del Condestable de Castilla. Empezó a escribir come-
dias en 1623. Viajó por Italia y Francia (1623-1625). En 1636
se le concedió el hábito de Santiago y después estuvo al servi-
cio del duque del Infantado (1637). En 1640 participó valerosa-
mente en la Guerra de Cataluña. Retirado en 1642, pasó al
servicio del duque de Alba. En 1647 tuvo un hijo natural,
cuya madre, no identificada, debió de morir en 1648. Hasta
este momento en la vida de Calderón —tan recogida y serena
luego— hubo algunos lances y alborotos: el pleito contra su
madrastra por cuestión de la dote paterna; la acusación de
homicidio, en la que se vio envuelto con sus hermanos, y que
quedó resuelta mediante un pago al padre de la víctima; la
violación del convento de las Trinitarias, en el que se había
refugiado un cómico tras herir a un hermano del dramatur-
go, y la burla que éste hizo, en *El Príncipe constante*, del
padre Paravicino, que, con motivo de este suceso, había pre-
dicado un sermón atacando a los comediantes y poetas dra-
máticos (1629). Todos estos deslices y arrebatos quedaron
atrás cuando en 1651 se ordenó de sacerdote. En 1651 fue
nombrado capellán de Reyes Nuevos de Toledo. En 1663 se
estableció definitivamente en Madrid, donde fue capellán de
honor del rey y capellán mayor de la Congregación de Pres-
bíteros Madrileños (1666). Aunque Calderón escribió poesías
sueltas, las mejores muestras líricas del autor proceden de
su teatro.

NICOLAS FERNANDEZ DE MORATIN
(1737-1780)

Nació y murió en Madrid. Estudió con los jesuitas en Ca-
latayud, y se licenció en Derecho por la Universidad de Va-
lladolid, ejerciendo algún tiempo de abogado en la capital de
España y siendo profesor de los Estudios de San Isidro. Fue
uno de los poetas neoclásicos contertulios de la famosa Fonda
de San Sebastián. Fue autor teatral mediocre —en esto le
aventajaría su hijo Leandro— y autor del opúsculo *Desenga-
ños al teatro español*, en que defiende al neoclasicismo fran-
cés e impugna la comedia española del Siglo de Oro. Como
poeta, a pesar de su neoclasicismo, merece ser recordado,

ante todo, por sus poemas de tipo tradicional, entre los que descuellan las célebres quintillas *Fiesta de toros en Madrid.*

JOSE CADALSO
(1741-1782)

Nació en Cádiz, donde cursó estudios con los jesuitas. Viajó por Francia, Inglaterra, Alemania e Italia, lo que le dio el conocimiento de la lengua y la poesía de esos pueblos. También era buen conocedor del latín. En 1758 ingresó en el Real Seminario de Nobles de Madrid, dedicándose luego a la carrera militar, y participando en la campaña de Portugal y en el asedio de Gibraltar, donde, siendo coronel, murió al ser herido en la sien por un casco de metralla. Estuvo apasionadamente enamorado de la actriz María Ignacia Ibáñez («Filis»), que estrenó su tragedia *Sancho García.* Al fallecer María Ignacia poco después, Cadalso intentó desenterrar su cadáver, siendo desterrado a Salamanca por el conde de Aranda. Fue traductor de Milton y de otros poetas ingleses. Más importante prosista que poeta, es autor de *Cartas marruecas, Los eruditos a la violeta* y la elegía *Noches lúgubres,* inspirada por Young.

GASPAR MELCHOR DE JOVELLANOS
(1744-1811)

De familia noble, nació en Gijón. Tras estudiar en Oviedo, Avila y Alcalá, marchó a Sevilla como alcalde de la Sociedad de Amigos del País y asistiendo a la tertulia de Olavide. Protegido por Campomanes, y por Cabarrús, pasó a Madrid, donde fue alcalde de Casa y Corte (1778). Allí contó también con el apoyo del duque de Losada, paisano y pariente suyo, hombre de la confianza de Carlos III. A la caída de Cabarrús, Jovellanos —académico de la Historia, de la Española y Consejero de Ordenes—, aunque aún desempeñó importantes misiones oficiales, perdió el favor real, sobre todo al advenimiento de Carlos IV. De 1790 a 1797 estuvo virtualmente desterrado en Asturias, donde se ocupó celosamente del Instituto Asturiano, dedicado a la difusión de las ciencias aplicadas. En 1797, con la rehabilitación de Cabarrús, fue durante unos meses ministro de Gracia y Justicia. Su actitud frente a Godoy y la reina María Luisa, y su célebre informe sobre la Inquisición, le costaron otro destierro, y en 1801 lo llevaron preso desde Gijón al castillo de Bellver (Mallorca), de donde salió en 1808 por decreto de Fernando VII. Rechazó el cargo —ofrecido por José I y sus partidarios— de ministro del Interior, rompiendo con Cabarrús. Representó a Asturias en la Junta Central del Reino. Huyendo de los franceses, se refugió en Vega de Navia, donde murió. Como poeta lírico, «Jovino», sobrenombre de Jovellanos entre los poetas de la escuela salmantina, escribió, de un lado, letrillas, romances e idilios; del otro, sátiras y epístolas, lo mejor de su obra poética.

FELIX MARIA DE SAMANIEGO
(1745-1801)

Nació y murió en La Guardia (Alava). De familia hidalga y acomodada de La Rioja, señor de las Cinco Villas del Valle de Arraya. Viajó por Francia y vivió muchos años en Bilbao, siendo miembro de la Sociedad Vascongada. Pasó temporadas en el Seminario de Vergara, para cuyos alumnos compuso, a instancias de su tío el conde de Peñaflorida, las *Fábulas morales*. En sus *Observaciones sobre las fábulas literarias* (publicadas anónimamente), y también en otros folletos, discute a Iriarte la primacía en el cultivo de este género poético.

TOMAS DE IRIARTE
(1750-1971)

Nació en Orotava (Tenerife) y murió en Madrid. De familia muy cultivada, uno de cuyos miembros era su tío el humanista, académico y bibliotecario real don Juan de Iriarte, con quien se educó, y a la muerte del cual sucedió en el cargo de oficial traductor de la primera Secretaría de Estado. En Madrid hizo vida literaria, asistiendo a la famosa tertulia de la Fonda de San Sebastián y a las del duque de Villahermosa y el marqués de Castelar, donde se relacionó con Nicolás Fernández de Moratín, Cadalso y otros escritores de la época, interviniendo en las polémicas de la misma con escritos como *Los literatos en Cuaresma* (1773), etc. También se burló de los pedantes de su tiempo en el poema en versos macarrónicos *Metrificatio invectavalis contra studia modernorum* (1786). Su composición didáctica *La Música* (1779) mereció los elogios del célebre Metastasio y fue traducida a varios idiomas. Fue procesado por la Inquisición a causa de ciertas poesías «volterianas» (como «La barca de Simón») y de un opúsculo satírico y heterodoxo.

JUAN MELENDEZ VALDES
(1754-1817)

Nació en Ribera del Fresno (Badajoz). En Salamanca, donde fue catedrático de Humanidades, tuvo amistad con Jovellanos y Cadalso, que influyeron en su formación literaria. Desempeñó el cargo de magistrado en Zaragoza y en Valladolid, y el de Fiscal de la Sala de Alcaldes de Casa y Corte. Por haberse declarado partidario de José Bonaparte, que le nombró más tarde presidente de Instrucción Pública, estuvo a punto de ser fusilado en Oviedo. Al regreso de Fernando VII se vio obligado a emigrar. Murió en Montpellier.

NICASIO ALVAREZ DE CIENFUEGOS
(1764-1809)

Nació en Madrid. Estudió en Salamanca, donde conoció a Meléndez Valdés. También mantuvo amistad con Quintana.

Fue redactor de la *Gaceta* y del *Mercurio*, y oficial de la Se-
cretaría de Estado. Partidario de la causa nacional, fue con-
denado a muerte por Murat. Indultado, lo llevaron en rehenes
a Francia, donde murió.

MANUEL MARIA DE ARJONA
(1768-1821)

Nació en Osuna, donde fundó la Academia de «Sile». Pasó
gran parte de su vida en Sevilla y en Córdoba, de cuya cate-
dral fue penitenciario. Vaciló entre los afrancesados y los de-
fensores de la causa nacional, sufriendo persecuciones y en-
carcelamientos. Un viaje a Italia le inspiró el poema *Las rui-
nas de Roma*. Murió en Madrid.

JUAN BAUTISTA ARRIAZA
(1770-1837)

Nació y murió en Madrid, estudiando en su Real Semina-
rio de Nobles. Siguió la carrera de marino y luego ocupó car-
gos diplomáticos. Durante la Guerra de Independencia, fue
decidido defensor de la causa nacional. Enemigo del libera-
lismo, Mérimée, en su *Historia de la Literatura Española*, le
llama «poeta favorito de Fernando VII y bardo oficial del
absolutismo».

JUAN MARIA MAURY
(1772-1845)

Malagueño. Se educó en Francia e Inglaterra, y viajó por
Italia. Afrancesado, y diputado en las cortes de Bayona, fijó
su residencia en Francia a la derrota de Napoleón, y murió
en París, donde tuvo trato con los emigrados españoles: Bur-
gos, Martínez de la Rosa, Alcalá Galiano, Salvá, el Duque de
Rivas, etc. Tradujo al francés una selección de poesías caste-
llanas que publicó con el título de *L'Espagne poétique* (1826-
1827). Fue miembro de la Academia Española.

MANUEL JOSE QUINTANA
(1772-1857)

Nació en Madrid, de familia extremeña. Estudió en Sala-
manca, donde fue discípulo de Meléndez Valdés y amigo de
Jovellanos. Resuelto defensor de la independencia nacional,
fue secretario de la Junta Central, y redactó muchos de sus
decretos y de sus elocuentes proclamas. Al regreso de Fer-
nando VII fue encarcelado en la ciudadela de Pamplona (1814-
1820), y más tarde desterrado a Extremadura, por sus ideas

constitucionalistas y liberales. Durante el trienio liberal (1821-1823) se le nombró director de Instrucción Pública. A la muerte de Fernando VII recobró sus cargos y fue colmado de honores. En 1855 Isabel II le coronó solemnemente ante el Senado como poeta nacional. Considerado un autor «clásico» en vida, se le incluyó en la Biblioteca de Autores Españoles.

ALBERTO LISTA
(1775-1848)

De Sevilla, donde estudió Humanidades —disciplina de la que fue profesor en el Colegio de San Telmo— y a cuya Academia de Letras Humanas perteneció. Enseñó también en el Colegio de San Mateo, de Madrid, y en Cádiz dirigió el Colegio de San Felipe Neri. Más tarde se le nombró canónigo de Sevilla y Decano de la Facultad de Filosofía y Letras de su universidad. Contó entre sus discípulos a Ochoa, Ventura de la Vega y Espronceda. Lista fue un sacerdote ejemplar, un gran maestro y un hombre de espíritu tolerante y de vasta cultura.

JUAN NICASIO GALLEGO
(1777-1853)

De Zamora. Estudió en su ciudad natal y en Salamanca, donde se ordenó de sacerdote y donde fue amigo de Meléndez Valdés, que influyó en su vocación literaria. También tuvo amistad con Quintana, Cienfuegos y con los duques de Frías. En 1805 se le nombró director de la Real Casa de Pajes. Durante la invasión francesa abrazó la causa nacional, y en 1810 fue diputado, pero, terminada la guerra de 1814, se le encarceló por sus ideas liberales. Perteneció a la Academia Española, de la cual fue secretario perpetuo. Murió en Madrid.

JOSE SOMOZA
(1781-1852)

Nació y murió en Piedrahita, de Avila, donde poseía un castillo que visitaba con frecuencia la célebre Duquesa de Alba, a cuya protección debió Somoza el ingreso en la vida literaria. Fue amigo de Jovellanos, Meléndez Valdés y Quintana, colaborando en el *Semanario Pintoresco*. Procurador en Cortes y diputado por Avila, sufrió persecución por sus ideas liberales, retirándose en 1829 a su pueblo natal, donde escribió la mayor parte de 'su obra.

FRANCISCO MARTINEZ DE LA ROSA
(1787-1862)

De Granada, en cuya universidad desempeñó muy joven la cátedra de Filosofía. En 1808 fue a Londres para concertar la ayuda inglesa en la lucha contra Napoleón. Diputado a Cortes

en 1814, pasó seis años desterrado en el Peñón de la Gome-
ra (1814-1820) por sus ideas constitucionalistas. De nuevo dipu-
tado en el trienio liberal (1820-1823), a la vuelta del absolutis-
mo huyó a Francia, donde residió hasta 1831. En 1834, bajo
la regencia de María Cristina, fue jefe del gobierno que pro-
mulgó el «Estatuto Real». Ocupó también los cargos de emba-
jador de España en París, y en Roma (dos veces); el de
ministro de Estado, con Narváez; el de presidente del Con-
greso y del Consejo de Estado, y el de director de la Aca-
demia Española desde 1839. Murió en Madrid.

DUQUE DE RIVAS
(1791-1865)

Angel de Saavedra, Duque de Rivas, nació en Córdoba,
educándose en el Seminario de Nobles de la capital española.
A los dieciséis años fue nombrado alférez de la Guardia del
Rey, y luchó en la Guerra de la Independencia, siendo heri-
do en la batalla de Ocaña. Luego perteneció al Estado Mayor,
en Cádiz, donde conoció a Quintana, que influyó en su afi-
ción a las letras. Diputado a Cortes en 1822, sus ideas libera-
les y antimonárquicas hicieron que Fernando VII le condena-
se a muerte, y le obligaron a emigrar en 1823, estableciéndose
primero en Inglaterra, más tarde en Malta, donde trabó amis-
tad con el escritor inglés John Hookham Frere, y por último
en Francia, donde se dedicó a la pintura, manteniéndose con
la venta de sus cuadros. Regresó a España en 1834. Ese mismo
año murió su hermano mayor sin dejar hijos, y Saavedra he-
redó el título ducal y una cuantiosa fortuna. Sus ideas se hi-
cieron entonces más conservadoras, lo que le obligó a expa-
triarse de nuevo en 1837, buscando asilo en Gibraltar y en
Lisboa. Un año más tarde se radicó en Sevilla. En el curso
de su vida desempeñó importantes cargos diplomáticos y po-
líticos, siendo sucesivamente embajador en Nápoles, presi-
dente de un gobierno efímero en 1854, embajador en París,
y presidente del Consejo de Estado. Murió en Madrid siendo
director de la Academia Española.

JUAN AROLAS
(1805-1849)

Nació en Barcelona, trasladándose de niño a Valencia. En
esta ciudad estudió en las Escuelas Pías, orden en la que
ingresó a los dieciocho años. Sin vocación religiosa, y dota-
do del temperamento sensual que revelan sus poesías, pasó
una vida de constante inquietud espiritual y acabó por morir
con la razón trastornada.

MANUEL DE CABANYES
(1808-1833)

Catalán, de Villanueva y Geltrú, donde murió a los veinti-
cinco años. Salvo algunas poesías sueltas sólo publicó —el

mismo año de su muerte— un libro que le revelaba como poeta de auténtica promesa. Su breve obra, inadvertida de momento, fue objeto de reivindicación y elogio por parte de Milá y Fontanals y de Menéndez Pelayo.

JOSE DE ESPRONCEDA
(1808-1842)

Nació en Almendralejo (Badajoz), y era hijo de un coronel de caballería que luchó contra los franceses en la Guerra de la Independencia. Estudió en el Colegio de San Mateo de Madrid, donde fue discípulo de Alberto Lista. Ya de estudiante dio muestras de indisciplina y rebeldía, fundando con Escosura y otros amigos la sociedad secreta «Los Numantinos». Descubierto, se le recluyó algún tiempo en un convento de Guadalajara. Por su intervención en las luchas políticas huyó en 1826 a Lisboa, donde conoció a la niña Teresa Mancha, hija del Brigadier Mancha, otro emigrado. Espronceda se enamoró perdidamente de Teresa, siguiéndola al año siguiente a Londres, adonde la muchacha se había trasladado con su familia. Lleno de entusiasmo liberal, en 1828 marchó a Holanda, y de allí a París, luchando en las barricadas durante la revolución de julio de 1830. Entre tanto, Teresa se había casado con un rico comerciante. Espronceda la rapta y se fuga con ella. De aventura en aventura, invade España por Vera de Navarra con la columna de guerrilleros que manda don Joaquín de Pablo («Chapalangarra»), que muere en el combate. Acogido a una amnistía, vuelve a su patria, con Teresa, que más tarde abandonaría al poeta dejándole una hija, Blanca. Espronceda busca a su amada, sufre aún otro destierro; un día, a través de la reja de una planta baja de la calle de Santa Isabel, contempla el cadáver de Teresa... Y en el curso de estos años, ha sido tribuno, conspirador, secretario de la Legación española en La Haya, diputado a Cortes por Almería. Cuando, de una manera muy española, parecía dispuesto a sentar cabeza, y se disponía a casarse con la burguesa señorita de Beruete, contrae en Madrid una enfermedad de la laringe, de la que muere rápidamente.

NICOMEDES PASTOR DIAZ
(1811-1863)

Nació en Vivero (Lugo) y murió en Madrid. Fue Rector de la Universidad de Madrid. Ocupó también importantes cargos políticos, entre otros el de ministro. Desde 1847 fue miembro de la Academia Española.

ENRIQUE GIL Y CARRASCO
(1815-1846)

Nació en el pueblo leonés de Villafranca del Cierzo. Tras estudiar Humanidades con los agustinos, cursó la carrera de Derecho en Valladolid y en Madrid. Fue amigo de Espron-

ceda y colaborador del *Semanario Pintoresco*. En 1844 marchó
con una misión diplomática a Berlín para preparar la reanu-
dación de relaciones diplomáticas entre Prusia y España.
Durante su estancia en Alemania trabó amistad con Humboldt.
Murió en Berlín, antes de cumplir los treinta y un años, y
con su muerte se malogró indudablemente uno de los autores
de más posibilidades dentro del Romanticismo español.

PABLO PIFERRER
(1818-1848)

Nació en Barcelona y murió en la misma ciudad antes de
cumplir los treinta años. Era crítico musical y entendido afi-
cionado en arquitectura y arqueología. Su exigua obra poética
—siete composiciones— fue publicada póstumamente por Milá
y Fontanals.

GABRIEL GARCIA TASSARA
(1817-1875)

Sevillano. Tuvo amores con Gertrudis Gómez de Avellaneda
y fue amigo de Donoso Cortés, de cuyo ideario se hizo por-
tador en muchas de sus poesías. Sin embargo, la Avellaneda
llamó «ateo» al autor del *Himno al Mesías*. García Tassara
desempeñó el puesto de embajador de España en Washington.
Murió en Avila.

JOSE ZORRILLA
(1817-1893)

De Valladolid, donde su padre era relator de la Chancille-
ría. Nombrado éste alcalde de Casa y Corte en 1827, y Super-
intendente General de Policía, Zorrilla pasó a Madrid, edu-
cándose en el Seminario de Nobles. Empezó la carrera de
Derecho en las universidades de Toledo y Valladolid, pero
no concluyó sus estudios, debido a su afición literaria que
le llevó a huir en 1836 de la casa paterna. Se dio a conocer
en el entierro de Larra leyendo unos versos. En 1839 se casó
con doña Florentina Matilde O'Reilly, viuda que le llevaba
dieciséis años y con la que no fue feliz. Abandonando a su
mujer, marchó a Francia en 1850, y en 1855 se trasladó a
México, donde logró la protección del emperador Maximiliano,
que le nombró poeta palatino y director del Teatro Nacional.
En 1866 regresó a España, tributándosele un caluroso recibi-
miento. En 1869 contrajo segundas nupcias con doña Juana
Pacheco. Residió de nuevo algún tiempo en Francia, y dis-
frutó de una comisión oficial con cargo a los Lugares Píos de
Montserrat en Roma. En 1882 ingresó en la Academia Españo-
la leyendo un discurso en verso. En 1889 fue coronado solem-
nemente en Granada, honor que sólo se les tributó a él y a

Quintana. Murió en Madrid, rodeado de la mayor popularidad y tras una larga vida de éxitos que, sin embargo, no lograron sacarlo nunca de sus apuros económicos, que fueron constantes y que, en gran parte, le obligaron a prodigar su producción de escritor.

RAMON DE CAMPOAMOR
(1817-1901)

Asturiano, de Navia. Quedó huérfano de niño, y pensó en hacerse jesuita, en los años de adolescencia. En Madrid comenzó la carrera de Medicina, que abandonó para dedicarse a las letras. Intervino en política, como miembro del partido moderado, siendo sucesivamente gobernador civil de Alicante y de Valencia, oficial de Hacienda y diputado a Cortes. Su creciente popularidad le hizo ingresar en la Academia Española en 1861. Murió en Madrid.

VENTURA RUIZ AGUILERA
(1820-1881)

De Salamanca, donde estudió Medicina, carrera que casi no ejerció, absorbido por las letras y por la política, en la que militó dentro del campo progresista. Fue director del Museo Arqueológico Nacional. Murió en Madrid.

EULOGIO FLORENTINO SANZ
(1811-1888)

Nació en Arévalo (Avila) y murió en Madrid. Huérfano de niño, quedó bajo la tutela de un pariente duro y sin escrúpulos en el manejo de la hacienda. Hizo estudios universitarios en Valladolid, y de allí se trasladó a Madrid, donde se entregó a la vida bohemia. Más de una noche durmió en los bancos del Prado. De esta situación lo sacó la protección de don Andrés Borrego, que le colocó de redactor en *El Español*. En 1854 se le nombró encargado de negocios de la Legación en Berlín, permaneciendo hasta 1856 en la capital alemana, donde se familiarizó con la lírica germánica, en especial con la de Goethe y la de Heine. De este último hizo espléndidas traducciones que influyeron sin duda en la poesía de su amigo Bécquer. El orgullo morboso, la mordacidad y la tendencia al desaliento hicieron que Sanz se abandonara estérilmente en los últimos veinte años de su vida, desaprovechando sus magníficas facultades.

JOSE SELGAS
(1822-1882)

Nació en Lorca (Murcia). Cursó estudios en el Seminario Conciliar, pero hubo de abandonarlos para atender económicamente a su familia. Intervino en política, militando en las filas del partido conservador. Gozó de la protección del conde de San Luis, de don Cándido Nocedal y de Martínez Campos. Fue uno de los principales redactores de *El Padre Cobos*, usando como seudónimo el título de dicho periódico. Perteneció a la Real Academia y murió en Madrid.

CAROLINA CORONADO
(1823-1911)

Nació en Almendralejo (Badajoz), pueblo natal también de Espronceda, que, con Donoso Cortés, fue uno de los primeros en destacar los méritos de la poetisa extremeña. Su vida puede dividirse en dos grandes partes: en su juventud y al final de su existencia (desde 1874), cuando tras fallecer su marido y una hija, la escritora se retira a la finca que poseía cerca de Lisboa, donde muere. Carolina Coronado lleva una vida de apartamiento y de soledad. En los años centrales tuvo, al revés, una vida de intensa actividad social. Casada, en 1852, con el diplomático norteamericano Justo Horacio Perry, pasó mucho tiempo fuera de España. Mientras residió en Madrid mantuvo un salón literario y político, y en su casa dio asilo a los progresistas al fracasar la revolución de 1866. Por su condición social, lo mismo que por su labor literaria, gozó de mucha popularidad. El Liceo de Madrid la coronó de laurel en una sesión que le dedicó en homenaje.

ADELARDO LOPEZ DE AYALA
(1828-1879)

Nació en Guadalcanal (Sevilla). Estudió Leyes en la universidad sevillana y marchó a Madrid, donde obtuvo la protección de Cañete, de García Gutiérrez y del conde de San Luis. Estuvo empleado en el Ministerio de la Gobernación. Intervino en política, pasando de conservador a liberal, y fue ministro en la Restauración y con don Amadeo. Murió en Madrid siendo presidente del Congreso. Perteneció a la Academia Española desde 1870.

FEDERICO BALART
(1831-1905)

Nació en Pliego (Murcia). Empezó a escribir en plena juventud, utilizando los seudónimos de «Nadie» y «Cualquiera». Le afectó hondamente la muerte de su mujer, a quien dedicó un volumen de elegías, obra superior a todo cuanto había publicado hasta entonces. En 1891 fue elegido miembro de la Academia Española. Murió en Madrid.

GASPAR NUÑEZ DE ARCE
(1834-1903)

Vallisoletano. Estudió en Toledo y en Madrid. Fue cronista de la campaña de Africa (1859-1860) y tomó parte en la vida política de su tiempo desempeñando los cargos de gobernador civil de Barcelona, diputado a Cortes y ministro de Ultramar. En 1874 ingresó en la Academia Española. Murió en Madrid.

AUGUSTO FERRAN
(1835-1880)

Nació y murió en Madrid. Residió en Alemania y en París. A su regreso a España entabló amistad íntima con Gustavo Adolfo Bécquer, quien escribió un elogioso ensayo sobre el libro de Ferrán, *La Soledad*. Augusto Ferrán tradujo a Heine y fue uno de los introductores del influjo de Heine y de otros románticos alemanes en la lírica española de la época.

GUSTAVO ADOLFO BECQUER
(1836-1870)

Sevillano. Su verdadero nombre era Gustavo Adolfo Domínguez Bastida, siendo *Bécquer* el segundo apellido de su padre —estimable pintor—, de quien quedó huérfano a los cinco años. Cuatro después perdió también a su madre, y el poeta y sus hermanos fueron recogidos por su tío don Juan de Vargas. Gustavo Adolfo empezó a estudiar en la Escuela de San Telmo, pero, desaparecida esta institución, pasó a vivir con su madrina, señora de buena posición y de espíritu sensible que poseía una buena biblioteca en la que el muchacho se aficionó a la lectura. Deseoso de alcanzar gloria literaria, y contra los consejos de su madrina, marchó a Madrid en 1854. Allí se sintió decepcionado y pasó años de tristezas y de duras privaciones, desempeñando varios oscuros empleos. En 1857 se le declaró una tuberculosis de la que nunca llegaría a curar. Al año siguiente se enamoró de Julia Espín, hija de don Joaquín Espín, profesor del Conservatorio y organista de la Capilla Real, que daba en su casa reuniones musicales a las que asistía el poeta. Bécquer, consciente de la diferencia social que le separaba de Julia no le declaró nunca su amor a esta mujer, musa de algunas de las *Rimas*. En 1860 hizo el conocimiento de otra mujer, Casta Esteban Navarro, hija del médico que le asistía, y el año siguiente se casó con ella. Entre 1861 y 1868, en que Bécquer y su mujer se separan, transcurren los años más felices y fértiles del poeta, salvo el paréntesis de una grave crisis de su enfermedad que padece en 1863 y de la que se repone en Sevilla. La familia de su mujer poseía en Noviercas (Soria) algunos bienes y una casa en la que Bécquer pasó temporadas. González Bravo, amigo y protector suyo, le emplea como censor de novelas con un aceptable sueldo. Bécquer, rodeado de su mujer, de sus tres hijos y de

su hermano, el pintor Valeriano, que vive con ellos, sin la
penuria económica de antaño, produce en este período casi
toda su obra. Pero en 1868, y al parecer por incompatibilidad
de caracteres entre la mujer y el hermano del poeta, se di-
suelve el matrimonio. Tras una estancia en Toledo, Gustavo
Adolfo vuelve a la capital para dirigir *La Ilustración de Ma-
drid*, recién fundada por don Eduardo Gasset. Valeriano —que
influyó tanto en el poeta, con quien hizo una serie de viajes
artísticos a Toledo, Avila, Soria y otras ciudades— muere en
septiembre de 1870. Casta vuelve entonces al lado de su ma-
rido, que muere el 22 de diciembre de ese mismo año. Los
restos mortales del autor de las *Rimas* y los de Valeriano
reposan en Sevilla, adonde fueron trasladados en 1913.

VICENTE WENCESLAO QUEROL
(1836-1889)

De Valencia. Se hizo abogado en 1860. Fue escritor bilingüe
como su paisano y amigo íntimo Teodoro Llorente. Inició en
su ciudad natal los Juegos Florales. Ingresó en Ferrocarriles,
y en 1888 ocupó el cargo de subdirector de la Compañía de
Madrid-Zaragoza-Alicante. Murió en el pueblecito valenciano
de Bétera.

TEODORO LLORENTE
(1826-1911)

Valenciano y escritor bilingüe. En 1859 obtuvo un premio
en los Juegos Florales de Valencia. Permaneció en contacto
directo con los grupos literarios de Barcelona y se afanó por
estrechar las relaciones culturales entre Cataluña y Valencia,
a las que juzgaba regiones hermanas, aunque siempre se mos-
tró enemigo del separatismo catalán. Hizo traducciones en
verso de Goethe, Byron y Víctor Hugo. Murió en Valencia.

ROSALIA DE CASTRO
(1837-1885)

Nació en Santiago de Compostela, y en esta ciudad y en el
Padrón, donde estaba la casa solariega de su madre, discurren
sus años infantiles. A los quince sufre una crisis moral que
influiría para siempre en la melancolía de su carácter. En 1856
marcha a Madrid y, dos años después, contrae matrimonio
con el escritor e historiador gallego Manuel Martínez Murguía.
Desde entonces lleva una vida retirada y familiar. Murió en
el Padrón, víctima de cáncer.

ANTONIO FERNANDEZ GRILO
(1845-1906)

Córdobes. En Madrid gozó del favor oficial, siendo prote-
gido por Isabel II y luego por Alfonso XII. Aparte de sus

composiciones más serias, casi siempre retóricas, que le valieron el sobrenombre de «Castelar de la poesía», fue un poeta de salón y de versos de álbum. Vicente Aleixandre (en *Los encuentros*) evoca en el balneario de Mondariz al «poeta cortesano, Grilo, delicia de los salones, cuya mano siempre amable mostraba ya un cierta fatiga, la justamente elegante, de firmar, de "repentizar" sobre las páginas crema de tantos y tantos aristocráticos álbumes». Fue miembro de la Academia Española y murió en Madrid.

RICARDO GIL
(1855-1907)

Murciano. Dejó tres libros de versos donde hay poemas que, según Valbuena Prat, que relaciona a Gil con los parnasianos franceses, «son de lo más exquisito de su generación». En la poesía de Gil hay acentos que preludian el Modernismo.

MANUEL REINA
(1856-1905)

Nació y murió en Puente-Genil, donde poseía una rica finca. Sus poesías se hicieron pronto populares y, en 1894, las coleccionó el autor con un elogioso prólogo de Núñez de Arce. Tradujo a Musset, que influyó sin duda en su obra. Reina es, con Salvador Rueda, uno de los precursores españoles del Modernismo.

SALVADOR RUEDA
(1857-1933)

Nació y murió en Málaga. De origen humilde, era casi analfabeto a los dieciocho años. En Madrid lo protegió Núñez de Arce, empleándolo en la *Gaceta*. Viajó por América y las Filipinas. En su obra poética, Rueda, precursor indudable del Modernismo, empezó influyendo en Rubén Darío, para ser influido más tarde por el gran poeta hispanoamericano.

MIGUEL DE UNAMUNO
(1864-1936)

Nació en Bilbao, presenciando el asedio de la ciudad por los carlistas (1874). Cursó el bachillerato en el Instituto Vizcaíno y la carrera de Filosofía y Letras en Madrid (1880-1884). Catedrático de griego (1891) en la universidad de Salamanca, de la que fue varias veces rector, y en donde residió casi toda su vida. Pasó temporadas en Madrid, viajando mucho por la Península y poco por el extranjero. En 1924 Primo de Rivera lo desterró a Fuerteventura, de donde huyó a los pocos meses marchando a Francia y residiendo primero en París y después —por estar cerca de España— en Hendaya, hasta 1930. En 1931 se reintegró a la universidad salmantina, donde explicó también Historia de la lengua española y fue repuesto en el rectorado, que conservó, a pesar de haberse jubilado en 1934, hasta el comienzo de la guerra civil en 1936, muriendo en 31 de diciembre de ese año en Salamanca.

RAMON DEL VALLE-INCLAN
(1866-1936)

Nació en Villanueva de Arosa (Pontevedra) y murió en Santiago de Compostela. En su juventud —de la que hay pocos datos seguros— estuvo en México. En 1895 apareció en Madrid, donde hizo una vida bohemia, independiente y ruidosa. De resultas de una disputa con Manuel Bueno perdió el brazo izquierdo. Durante la primera guerra mundial visitó los frentes aliados. Hizo nuevos viajes a América. Enemigo de la Dictadura de Primo de Rivera, sufrió algunos encarcelamientos. La República le nombró director de la Academia de Bellas Artes de Roma. Estuvo casado con la actriz Josefina Blanco.

MANUEL MACHADO
(1874-1947)

Nació en el Palacio de las Dueñas, de Sevilla. Hijo del folklorista Antonio Machado Alvarez, y sobrino-nieto de don Agustín Durán. En 1883 se trasladó con su familia a Madrid, estudiando en la Institución Libre de Enseñanza y graduándose en Filosofía y Letras por la universidad de Sevilla. A fines de siglo residió en París, como traductor de la casa editorial Garnier, conociendo, entre otros escritores, a Rubén Darío. Fue bibliotecario en Santiago de Compostela, de donde volvió a Madrid, asentándose en la capital de España, donde murió. Desde 1938 era miembro de la Real Academia Española.

ANTONIO MACHADO
(1875-1939)

De Sevilla, como su hermano Manuel, la infancia y la juventud de ambos hermanos corren paralelas. Doctor en Filosofía y Letras por la Universidad de Madrid. Catedrático de francés en Soria (1907), donde se casó (1900) con una muchacha de dieciséis años, Leonor, con quien marchó a París, en donde el poeta asistió a los cursos de Bergson en la Sorbona. En 1912, de regreso en Soria, murió Leonor, y Machado pasó al Instituto de Baeza (1912-1919), al de Segovia (1919-1931) y al

Calderón, de Madrid (1931-1936). En 1927 fue elegido para la
Real Academia Española, pero no llegó a leer el discurso de
ingreso. Durante la guerra civil (1936-1939) residió en Valencia
y en Barcelona. En febrero de 1939 salió de España, muriendo
en Collioure desterrado, pueblecito del sur de Francia, donde
está enterrado.

JUAN RAMON JIMENEZ
(1881-1958)

Nació en Moguer (Huelva) y murió en San Juan de Puerto
Rico. Cursó el bachillerato con los jesuitas del Puerto de San-
ta María (Cádiz) estudiando más tarde Derecho en la Univer-
sidad de Sevilla, donde se aficionó al cultivo de la pintura. Se
trasladó a Madrid en 1900, fecha en que publicó su primer
libro. Hizo viajes por Francia e Italia. De 1905 a 1912 residió
en Moguer. De 1912 a 1915, en Madrid, alojado en la Residencia
de Estudiantes. En 1916 marchó a los Estados Unidos, casán-
dose en Nueva York con Zenobia Camprubí Aymar, su abne-
gada compañera y colaboradora de toda la vida. De 1917 a 1936
tuvo residencia fija en Madrid. Salió de España al comienzo
de la guerra civil y marchó por segunda vez a América, vi-
viendo sucesivamente en Puerto Rico, La Habana (1936-1939),
Florida (1939-1942) y Washington (1942-1951). En 1948 hizo un
viaje a la Argentina. Los últimos años del poeta transcurrie-
ron en Puerto Rico, en cuya universidad —como antes en las
norteamericanas de Miami, Duke y Maryland— dictó cursos
de Literatura y Poesía españolas. En 1956 recibió el premio
Nobel. Días después murió Zenobia, sumiendo al poeta en
grave desolación. Su obra comprende más de cuarenta volú-
menes en verso y algunos en prosa, entre ellos la famosa ele-
gía lírica *Platero y yo.*

LEON FELIPE
(1884-1968)

Nació en Tábara (Zamora), pasando su infancia y su juven-
tud en tierras de Castilla: Sequeros (Salamanca), Valladolid,
Palencia, etc. En 1893 se trasladó a Santander, donde cursó
el bachillerato. Hizo la carrera de Farmacia en Valladolid y
Madrid, ejerciéndola algún tiempo en diversos lugares. De
1920 a 1922 fue funcionario en Fernando Poo. Finalmente, y
tras haber sido también actor, recorriendo España y Portu-
gal con diversas compañías, marchó a México y a Estados
Unidos, donde se dedicó a la enseñanza del español. In-
quieto y andariego, cruzó varias veces el Atlántico, mar-
chando por última vez a América —que recorrió dando con-
ferencias y recitales— en 1938, después de haber permaneci-
do en España, y en el lado republicano, durante la guerra
civil. Murió en México, en donde había transcurrido la ma-
yor parte de su estancia americana.

JOSE MORENO VILLA
(1884-1955)

Nació en Málaga, haciendo sus primeros estudios en el colegio de El Palo (Málaga) de los Padres Jesuitas. Permaneció cuatro años en Alemania (1904-08) estudiando Química, con el propósito de dedicarse a la carrera comercial. Abandonando este proyecto, de imposición familiar, marchó a Madrid en 1910, y se dedicó a cursar la carrera de Historia en la Universidad Central. Trabajó en la Sección de Bellas Artes y Arqueología del «Centro de Estudios Históricos». Después lo hizo en la «Editorial Calleja» (1916-21). En 1921 ganó la plaza de Bibliotecario del Instituto Jovellanos de Gijón, puesto en el que permaneció un año, siendo trasladado, en 1922, a la Biblioteca de la Facultad de Farmacia de Madrid, que regentó hasta 1931. Este año fue nombrado Director del Archivo de Palacio. Aparte del viaje a Alemania, antes citado, hizo otro a Norteamérica en 1927. También conoce Francia, Inglaterra, Suiza, Italia y la Argentina, a donde fue enviado por el Gobierno español en 1933 como conferenciante. Además de la poesía cultivó la pintura, ejerció el periodismo y estuvo al frente de la revista «Arquitectura» seis años (1927-33). Se le deben algunas vaiosas traducciones y ediciones de clásicos. Desde 1939 residió en América, muriendo en México.

PEDRO SALINAS
(1891-1951)

Nació en Madrid. Cursó Derecho y Filosofía y Letras en la Central. Lector de español en la Sorbona —1914-17— y en Cambridge —1922-23—. Desde 1918, catedrático sucesivamente en las Universidades de Murcia y Sevilla, de donde pasó como profesor a la de Madrid. Secretario de la Universidad Internacional de Santander, de 1933 a 1936, en que marchó a América, enseñando en *Wellesley College*, en Puerto Rico, y en la *Johns Hopkins University* de Baltimore. Murió en Boston.

Es autor de obras en prosa —*Víspera del gozo, El desnudo impecable*, y otras narraciones...—, de varias piezas y, sobre todo, de importantes obras de teoría y crítica literarias: *Reality and the Poet in Spanish Poetry, Literatura española. Siglo XX, Jorge Manrique o tradición y originalidad, La poesía de Rubén Darío, El defensor, Ensayos de literatura hispánica*. Se le deben asimismo ediciones de las Poesías de Meléndez Valdés y San Juan de la Cruz, una versión en romance moderno del *Poema del Cid* y traducciones de Musset, Mérimée y Proust.

JORGE GUILLEN
(1893-   )

Nació en Valladolid. Cursó Filosofía y Letras en Madrid y Granada. Estancias en Suiza, Alemania e Italia. Lector de español en París —1917-23— y en Oxford —1929-31—. Catedrático en la Universidad de Murcia —1925-28— y en la de Sevilla hasta 1939, en que fijó su residencia en los Estados Unidos, siendo profesor en *Wellesley College*. Ha sido también profesor visitante en diversos centros universitarios norteamericanos, en Puerto Rico, en Méjico y en otros países de Hispanoamérica. En 1957-58 ocupó la cátedra de poesía Charles Eliot Norton de la Universidad de Harvard, donde dictó un curso sobre *Language and Poetry*, publicado asimismo en español: *Lenguaje y poesía*. Es autor de un estudio sobre *La poética de Bécquer*, ha editado el *Cantar de cantares* de Fray Luis de León, y la correspondencia de García Lorca *(Federico en persona)*; ha traducido a Valéry *(El cementerio marino)*, Supervielle, Claudel y Cassou.

GERARDO DIEGO
(1896-   )

De Santander. Estudió Filosofía y Letras en Deusto, en la Universidad de Salamanca y en la Central, donde hizo el doctorado. Catedrático de Instituto en Soria, Gijón, Santander y finalmente Madrid. Frecuentes estancias en Francia y viajes a Hispanoamérica y Filipinas. Excelente musicólogo —colaboró con Federico Sopeña y Joaquín Rodrigo en el libro *Diez años de música en España*—, desde 1937 ha venido dando conferencias-conciertos que él mismo ilustra tocando el piano. *Versos humanos* le valió, al alimón con Alberti, el Premio Nacional de Literatura, al que han seguido otras recompensas, entre ellas el importante Premio March. Desde 1947 es miembro de la Real Academia Española, donde ingresó pronunciando un discurso sobre *Una estrofa de Lope*. Fue fundador y director de la revista *Carmen*. Su antología *Poesía española contemporánea* es ya clásica. También se le debe una *Antología poética en honor de Góngora* y unos estudios sobre *Enrique Menéndez, Fernández Moreno y Concha Espina*, una serie de versiones de poetas recogidas bajo el título de *Tántalo*, y la pieza teatral *El cerezo y la palmera* (retablo en forma de tríptico).

FEDERICO GARCIA LORCA
(1898-1936)

Nació en Fuentevaqueros (Granada). Estudió Filosofía y Letras y se licenció en Derecho por la Universidad granadina. Desde 1919 residió habitualmente en Madrid. En 1929-30 estuvo en Estados Unidos, Canadá y Cuba. Al año siguiente fundó el teatro universitario *La Barraca*, del que fue director con Eduardo Ugarte, y para el que adaptó *Fuenteovejuna* y *La dama boba*, de Lope de Vega; *El burlador de Sevilla*, de Tirso, y el auto sacramental *La vida es sueño*, de Calderón. En 1933-34 hizo un viaje a Argentina y Uruguay. Conocía también Francia e Inglaterra.

Su primera obra fue el libro en prosa *Impresiones y paisajes* (1918). Su iniciación en el teatro data de *El maleficio de la mariposa* (1920), pero su primer éxito como dramaturgo lo consiguió en 1927 con *Mariana Pineda,* a la que siguieron *La zapatera prodigiosa, Bodas de sangre, Yerma, Doña Rosita la soltera* y *La casa de Bernarda Alba,* por citar sólo sus piezas mayores. En casi todas ellas hay —como en las comedias de Lope— pasajes líricos de antología. Aficionado a la pintura, dibujaba con gracia, y fue un gran recreador de canciones populares. Murió trágicamente en Granada a comienzos de la guerra civil.

De todos los poetas españoles contemporáneos es el que ha logrado más difusión en el extranjero, donde sus obras han sido traducidas a diversas lenguas y ampliamente estudiadas.

RAFAEL ALBERTI
(1902-   )

Nació en Puerto de Santa María (Cádiz). Trasladada su familia a Madrid en 1917, abandonó el bachillerato —cursado en el colegio de los jesuitas de su pueblo natal— por la pintura, su actividad principal hasta 1923. En 1925 obtuvo, con Gerardo Diego, el Premio Nacional de Literatura por *Marinero en tierra,* libro que mereció altos elogios de Juan Ramón Jiménez. Causas de salud le obligaron a vivir en las sierras de Guadarrama y Rute. En 1931 se afilió al partido comunista y a la terminación de la guerra civil salió de España. Desde entonces ha residido habitualmente en Buenos Aires y en Italia. Ha viajado por casi toda Europa, Rusia, América y China.

Con su mujer, María Teresa León, fundó la revista *Octubre.* Ha cultivado el teatro escribiendo una quincena de piezas dramáticas y farsas escénicas de carácter político; ha hecho una versión modernizada de la *Numancia* de Cervantes, y, conjuntamente con su mujer, una adaptación cinematográfica de *La dama duende* de Calderón. Es autor de un libro de memorias, *La arboleda perdida,* de otro de semblanzas, *Imagen primera de...,* y de un estudio sobre *La poesía popular en la lírica contemporánea.* También se le deben prólogos a antologías, trabajos editoriales y traducciones.

JUAN JOSE DOMENCHINA
(1898-1960)

De Madrid. Maestro nacional, carrera que nunca ejerció. Fue asiduo colaborador en revistas y diarios madrileños, sobre todo en *El Sol* y, con el seudónimo de «Gerardo Rivera», en *La Voz.* Abandonó España a la terminación de la guerra civil en 1939, radicándose en México donde murió. Es autor de dos novelas —*La túnica de Neso* y *Dédalo*—, así como de una narración breve, *El hábito.* Ha publicado dos tomos de crítica literaria, *Crónicas de Gerardo Rivera* y *Nuevas crónicas de Gerardo Rivera.* También ha hecho una *Antología de la poesía española contemporánea.* Por último, se le deben ediciones de Espronceda, Fray Luis de León, Unamuno, *Cuentos de la vieja España,* y traducciones de Rilke *(Las Elegías de Duino)* y —en colaboración con su mujer, la poetisa Ernestina de Champourcin— de Emily Dickinson.

DAMASO ALONSO
(1898-   )

De Madrid. Además del título de doctor en Filosofía y Letras tiene la carrera de Derecho y comenzó la de Ciencias Exactas, que hubo de abandonar por motivos de salud. No cabe aquí reseñar su múltiple actividad de historiador literario, crítico, investigador, lingüista, filólogo, editor de clásicos, antólogo, traductor...; ni dar noticia puntual de todos los cargos, honores y recompensas acumulados a lo largo de su fecunda vida. Baste decir que ha sido profesor y conferenciante en las principales Universidades de Europa y América. Ex catedrático de la Universidad de Valencia, desempeñó, desde la jubilación de Menéndez Pidal, la cátedra de Filología Románica en la Central. Dirige la *Revista de Filología Española,* es Director de la Real Academia Española y pertenece a la de la Historia, doctor *honoris causa* de varias Universidades extranjeras, y posee el Premio Nacional de Literatura, el Fastenrath y el de Ensayo de la Fundación March.

VICENTE ALEIXANDRE
(1898-   )

De Sevilla. Su infancia transcurrió en Málaga. Posteriormente se trasladó a Madrid, su lugar habitual de residencia. Hizo las carreras de Comercio y Derecho. Durante dos cursos explicó Derecho Mercantil en la Academia de Comercio de Madrid y trabajó en una compañía industrial. Una grave dolencia lo apartó de toda actividad, obligándole a vivir en el campo. Veranea de ordinario en el pueblo madrileño de Miraflores de la Sierra. Ha viajado por Inglaerra, Francia y Suiza. En 1934 obtuvo el Premio Nacional de Literatura por *La destrucción o el amor.* Desde 1949 es miembro de la Real Academia Española, donde ingresó pronunciando un discurso sobre *Vida del poeta: el amor y la poesía.* Finalmente, es autor de un estudio acerca de *Algunos caracteres de la nueva poesía española.*

LUIS CERNUDA
(1902-1963)

De Sevilla. Cursó estudios en su ciudad natal, en la que fue alumno de Pedro Salinas. Lector de español en la Universidad de Toulouse (1928-29), abandonó España a la terminación de la guerra civil, trasladándose a Inglaterra, país en que permaneció ocho años, volviendo a ser lector de español en Glasgow (1939-43), Cambridge (1943-45), y profesor del Instituto Español en Londres (1945-47). Marchó a Estados Unidos, donde explicó en *Mount Holyoke College* (1947-1951). Los últimos años de su vida —aunque volvió ocasionalmente de profesor visitante a Estados Unidos— transcurrieron en México donde murió. Como crítico ha mostrado personalidad y agudeza en *Estudios sobre poesía española contemporánea, Pensamiento poético en la lírica inglesa (Siglo XX)* y *Poesía y literatura*, I y II, Barcelona, 1964. Es asimismo autor de *Tres narraciones* y traductor de *Poemas*, de Hölderlin, y de *Troilo y Crésida*, de Shakespeare.

EMILIO PRADOS
(1899-1962)

De Málaga. Con Manuel Altolaguirre, fundó y dirigió en su ciudad nativa la revista *Litoral*. Afectado por una grave enfermedad pulmonar, pasa una larga temporada en el sanatorio de Davosplatz (Suiza). Cursó estudios en las universidades alemanas de Friburgo y Berlín. De ordinario vivió en Málaga y en Madrid hasta 1936. Terminada la guerra civil en 1939, se expatrió marchando a América y fijando su residencia en México, donde murió.

MANUEL ALTOLAGUIRRE
(1906-1959)

De Málaga. Co-fundador con Emilio Prados de la revista malagueña *Litoral*. Cursó la carrera de Derecho, que ejerció brevemente. Desempeñó también otras profesiones, sobre todo la de impresor, publicando colecciones tipográficas a mano de poesía en Madrid, París, Londres, La Habana y México: *Poesía, La tentativa poética, Héroe, Caballo verde para la poesía, 1616, La Verónica, El ciervo herido*.

En 1933 obtuvo el Premio Nacional de literatura por su libro *La lenta libertad*. La guerra civil le llevó a expatriarse, marchando a América y residiendo principalmente en Cuba y posteriormente en México, donde fue productor de cine. Vuelto a España en 1959, halló la muerte, junto con su mujer, en un trágico accidente de automóvil, cerca de Burgos.

Es autor de una biografía de *Garcilaso de la Vega*, de una *Antología de la poesía romántica española*, de las piezas teatrales *Entre dos públicos* y *El triunfo de las Germanías* (en colaboración con José Bergamín). Tradujo el *Adonais* de Shelley y —con O. Savich— *El convidado de piedra*, de Pushkin.

MIGUEL HERNANDEZ
(1910-1942)

Nació en Orihuela (Alicante), donde desempeñó, entre otros oficios, el de pastor de cabras. Su íntimo amigo y paisano Ramón Sijé había fundado la revista *El Gallo Crisis*, donde Miguel Hernández empezó a colaborar. En 1934 se trasladó a Madrid, trabajando en la editorial Espasa-Calpe como secretario de José María Cossío. Durante la guerra civil militó en el bando republicano e hizo un viaje a Rusia. Murió en la cárcel de Alicante, de tuberculosis pulmonar. Desde su primer libro, *Perito en lunas* (1933), hasta *El rayo que no cesa* (1936) y *Viento del pueblo* (1937) y los poemas publicados póstumamente, la poesía de Miguel Hernández pasó por un complejo y acelerado proceso, convirtiéndose finalmente en una de las muestras más notables de la lírica de este siglo. Miguel Hernández escribió también teatro en verso: *Quien te ha visto y quien te ve y sombra de lo que eres* y *El labrador de más aire*.

Indice

RENACIMIENTO Y BARROCO
(Siglos XV y XVI)

Luis de Góngora

Francisco de Medrano

Rodrigo Caro

Pedro de Espinosa

Francisco de Quevedo

Luis Carrillo de Sotomayor

Juan de Tassis, Conde de Villamediana

NEOCLASICISMO Y PRERROMANTICISMO
(Siglos XVIII y XIX)

ROMANTICISMO Y REALISMO
(Siglo XIX)